山本博文

知識ゼロからの 天皇の日本史

幻冬舎

知識ゼロからの

天皇の日本史

太田霞岳《おおたかがく》が描いた瓊瓊杵尊《ににぎのみこと》と天照大《あまてらすおお》神《みかみ》。高天原《たかまがはら》から地上に降り立つ際、瓊《に》瓊杵尊《にぎのみこと》は三種の神器を授けられた(国立国会図書館蔵)。

はじめに 生前譲位で話題の天皇。今、天皇の歴史をたどると歴史教科書とは違った日本史像が見えてくる

日本の歴史において、天皇の存在は大きな意味をもっている。しかし、我々が教科書で学ぶ日本史では、飛鳥・奈良時代においては天皇が主役として活躍するが、以後はあまり歴史の表舞台に登場しなくなる。平安時代中期は摂関《せっかん》政治の時代、院《いん》政《せい》期には退位した天皇である上皇《じょうこう》が政治の主体となるが、鎌倉幕府が開かれると武家政権の時代になり、天皇は歴史の背景に退くことになる。

鎌倉時代では、源頼朝《みなもとのよりとも》と対峙《たいじ》した後白河《ごしらかわ》上皇、承久《じょうきゅう》の乱のときの後鳥羽《ごとば》上皇、倒幕を果たした後醍醐《ごだいご》天皇と有名な天皇がいるが、朝廷が分裂する南北朝時代になると、足利尊氏《あしかがたかうじ》・直義《ただよし》兄弟や高師直《こうのもろなお》が入り乱れて争う時代となり、天皇が誰かということはあまり意識されなくなる。室町時代も同様で、戦国時代になると朝廷は衰微する。織田信長《おだのぶなが》や豊臣秀吉《とよとみひでよし》は、朝廷に経済的援助を与え、君主としての体裁を整えた。徳川家康《とくがわいえやす》も同様だが、「禁中並公家中諸法度《きんちゅうならびにくげちゅうしょはっと》」という天皇や公家の行動を規制する法律を制定し、天皇は京都御所に閉じ込められた存在となる。

これが一変するのが幕末で、第121代・孝明《こうめい》天皇が政治の一方の主人公として出てくる。そして、明治維新によって近代国家が建設されると、天皇は統治権を総

攬する国家元首となる。しかし、それを規定した大日本帝国憲法では、実は天皇の権限は意外なほど限定されている。国家元首でありながら、国務大臣の輔弼《ほひつ》なくしては政治に関与できず、陸海軍を統帥《とうすい》する大元帥でありながら、軍部は天皇の名のもとに勝手に行動した。

太平洋戦争末期、昭和天皇が「聖断《せいだん》」を下して終戦を迎えたことは、天皇の潜在的な権力と権威を推測させるが、終戦後は日本国憲法が制定された。天皇は「象徴」とされ、主体的に政治に関わることはなくなった。

こうして見ると、天皇が活躍するのは古代と中世の一時期のみということになるが、実は歴代天皇は形式的、主観的には君主の地位にあった。そして、それ以上に重要なことは、古来、天皇が連綿と存在してきたことによって、日本人の間に日本という国家が半永久的に続いてきたという強い観念を植えつけ、そして今後も永久に続いていくという確信を与えていることである。これによって日本人の特質も生み出されている。

本書では125代におよぶ天皇と南北朝時代の北朝の天皇5人をすべて取り上げ、その事績を概観した。天皇に焦点をあてた歴史を読むことによって、歴史教科書とは違った日本史像が浮かび上がっていくはずである。

東京大学教授・山本博文

目次

知識ゼロからの天皇の日本史

⑦女性天皇――権力を手中にした女性天皇もいたが、多くは中継ぎとして誕生した……024
⑧天皇・上皇・法皇――天皇が譲位すると上皇、上皇が出家すると法皇と呼ばれた……026
⑨院政と親政――親政は延喜・天暦の治で頂点を極め、建武の新政は志半ばで挫折した……028
⑩天皇陵――古代、天皇の墓として多くの古墳が造られ、中世には仏教式の墓が主流になった……030
⑪皇室領――時代により変化した皇族の領地。現在は皇居、御用邸、離宮、牧場などが残る……032
⑫祭儀と行事――もっとも重要な儀式は新嘗祭。代替わりごとに大嘗祭が行われる……034
⑬皇居――江戸幕府の大御所が住んだ西の丸に皇居の宮殿が建てられた……036

第2章◉天皇は歴史の主役／神代・古代の天皇

▼神代・古代 歴代天皇系図❶〈第1代・神武天皇〜第34代・舒明天皇〉……040
第1代・神武天皇 東征により大和を平定して、即位したとされる神話上の初代天皇……042
第10代・崇神天皇 記紀に事績が詳しく記され、実在の可能性がある最古の天皇……044
第12代・景行天皇 皇子の日本武尊を派遣し、西の熊襲・東の蝦夷を平定した……046
第14代・仲哀天皇 新羅を征服せよとの神託を信じず、神の怒りにふれて急死!?……048
第15代・応神天皇 朝鮮半島との交流を活発化させ、多くの渡来人を招聘した謎の天皇……050
第16代・仁徳天皇 民の家に煙の立たないのを見て、年貢を免除し自らは清貧に甘んじた……052
第21代・雄略天皇 関東から九州までを支配し、倭王「武」として宋に朝貢した……054

第3章◉天皇は歴史の主役／律令国家の天皇

第4章◉天皇は歴史の主役／親政・摂関・院政時代の天皇

第5章◉天皇は歴史の主役／武家政権下の天皇

第6章◉天皇は歴史の主役／近世・近現代の天皇

第7章◉天皇と皇室　トリビアな話

凡例

※本文は可能な限り平易・簡素な文章とし、敬語・敬称は省略した。
※年次表記は、西暦（和暦）の順とした。
※改元の年は改元前の出来事でも、原則として新年号の元年表記を用いた。
※「大化」前の年号のない時代は、西暦表記のみを用いた。「大化」後で年号が定められなかった時代は、在位天皇名の年次表記とした。
※1872（明治5）年までの西暦・和暦表記は正確を期すと複雑になるため、吉川弘文館の「日本史年表・地図」に倣い、単純に当該年の西暦を表記した。
※人名は俗名・僧名・号・官職名などが広く用いられる場合、通称で表記した。

参考文献（50音順）

『明仁天皇と裕仁天皇』保阪正康著／講談社
『朝日 日本歴史人物事典』朝日新聞社編／朝日新聞社
『学習院』浅見雅男著／文藝春秋
『菊と桐』額田巌著／東京美術
『旧皇族が語る天皇の日本史』竹田恒泰著／ PHP 研究所
『宮内庁御用達』鮫島敦・松葉仁著／日本放送出版協会
『訓読 続日本紀』今泉忠義訳／臨川書店
『元号 全247総覧』山本博文著／悟空出版
『皇居の近現代史』河西秀哉著／吉川弘文館
『国史大辞典』国史大辞典編集委員会編／吉川弘文館
『ここまでわかった! 日本書紀と古代天皇の謎』『歴史読本』編集部編／ KADOKAWA
『後水尾天皇』久保貴子著／ミネルヴァ書房
『シリーズ日本古代史⑥摂関政治』古瀬奈津子著／岩波書店
『シリーズ日本中世史①中世社会のはじまり』五味文彦著／岩波書店
『新版 古事記』中村啓信訳注／角川学芸出版
『新版 平成皇室事典』主婦の友社編／主婦の友社
『神話と天皇』大山誠一著／平凡社
『図説 歴代天皇紀』肥後和男・水戸部正男・福地重孝・赤木志津子著／秋田書店
『大正天皇』 F･R･ディキンソン著／ミネルヴァ書房
『天皇たちの和歌』谷知子著／角川学芸出版
『天皇の本』ブックスエソテリカ 22 ／学習研究社
『天皇の歴史5 天皇と天下人』藤田譲治著／講談社
『天皇の歴史6 江戸時代の天皇』藤田覚著／講談社
『天皇125代と日本の歴史』山本博文著／光文社
『徳川将軍と天皇』山本博文著／中央公論新社
『日本史総覧』小西四郎・児玉幸多・竹内理三監修／新人物往来社
『日本書紀』（全５巻）坂本太郎・家永三郎・井上光貞・大野晋校注／岩波書店
『日本人と天皇』田原総一朗著／中央公論新社
『明治天皇という人』松本健一著／毎日新聞社
『歴史読本』 2014 年８月号「特集・皇族と宮家」／ KADOKAWA
『歴代天皇125代の謎』歴史REAL編集部編／洋泉社

第1章

天皇と皇室　早わかり

天皇と皇室早わかり❶

『古事記』『日本書紀』の神話が天皇家の権威を支えてきた

神話と天皇

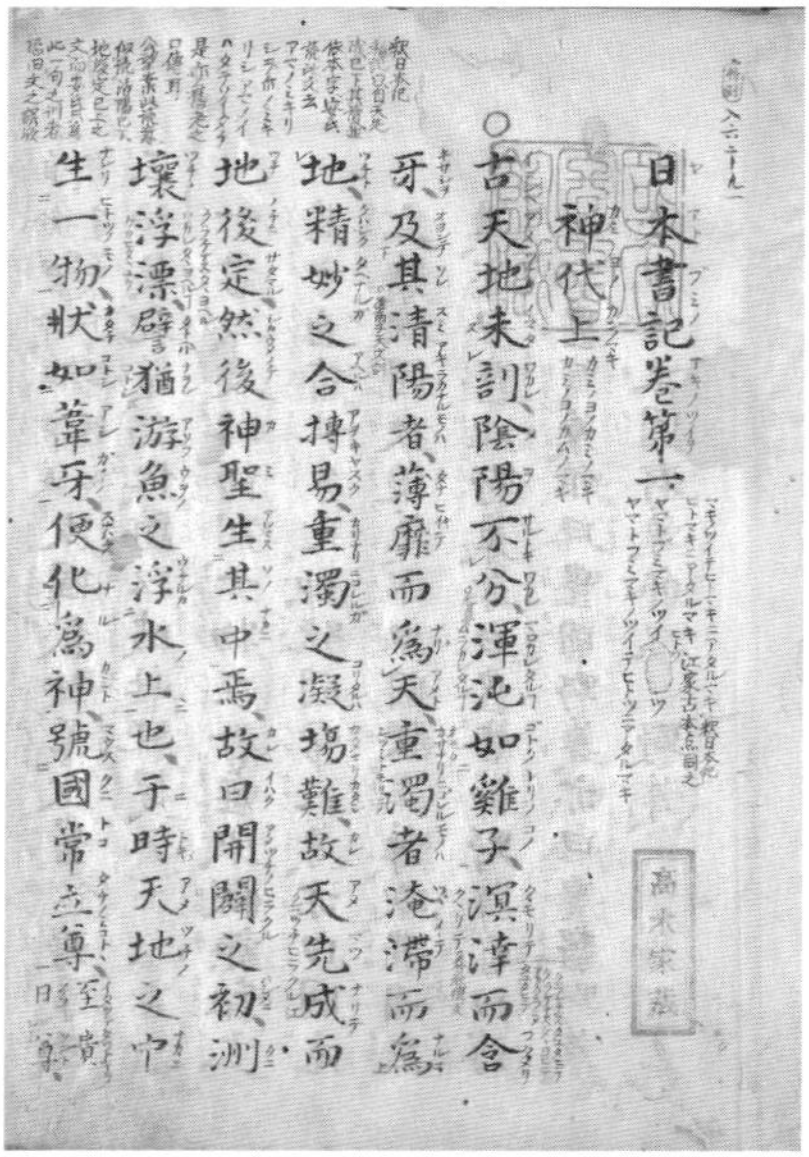
日本書紀巻第一
神代上
古天地未剖陰陽不分渾沌如雞子溟涬而含
牙及其清陽者薄靡而爲天重濁者淹滞而爲
地精妙之合摶易重濁之凝竭難故天先成而
地後定然後神聖生其中焉故曰開闢之初洲
壤浮漂譬猶游魚之浮水上也于時天地之中
生一物狀如葦牙便化爲神號國常立尊

『日本書紀』は『古事記』に比べると写本や版本の数が多い。写真は1610（慶長15）年に刊行された『日本書紀』の冒頭部分。日本最初の全巻活字版で（神代巻のみ写本）、「古天地未剖 陰陽不分 渾沌如雞子 溟涬而含牙」と、おなじみの天地創世のくだりから始まる（国立国会図書館蔵）。

天皇は平成時代までに歴代で125代を数え、2600年以上も続いているとされる。初期の天皇は実在が疑問視されているものの、現代の考古学・歴史学的な研究成果を踏まえても、天皇の起源は少なくとも1800年はさかのぼる可能性が高いとされる。

なぜ、これほど長く天皇家が続き、重んじられてきたのか。その謎を解くヒントは、「天皇は神の末裔《まつえい》」と説く神話のなかに見出《みいだ》すことができる。天皇家のルーツを伝える神話は、8世紀初頭に成立した日本現存最古の史書『古事記《こじき》』『日本書紀《にほんしょき》』（記紀《きき》）にくわしく記されている。

それによると、天上界の統治者で、太陽の神格化である最高神・天照大《あまてらすおお》神《みかみ》は、孫の瓊瓊杵尊《ににぎのみこと》に地上世界を治めるよう命じ、瓊瓊杵尊《ににぎのみこと》は九州に天《あま》降《くだ》った。これが天孫降臨《てんそんこうりん》で、瓊瓊杵《ににぎ》

ここがポイント

❶天皇家の歴史は、少なくとも1800年はさかのぼる。
❷日本最古の史書『古事記《こじき》』『日本書紀《にほんしょき》』（両書を合わせて記紀《きき》と呼ぶ）には、国の成り立ちとともに天皇家の由来と歴史が記されている。
❸記紀では、最高神・天照大神《あまてらすおおみかみ》の子孫が天皇であると説かれている。
❹記紀では「天皇」は「すめらみこと」と読まれている。

「天皇」という語の由来とは？

天皇は古くは「大王《おおきみ》」と呼ばれ、7世紀の第40代・天武《てんむ》天皇の時代から「天皇」と称されるようになったとされる。「天皇」という言葉は、古代中国の宗教（道教《どうきょう》）の神で、北極星を表す「天皇《てんこう》」に由来。中国の「皇帝」を意識しつつ、宗教的権威を有した君主の称号として採用されたのだろう。

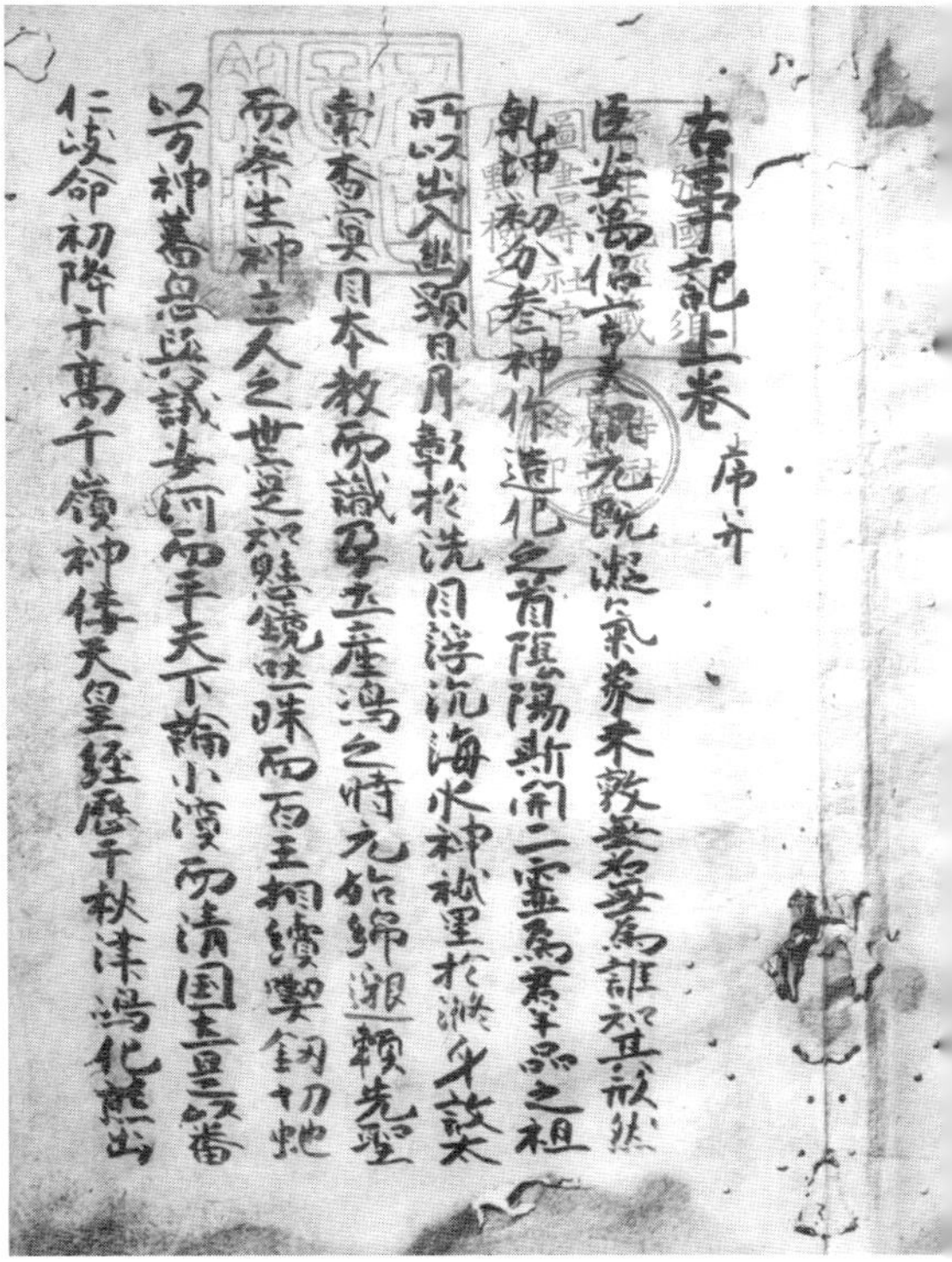

国宝『真福寺本古事記』の冒頭部分（1945〈昭和20〉年、京都印書館発行の影印本）。僧の能信（のうしん）が開いた真福寺（愛知県名古屋市）に残されていた写本を、同寺の僧・賢瑜（けんゆ）が1371（応安4）年から翌年にかけて写したとされる日本最古の写本で、古事記研究における底本的存在となっている（国立国会図書館蔵）。

尊《みこと》の曽孫《そうそん》が初代天皇の神武《じんむ》なのである。こうした神話を背景に、天皇は古代には「日の御子《みこ》（太陽の神＝天《あま》照大神《てらすおおみかみ》の子孫）」と称されるようになっていった。

また、「天皇」の文字は記紀では「すめらみこと」と読まれるが、これには「神の言葉を取り持つ」という意味がこめられている。

つまり、天皇が天上界の最高神の子孫であることを語る記紀神話によって、天皇家は、「神の言葉を取り持つ地上世界の正統な統治者」であることを保証されているのだ。さらに『万葉集《まんようしゅう》』（8世紀後半以降成立）で、天皇は「大君《おおきみ》は神」と歌われ、現人神《あらひとがみ》（現御神《あきつみかみ》）とみなされるようにもなった。

こうしたさまざまな神話に由来する聖性が、歴代天皇の権威と伝統を支えてきたのである。

天皇と皇室
早わかり❷

三種の神器

皇居にある本物は一つだけ
天皇でさえ実見できない謎の宝

ここがポイント☞

❶皇居に安置される三種の神器のうち、本物は八尺瓊勾玉《やさかにのまがたま》だけ。八咫鏡《やたのかがみ》と草薙剣《くさなぎのつるぎ》は神霊を宿した形代《かたしろ》と呼ばれる複製品。

❷本物は草薙剣《くさなぎのつるぎ》が熱田神宮、八《や》咫鏡《たのかがみ》が伊勢神宮に、それぞれご神体として安置されている。

❸大正・昭和・今上天皇は、三種の神器を実見していない。

三種の神器の継承儀式とは？

皇位継承の際には、草薙剣《くさなぎのつるぎ》と八尺瓊勾玉《やさかにのまがたま》の二つを受け継ぐ剣《けん》璽等承継《じとうしょうけい》の儀が行われ、八咫鏡《やたのかがみ》は即位後の賢所《かしこどころ》の儀のなかで受け継がれる。“剣璽《けんじ》等”とあるのは同時に国璽《こくじ》（国家の印）と御《ぎょ》璽《じ》（天皇の印）の継承も行われるためである。

喜田貞吉《きたさだきち》『日本歴史物語』（1928〈昭和3〉年）の口絵に描かれた天岩屋（あまのいわと）伝説。天宇受売命（あめのうずめのみこと）が半裸になって踊り、天手力男神（あめのたぢからお）が天照大神（あまてらすおおみかみ）を天岩屋から引き出そうとしている。八咫鏡（やたのかがみ）は、左のまさかきに吊されている（国立国会図書館蔵）。

三種の神器《じんぎ》は、八咫鏡《やたのかがみ》、草薙剣《くさなぎのつるぎ》、八《や》尺瓊勾玉《さかにのまがたま》の三つの宝物をいう。皇位継承の際には、これらを受け継ぐ儀式が皇居で行われ、初めて皇位の正統性が認められてきた。もっとも皇居に安置されている三種の神器のうち、本物は八尺瓊勾玉《やさかにのまがたま》だけで、八咫鏡《やたのかがみ》と草薙剣《くさなぎのつるぎ》は形代《かたしろ》（複製品）とされる。本物は左表のように草薙剣《くさなぎのつるぎ》が熱田神宮本殿に、八《や》咫鏡《たのかがみ》が伊勢神宮内宮《ないくう》に、それぞれご神体として安置されてきた。しかし、これらの形代は神霊を宿した〝身代わり〟で、本物同様に扱われている。

草薙剣《くさなぎのつるぎ》と八尺瓊勾玉《やさかにのまがたま》は合わせて剣璽《けんじ》（璽《じ》は勾玉《まがたま》のこと）と呼ばれ、戦前には地方行脚《あんぎゃ》（行幸《ぎょうこう》）などの際に天皇とともに御料車などで移動するのが、剣《けん》璽動座《じどうざ》と呼ばれる習わしだった。しかし、天皇行事などが増加した戦後は1947（昭和22）年に保安上の理由な

三種の神器の由来

天皇家の祖である最高神・天照大神《あまてらすおおみかみ》の孫である瓊瓊杵尊《ににぎのみこと》が、高天原《たかまがはら》から地上へ降臨する際に授けられたとされる。古代には三種の神宝と呼ばれ、南北朝時代（1336〈延元《えんげん》元〉～1392〈明徳《めいとく》3〉年）以降に三種の神器という言葉が定着した（イラストはイメージ）。

八咫鏡《やたのかがみ》

伊勢神宮内宮に安置
（皇居にあるのは複製品）

　天孫降臨《てんそんこうりん》の際、天照大神《あまてらすおおみかみ》が「この鏡を私の魂と思い崇《あが》めよ」と瓊瓊杵尊《ににぎのみこと》に命じ、伊勢神宮に献じられたとされる。天照大神《あまてらすおおみかみ》が須佐之男命《すさのおのみこと》の乱暴狼藉《らんぼうろうぜき》に怒って天岩屋《あまのいわと》に引き籠もった際に八尺瓊勾玉《やさかにのまがたま》とともに八百万《やおよろず》の神や天宇受売命《あめのうずめのみこと》に使われて、再び地上に光を取り戻す役割を担った。

八尺瓊勾玉《やさかにのまがたま》

皇居の剣璽の間《ま》に安置

　一説によると「八尺《やさか》」は長さを表し、勾玉《まがたま》の周囲が約140cmとも、緒《お》（紐《ひも》）の長さが140cmともいわれる。また、「巨大な勾玉《まがたま》」を形容する意味で「八尺《やさか》」と付けられたなど、諸説がある。「瓊《に》」は赤い玉を意味する言葉で、材質は瑪瑙《めのう》が有力視されている。

草薙剣《くさなぎのつるぎ》

熱田神宮に安置
（皇居にあるのは複製品）

　天叢雲剣《あめのむらくものつるぎ》とも称され、須佐之男命《すさのおのみこと》が島根県斐伊《ひい》川の上流で暴れる八岐大蛇《やまたのおろち》を退治した際、尾の先から出現したと伝わる。第12代・景行《けいこう》天皇の皇子である日本武尊《やまとたけるのみこと》が征東の際、伊勢神宮でこの剣を授けられた。駿河国《するがのくに》（静岡県）に赴いた日本武尊《やまとたけるのみこと》が、敵である国造《くにのみやつこ》によって火を放たれた草を薙《な》ぎ払い窮地を脱したことから、草薙剣《くさなぎのつるぎ》と改名した。

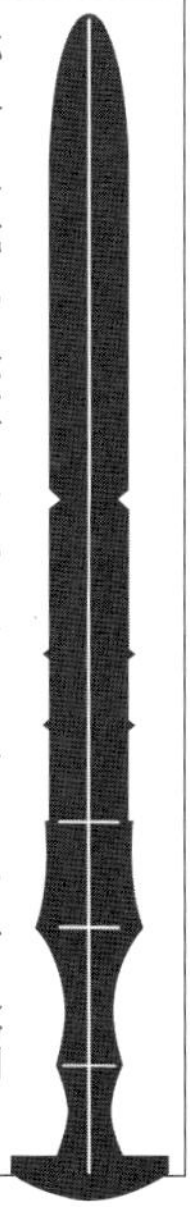

どから中止されている。これが復活したのは、1974（昭和49）年に行われた伊勢神宮の式年遷宮《しきねんせんぐう》（20年ごとに実施される）。以後、二つの宝は1994（平成6）年、2014（平成26）年の式年遷宮でも天皇とともに移動しているが、そのほかの行事では復活していない。

　三種の神器は近・現代の天皇では、明治天皇が伊勢神宮で八咫鏡《やたのかがみ》を実見したと口伝されるだけで、大正・昭和・今上《きんじょう》の各天皇は見ていないといわれる。このため三種の神器は多くの謎に包まれ、かつては「見ると死ぬ」「見ると災いをもたらす」などの伝説もまことしやかに伝えられていた。また、平家滅亡の折、草薙剣《くさなぎのつるぎ》は安徳《あんとく》天皇とともに海に沈んだと伝承されるなど、三種の神器はその真贋《しんがん》についても、さまざまな論争が行われている。

天皇と皇室早わかり③

時代によって範囲が異なる天皇の親族とその呼称

皇室と皇族

天皇の親族を皇族と呼び、このなかには天皇本人は含まれない。一方、皇室といえば、天皇とその一族を指す。つまり「天皇＋皇族＝皇室」となる。ただし、江戸時代までは皇族ではなく皇親《こうしん》と呼ぶのが一般的だった。では、どれくらいまでの親戚の範囲を皇族（皇親）と呼ぶのかだが、これは時代によって変遷がある。

8世紀初頭には「大宝律令《たいほうりつりょう》」により原則として「親王《しんのう》から4世までの王を皇親とする」と定められた。「親王」とはここでは天皇の兄弟または子（皇子《みこ》）を指し、「王」はそれ以下の親族を指す。親王を初代としてその4代目にあたる子孫までを皇族とするということで、大まかには天皇の玄孫《やしゃご》世代までの範囲を指すことになる（ただし5世も皇族と認めた時期もあった）。これは男女を問わず適用され、女性の親王は内《ない》

ここがポイント☞

❶皇族とは天皇の親族のことで、天皇本人は含まれない。
❷皇室は天皇および皇族の総称。
❸現代の皇室制度では、天皇の子、孫までを親王《しんのう》（女性は内《ない》親王《しんのう》）と呼び、それ以下の子孫を王（女性は女王）と呼ぶ。
❹皇族は養子をとることができたが、明治以降は禁止された。

皇太子とは？

皇室に関する法律「皇室典範《こうしつてんぱん》」では、皇族のうち、皇位継承順位第1位の皇子、つまり次に皇位に就くべき天皇の子を「皇太子《こうたいし》」というと定めている。具体的には、多くの場合、天皇の長男がこれにあたる。ただし、2019年5月に新天皇が即位すると、秋篠《あきしのの》宮文仁《みやふみひと》親王殿下《でんか》が皇位継承順位第1位となるが、新天皇との関係は皇子ではなく弟となるので、「皇嗣《こうし》」と呼ばれることに決まっている。

1928（昭和3）年、即位の大礼（御大典）が行われた。これを記念して翌年刊行された『御大典奉祝記念 写真交名大鑑』には、当時の皇室・皇族の貴重な写真が掲載されている。尊影は右から高松宮（大正天皇第3皇子）、秩父宮（同第2皇子）、三笠宮（同第4皇子）、北白川宮妃、竹田宮妃、昭和天皇、東久邇宮（ひがしくにのみや）妃（国立国会図書館蔵）。

親王《しんのう》、女性の王は女王と呼ばれた。

また現代と違い、皇族の配偶者は皇族ではない臣下の出身であれば皇族に含まれず、逆に女性皇族は臣下と結婚しても皇族でいることができた。

明治時代に入ると皇室制度も変わり、天皇の子（1世）から玄孫（4世）までが親王（内親王）、それ以下（5世以下）が王（女王）と呼ばれることに変わり、5世以下であっても皇族の身分でいられることができるようになった。また、男性皇族の妻は皇族出身ではなくても皇族となり、女性皇族が非皇族と結婚した場合は皇族を離れることになった。また、従来は養子をとることもできたが、禁止された。

太平洋戦争終戦後にはまた制度が変わり、天皇の孫（2世）までを親王（内親王）、それ以下（3世以下）の子孫を王（女王）とすると定められている。

天皇と皇室早わかり④

皇統継承のために設けられた皇族のなかの特別な一族

天皇と宮家

●GHQの指令で1947年に廃止となった11宮家

名称	設立	家祖	家祖の続柄
伏見宮《ふしみのみや》	室町時代	栄仁《よしひと》親王	北朝第3代・崇光《すこう》天皇の第1皇子
閑院宮《かんいんのみや》	1718年	直仁《なおひと》親王	第113代・東山天皇の第6皇子
山階宮《やましなのみや》	1864年	晃《あきら》親王	伏見宮邦家《ふしみのみやくにいえ》親王の第1王子
久邇宮《くにのみや》	1875年	朝彦《あさひこ》親王	伏見宮邦家親王の第4王子
北白川宮《きたしらかわのみや》	1870年	智成《さとなり》親王	伏見宮邦家親王の第13王子
梨本宮《なしもとのみや》	1870年	守脩《もりおさ》親王	伏見宮貞敬《さだよし》親王の第10王子
東伏見宮《ひがしふしみのみや》	1903年	依仁《よりひと》親王	伏見宮邦家親王の第17王子
賀陽宮《かやのみや》	1892年	邦憲《くにのり》王	久邇宮《くにのみや》朝彦親王の第2王子
朝香宮《あさかのみや》	1906年	鳩彦《やすひこ》王	久邇宮《くにのみや》朝彦親王の第8王子
竹田宮《たけだのみや》	1906年	恒久《つねひさ》王	北白川宮能久《よしひさ》親王の第1王子
東久邇宮《ひがしくにのみや》	1906年	稔彦《なるひこ》王	久邇宮《くにのみや》朝彦親王の第9王子

皇族には秋篠宮《あきしののみや》など「~宮」と名乗る家（一族）があり、こうした家を宮家《みやけ》という。どんな皇族でも宮家になれるわけではなく、名乗るには天皇の許可が必要で、「~宮」という家名（宮号）は天皇から賜《たまわ》るという形をとる。

宮家のルーツは、鎌倉時代に、本来は天皇の兄弟もしくは皇子《みこ》に限定されていた親王《しんのう》という称号を、天皇の許可を得て、その親王の子孫も称することが認められた世襲親王家が宮号を称したことにあり、亀山《かめやま》天皇の皇子、恒明《つねあき》親王の家が常磐井宮《ときわいのみや》の宮号を賜ったのが最初とされる（異説あり）。

宮家には、天皇に跡継ぎがなく皇統断絶の危機となった場合に、皇位継承者を出すという役割が期待された。宮家は天皇家のスペアとされたのだ。

室町時代~江戸時代には、伏見宮《ふしみのみや》・桂宮《かつらのみや》・有栖川宮《ありすがわのみや》・閑院宮《かんいんのみや》の4宮家が

●東宮家および現在の宮家とその住まい

東宮御所《とうぐうごしょ》	皇太子同妃両殿下、愛子内親王殿下の住居。 東京都港区元赤坂の赤坂御用地内にある。
秋篠宮《あきしののみや》	住まいは東京都港区元赤坂の赤坂御用地内。 1997（平成9）年から改修した旧秩父宮邸を使用。
常陸宮《ひたちのみや》	住まいは東京都渋谷区東にあり、1976（昭和51）年から使用。
三笠宮《みかさのみや》	住まいは東京都港区元赤坂の赤坂御用地内。 1970（昭和45）年11月から使用。
高円宮《たかまどのみや》	住まいは東京都港区元赤坂の赤坂御用地内。 1986（昭和61）年から使用。

※現在の宮家は４家で、皇族の住まいとしては赤坂御用地内に寛仁親王家の旧寛仁親王邸がある。2012（平成24）年の寛仁親王薨去《こうきょ》後、同親王家は三笠宮家に合流し、寛仁親王邸は三笠宮東邸と名を変え、息女（彬子《あきこ》・瑤子《ようこ》の両女王）が住んでいる。

ここがポイント

❶宮家《みやけ》は独立性をもった特別な皇族で、天皇と血のつながりが薄くなっても皇族でいられる。
❷昭和の終戦時には14の宮家があったが、戦後、GHQの指令で11宮家が廃止となった。
❸宮家は、皇統断絶の危機が迫ったとき、皇位継承者を出す役割を負う。

赤坂御用地の空撮。迎賓館を囲む広大な緑のなかに宮家の住まいが点在する。

創設され、これらの各宮家の代々の当主は、形式上は天皇または上皇の養子となって親王を称し、宮家を継承した。このうち、伏見宮家は室町時代から昭和までおよそ５００年間も存続した史上最長の宮家で、第３代・貞成《さだふさ》親王の子が第１０２代・後花園《ごはなぞの》天皇として即位している。

　のちに宮家の分家も新たに宮号を称することが可能になったため、宮家は増え続けたが、太平洋戦争終戦後の１９４７（昭和22）年、ＧＨＱの指令で11の宮家が廃止となり、皇籍を離脱して一般国民となった。以後は、天皇やその兄弟の直系の子孫の皇族（直宮《じきみや》）に宮家が限られることになり、現代におよんでいる。

　親王・内親王は幼称として宮号を授かることもあるが（浩宮《ひろのみや》、礼宮《あやのみや》など）、これは宮家の宮号とは区別される。

天皇と神道

宮中三殿で祭祀を執り行う
祭司王としての天皇

御所の東南にある宮中三殿。八咫鏡（やたのかがみ）の形代（かたしろ／複製品）が安置された真ん中の一段大きな賢所を中心として、その東側に神殿、西側に皇霊殿を配した連結建物の総称。賢所には天照大神（あまてらすおおみかみ）、皇霊殿には歴代天皇・皇后・皇族の霊、神殿には天神地祇（てんじんちぎ）と呼ばれる八百万（やおよろず）の神（すべての神々）が祀（まつ）られている（宮内庁提供）。

ここがポイント☞

❶皇居には、天皇家専用の神社である宮中三殿《きゅうちゅうさんでん》がある。

❷秋の新嘗祭《にいなめさい》は古くから天皇が自ら執り行ってきた重要祭祀で、国の政治の根本でもあった。

天皇家の宗教といえば、日本の伝統的宗教である神道《しんとう》をイメージする人が多いだろう。

明治時代、皇居のなかに、賢所《かしこどころ》・皇《こう》霊殿《れいでん》・神殿《しんでん》という3つの建物からなる宮中三殿《きゅうちゅうさんでん》が建てられ、ここに天皇家の祖神である天照大神《あまてらすおおみかみ》をはじめとする神々や、歴代天皇などの霊が祀《まつ》られた。宮中三殿はいわば天皇専用の神社で、年間を通じてさまざまな祭り（祭祀《さいし》）が行われ、重要なものは天皇が直接執り行う。

このような皇室での祭りを宮中祭祀《きゅうちゅうさいし》というが、これらは実は明治時代になって新たに定められたものも多く、必ずしも古代からの伝統とはいえない。しかしそれらのうち、毎年10月の神嘗《かんなめ》祭《さい》、11月の新嘗祭《にいなめさい》は収穫祭としての性格をもち、飛鳥《あすか》～奈良時代（7～8世紀）には、天皇が関わる重要な国家的

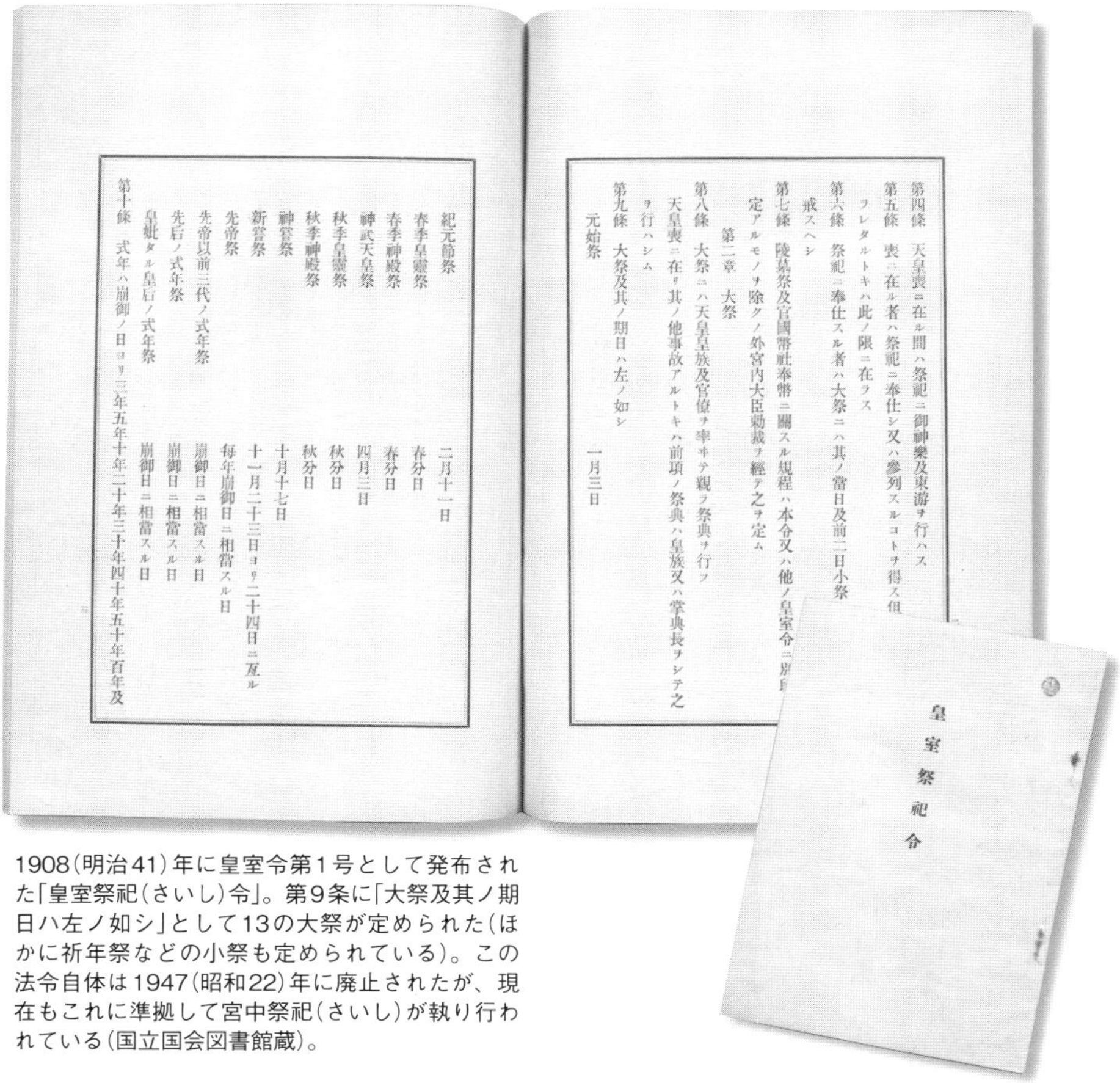
第四條　天皇喪ニ在ル間ハ祭祀ニ御神樂及東游ヲ行ハス
第五條　喪ニ在ル者ハ祭祀ニ奉仕シ又ハ參列スルコトヲ得ス但
フレタルトキハ此ノ限ニ在ラス
第六條　祭祀ニ奉仕スル者ハ大祭ニハ其ノ當日及前二日小祭
戒スヘシ
第七條　陵墓祭及官國幣社奉幣ニ關スル規程ハ本令又ハ他ノ皇室令ニ別
定アルモノヲ除クノ外宮内大臣勅裁ヲ經テ之ヲ定ム

第二章　大祭

第八條　大祭ニハ天皇皇族及官僚ヲ率ヰテ親ラ祭典ヲ行フ
天皇喪ニ在リ其ノ他事故アルトキハ前項ノ祭典ハ皇族又ハ掌典長ヲシテ之
ヲ行ハシム
第九條　大祭及其ノ期日ハ左ノ如シ

元始祭	一月三日
紀元節祭	二月十一日
春季皇靈祭	春分日
春季神殿祭	春分日
神武天皇祭	四月三日
秋季皇靈祭	秋分日
秋季神殿祭	秋分日
神嘗祭	十月十七日
新嘗祭	十一月二十三日ヨリ二十四日ニ亙ル
先帝祭	毎年崩御日ニ相當スル日
先帝以前三代ノ式年祭	崩御日ニ相當スル日
先后ノ式年祭	崩御日ニ相當スル日
皇妣タル皇后ノ式年祭	崩御日ニ相當スル日

第十條　式年ハ崩御ノ日ヨリ三年五年十年二十年三十年四十年五十年百年及

皇室祭祀令

1908（明治41）年に皇室令第1号として発布された「皇室祭祀（さいし）令」。第9条に「大祭及其ノ期日ハ左ノ如シ」として13の大祭が定められた（ほかに祈年祭などの小祭も定められている）。この法令自体は1947（昭和22）年に廃止されたが、現在もこれに準拠して宮中祭祀（さいし）が執り行われている（国立国会図書館蔵）。

祭祀《さいし》としてすでに行われていた。そして、古代では、天皇が司る祭祀《さいし》は全国の神社・神職を総括する役割も担い、それは同時に国の政治のひとつの柱ともなっていた。

鎌倉時代の第84代・順徳《じゅんとく》天皇は「およそ禁中《きんちゅう》の作法、まず神事、のちに他事」（『禁秘抄《きんぴしょう》』）と記した。これは、宮中（禁中《きんちゅう》）では何よりも神道的祭祀《さいし》を優先させ、天皇は敬神の念を怠ってはならないと戒めるもので、天皇あるいは皇室がもつべき心得とされている。

つまり歴史的に見れば、神道の総元締めとしての祭司王というのが、天皇の本質をなしているといえるのだ。

ただし、天皇が神道以外の宗教を排除したかというと、そんなことはない。たとえば、江戸時代までは御所《ごしょ》（皇居）には仏間《ぶつま》があり、歴代天皇の霊が仏教式に供養《くよう》されていたのだ。

天皇と憲法

唯一絶対の元首から「日本国の象徴」へと変わった地位

大日本帝國憲法
第一章 天皇
第一條 大日本帝國ハ萬世一系ノ天皇之ヲ統治ス
第二條 皇位ハ皇室典範ノ定ムル所ニ依リ皇男子孫之ヲ繼承ス
第三條 天皇ハ神聖ニシテ侵スヘカラス
第四條 天皇ハ國ノ元首ニシテ統治權ヲ總攬シ此ノ憲法ノ條規ニ依リ之ヲ行フ
第五條 天皇ハ帝國議會ノ協賛ヲ以テ立法權ヲ行フ
第六條 天皇ハ法律ヲ裁可シ其ノ公布及執行ヲ命ス
第七條 天皇ハ帝國議會ヲ召集シ其ノ開會閉會停會及衆議院ノ解散ヲ命ス
第八條 天皇ハ公共ノ安全ヲ保持シ又ハ其ノ災厄ヲ避クル爲緊急ノ必要ニ由リ帝國議會閉會ノ場合ニ於テ法律ニ代ルヘキ勅令ヲ發ス
此ノ勅令ハ次ノ會期ニ於テ帝國議會ニ提出スヘシ若議會ニ於テ承諾セサルトキハ政府ハ將來ニ向テ其ノ效力ヲ失フコトヲ公布スヘシ
第九條 天皇ハ法律ヲ執行スル爲ニ又ハ公共ノ安寧秩序ヲ保持シ及臣民ノ幸福ヲ增進スル爲ニ必要ナル命令ヲ發シ又ハ發セシム但シ命令ヲ以テ法律ヲ變更スルコトヲ得ス
第十條 天皇ハ行政各部ノ官制及文武官ノ俸給ヲ定メ及文武官ヲ任免ス但シ此ノ憲法又ハ他ノ法律ニ特例ヲ揭ケタルモノハ各其ノ條項ニ依ル
第十一條 天皇ハ陸海軍ヲ統帥ス
第十二條 天皇ハ陸海軍ノ編制及常備兵額ヲ定ム
第十三條 天皇ハ戰ヲ宣シ和ヲ講シ及諸般ノ條約ヲ締結ス

大藏大臣兼內務大臣 伯爵松方正義
陸軍大臣 伯爵大山巖
文部大臣 子爵森有禮
遞信大臣 子爵榎本武揚

第十四條 天皇ハ戒嚴ヲ宣告ス
戒嚴ノ要件及效力ハ法律ヲ以テ之ヲ定ム
第十五條 天皇ハ爵位勳章及其ノ他ノ榮典ヲ授與ス
第十六條 天皇ハ大赦特赦減刑及復權ヲ命ス
第十七條 攝政ヲ置クハ皇室典範ノ定ムル所ニ依ル
攝政ハ天皇ノ名ニ於テ大權ヲ行フ

1889（明治22）年2月11日付の官報に告示された大日本帝国憲法全文。第1章では第1条で「大日本帝国ハ万世一系ノ天皇之ヲ統治ス」などと、17条にわたり天皇の絶対性について定めている（部分／国立国会図書館蔵）。

古来、天皇の地位や権利・義務は、成文化した法律によって規定されることはとくになかった。しかし、明治時代に日本が近代国家となると、国家の最高法規である憲法によって天皇は立《りっ》憲君主《けんくんしゅ》として規定されることになった。

1889（明治22）年、「大日本帝国憲法」が発布された。第1章では「大日本帝国ハ万世一系《ばんせいいっけい》ノ天皇之《これ》ヲ統治ス」（第1条）、「（天皇は）神聖ニシテ侵スヘカラス」（第3条）、「国ノ元首ニシテ統治権ヲ総攬《そうらん》シ」（第4条）、「陸海軍ヲ統帥《とうすい》ス」（第11条）などと定められている。特別な血統によって続いてきた天皇は日本の最高統治者であり、軍隊も統轄《とうかつ》するということで、天皇に強大な権力を与えている（実際には国務大臣などの輔弼《ほひつ》があった）。

しかし、太平洋戦争をへて日本が民主主義国家として再生すると、天皇の

楊洲周延（ようしゅうちかのぶ）画「憲法発布式之図」。1889（明治22）年2月11日、明治天皇が内閣総理大臣・黒田清隆に「大日本帝国憲法」が収められた箱を手渡す発布式が行われた。絵の右側には各国の大使が参列し、左側では皇太后をはじめとする皇族が参観している（東京都立中央図書館特別文庫室蔵）。

ここがポイント

❶明治になるまでは、天皇の地位や権利・義務についてとくに法的な規定はなかった。
❷明治憲法では、天皇は日本の最高統治者であると規定され、軍隊をも統率した。
❸昭和戦後の新憲法では、天皇は「日本国の象徴」となり、政治的な権能をもたなくなった。

地位も大きく変わることになる。

1946（昭和21）年公布の「日本国憲法」では、「天皇は、日本国の象徴であり日本国民統合の象徴であつて、この地位は、主権の存する日本国民の総意に基《もと》づく」（第1章第1条）と定められた。そして第3〜7条では、天皇は憲法が定める国事行為を内閣の助言と承認によって行い、政治的権能をもたないと定められている。「象徴」をめぐる解釈はさまざまだが、天皇は絶対的統治者ではなく日本国の「生けるシンボル」に変わり、その地位の根拠はあくまで「国民の総意」となったのだ。

一方、皇位継承や皇族の範囲などの皇室の詳細事項は「皇室典範《こうしつてんぱん》」という法律によって規定されている。戦前までは憲法と同等同格の法律だったが、戦後は新たに制定され、一般の法律のうちに含められることになった。

女性天皇

権力を手中にした女性天皇もいたが多くは中継ぎとして誕生した

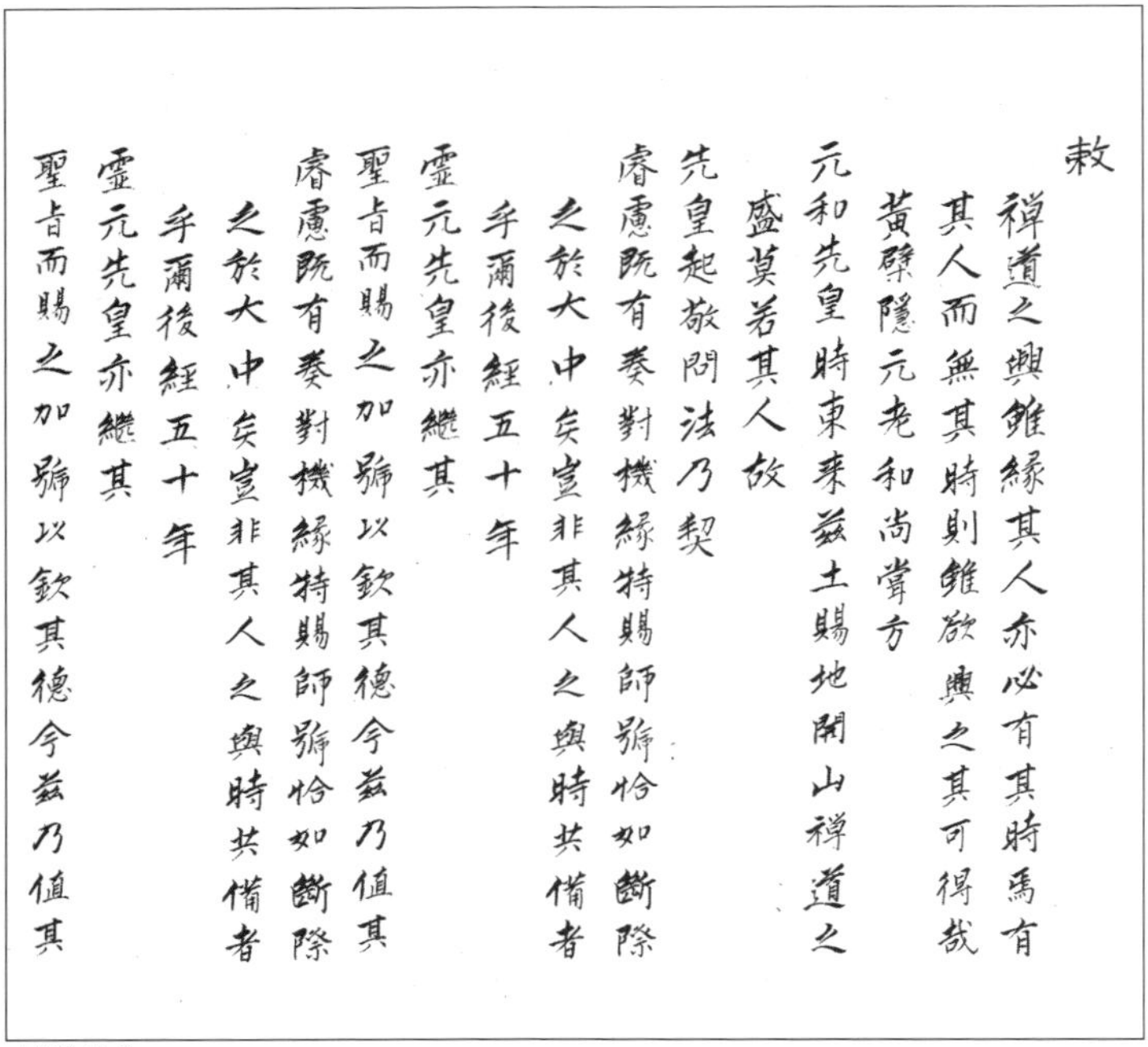
敕
禅道之興雖縁其人亦必有其時焉有
其人而無其時則雖欲興之其可得哉
黄檗隠元老和尚嘗方
元和先皇時東来茲土賜地開山禅道之
盛莫若其人故
先皇起敬問法乃契
睿慮既有奏對機縁特賜師號恰如斷際
之於大中矣豈非其人之與時共備者
乎爾後經五十年
霊元先皇亦繼其
聖旨而賜之加號以欽其徳今茲乃値其
睿慮既有奏對機縁特賜師號恰如斷際
之於大中矣豈非其人之與時共備者
乎爾後經五十年
霊元先皇亦繼其
聖旨而賜之加號以欽其徳今茲乃値其

『宸翰英華《しんかんえいが》』に収録された第117代・後桜町天皇の勅書。歌人として名高く、能書家としても知られた後桜町天皇は1770（明和7）年、後桃園《ごももぞの》天皇に譲位して上皇となり、後桃園天皇崩御後は光格《こうかく》天皇を補佐した最後の女性天皇である（国立国会図書館蔵）。

現在の「皇室典範《こうしつてんぱん》」では「皇位は、皇統に属する男系の男子が、これを継承する」と定められている。「男系の男子」とは、父方が天皇の血統である男性という意味だが、とにかくまず男性でなければ天皇に即位できない。

だが、歴史をさかのぼると、何人もの女性が天皇に即位して女性天皇が生まれている。とくに7～8世紀には6人もいて、このうちの2人は2度即位（これを「重祚《ちょうそ》」という）しており、代数でいえば8代におよぶ。

最初の女性天皇は、甥《おい》の厩戸《うまやと》皇子（聖徳太子）を摂政《せっしょう》とした推古《すいこ》天皇である。また、江戸時代にも明正《めいしょう》天皇、後桜町《ごさくらまち》天皇と2人の女性天皇がいる。

もちろん、古来、天皇は男性が原則だったが、そうしたなかで女性が皇位についた背景には、皇嗣《こうし》（皇位継承予定者）が幼少だった、天皇が突然崩御《ほうぎょ》

●歴代女性天皇

名称	続柄	在位	皇位継承
第 33 代・推古《すいこ》天皇	第 29 代・欽明《きんめい》天皇皇女	崇峻《すしゅん》天皇 5（593)年～ 推古天皇 36（628)年	在位 35 年で崩御
第 35 代・皇極《こうぎょく》天皇	第 30 代・敏達《びだつ》天皇男系曽孫《そうそん》	皇極天皇元(642)年～ 皇極天皇 4（645)年	在位 3 年で譲位
第 37 代・斉明《さいめい》天皇	〃	斉明天皇元(655)年～ 斉明天皇 7（661)年	皇極天皇の重祚・ 在位 6 年で崩御
第 41 代・持統《じとう》天皇	第 38 代・天智《てんじ》天皇皇女	持統天皇 4（690)年～ 持統天皇 11（697)年	在位 7 年で譲位
第 43 代・元明《げんめい》天皇	第 38 代・天智天皇皇女	慶雲《けいうん》4（707)年～ 和銅《わどう》8（715)年	在位 8 年で譲位
第 44 代・元正《げんしょう》天皇	第 43 代・元明天皇皇女	霊亀《れいき》元年(715)年～ 養老《ようろう》8（724)年	在位 9 年で譲位
第 46 代・孝謙《こうけん》天皇	第 45 代・聖武《しょうむ》天皇皇女	天平勝宝《てんぴょうしょうほう》元(749)年～ 天平宝字《てんぴょうほうじ》2（758)年	在位 9 年で譲位
第 48 代・称徳《しょうとく》天皇	〃	天平宝字 8（764)年～ 神護景雲《じんごけいうん》4（770)年	孝謙天皇の重祚・ 在位 6 年で崩御
第109代・明正《めいしょう》天皇	第 108 代・後水尾《ごみずのお》天皇皇女	寛永《かんえい》6（1629)年～ 寛永 20（1643)年	在位 14 年で譲位
第117代・後桜町《ごさくらまち》天皇	第 115 代・桜町《さくらまち》天皇皇女	宝暦《ほうれき》12（1762)年～ 明和《めいわ》7（1770)年	在位 8 年で譲位

ここがポイント

❶飛鳥時代から江戸時代までに10代8人の女性天皇がいた。

❷明治以降は天皇は男系男子に限られることになった。

❸これまでの女性天皇はすべて男系に属し、皇統は男系によって維持されてきた。

※推古、皇極、持統の3天皇は皇后から女性天皇となった。

※元明天皇は皇太子妃から女性天皇となった。

※斉明天皇は皇極天皇、称徳天皇は孝謙天皇の重祚(ちょうそ)。

または退位した、などといった事情があった。政治的事情で即位した女性天皇もいるが、基本的には、皇位継承の危機を回避するための中継ぎ、という役割が女性天皇に期待されたのである。

そして、いずれの女性天皇にも共通しているのは、その女性天皇が退位あるいは崩御すると、次の天皇には父方が天皇の血を引く男性皇族のなかから適任者が選ばれて即位しているという点だ。つまり、皇位は、女系ではなく男系によって維持されてきたのだ。こうしたこともあって、明治に入ると「天皇は男系男子に限る」と改めて規定されることになったのである。

しかし、現在の皇室では皇位継承権をもつ男性皇族が減少する一方なので、「皇室典範」を改正して女性天皇や女系天皇を認めるようにするべきだ、という意見も検討されている。

天皇と皇室
早わかり⑧

天皇・上皇・法皇

天皇が譲位すると上皇
上皇が出家すると法皇と呼ばれた

広大な鳥羽離宮内にあった仏堂を起源とする安楽寿院（京都市伏見区）には、鳥羽天皇陵がある。第74代・鳥羽天皇は上皇、法皇として、崇徳《すとく》・近衛《このえ》・後白河天皇の3代28年間にわたり院政を敷いた。

天皇は即位してから崩御《ほうぎょ》するまでの間に呼称が上皇《じょうこう》や法皇《ほうおう》に変わることがあった。まず上皇とは、退位した天皇に贈られる尊称・太上《だいじょう》天皇の略である。

古代初期においては、皇位の継承は天皇が崩御したときに行われ、譲位という習慣はなかった。天皇の譲位は、第35代・皇極《こうぎょく》天皇が６４５（大化元）年、乙巳《いっし》の変のあと、第36代・孝徳《こうとく》天皇に皇位を譲ったのが最初である。

だが、このときは太上《だいじょう》天皇の尊称はまだなく、退位後の皇極は皇祖母尊《すめみおやのみこと》と称された。太上《だいじょう》天皇の尊称が用いられたのは、６９７（文武天皇元）年に文《もん》武《む》天皇に譲位した第41代・持統《じとう》天皇が最初である。

平安時代になると、上皇は院《いん》とも呼ばれたが、これは上皇の御所を院と呼んだことにちなんだものである。一時期に複数の上皇（院）が存在すること

院の御所とは？

天皇は退位すると、それまで住んでいた内裏《だいり》の御所を出て、院の御所と呼ばれる館に住んだ。院の御所は仙洞《せんとう》御所とも呼ばれたが、これは仙人の住まいを「仙洞」ということにちなんだ名である。院政を敷いた天皇の場合、ここから号令を発した。

院の御所でもっとも壮麗だったのは、平安時代末期に白河《しらかわ》上皇が築造し、鳥羽《とば》上皇が増築した鳥羽《とば》離宮である。平安京の玄関口である羅城門《らじょうもん》の南方（京都市南区・伏見区）にあった。鳥羽殿とも城南離宮とも呼ばれて鎌倉時代初期まで使われたが、しだいに衰微。現在は一部が安《あん》楽寿院《らくじゅいん》として残っているにすぎない。

また、京都御苑（京都市上京区）には、江戸時代初期に第108代・後水尾《ごみずのお》上皇が建てた仙洞御所の庭園と茶室が残っている。茶人で作庭家の小堀遠州《こぼりえんしゅう》が作庭し、後水尾上皇が自ら手を加えたものといわれる。

ここがポイント

❶上皇は譲位した天皇の尊称である太上《だいじょう》天皇の略称である。

❷法皇は出家した上皇に対する尊称である。

❸上皇の御所のことを院というが、そこから上皇自身も院と呼ぶようになった。

小堀遠州が作庭した仙洞御所の庭園と茶室の醒花亭（せいかてい）。南池と北池を擁した広大な庭園だが、後水尾院御所の一部として造園後に改装され、現在の姿となった。

もあったため、退位した順に、本院《ほんいん》（一《いち》の院《いん》）、中院《ちゅういん》、新院《しんいん》と呼び分けた。

皇極天皇以降、天皇の譲位は慣例化していき、北朝を除いて、幕末の第１２１代・孝明《こうめい》天皇までの87代の天皇のうち56人が譲位を行った。

次に法皇とは、出家した上皇の尊称である。天皇の出家は奈良時代に東大寺を建立した第45代・聖武《しょうむ》天皇が最初で、法皇の尊称が初めて使われたのは、平安時代中期の第59代・宇多《うだ》天皇のときとされる。

仏教の隆盛とともに上皇の出家も多くなり、とくに平安時代末期の院政《いんせい》期には、１００年ほどの間に第72代・白《しら》河《かわ》、第74代・鳥羽《とば》、第77代・後白河《ごしらかわ》の3人の天皇が相次いで法皇となった。譲位後に法皇となった天皇は北朝も入れて35人で、最後は江戸時代の第１１２代・霊元《れいげん》法皇であった。

天皇と皇室 早わかり⑨

親政は延喜・天暦の治で頂点を極め
建武の新政は志半ばで挫折した

院政と親政

平安神宮（京都市左京区）の平安神宮大極殿（へいあんじんぐうだいごくでん）。同宮は遷都1100年にあたる1895（明治28）年、平安京を偲んで往事の建物などが復元されたもので、大極殿は天皇が政務をとった場所である。

天皇は退位して上皇（院）となっても隠居するとは限らず、天皇に代わって政治を行うことがあった。これが院《いん》政《せい》で、第72代・白河《しらかわ》天皇が上皇となって始めたのが最初とされる。上皇が複数いるときには、実際に政治を行っている者を「治天《ちてん》の君《きみ》」と呼んだ。

そのほか近代以前の日本の政治は、天皇に政治の実権がない摂政《せっしょう》・関白《かんぱく》による摂関《せっかん》政治、武家政権による政治などが行われた。時代を追うと、まず摂政・関白による摂関政治が、続いて院政が盛んになり、そのまま鎌倉幕府による武家政権が樹立されて、天皇が直々に政治を行うことはなくなった。

これに対して、天皇が政治の実権を取り戻して直々に政治を行うことが親《しん》政《せい》である。その最初は平安時代中期の第60代・醍醐《だいご》天皇と第62代・村上《むらかみ》天皇の治世で、まとめて延喜《えんぎ》・天暦《てんりゃく》の治と

ここがポイント☞

❶院政は上皇が天皇に代わって政治を行うこと。
❷上皇ではなく、天皇が自ら政治を行うことを親政という。
❸天皇に代わって政務をとるケースには、院政以外に摂関政治がある。
❹武家政権が始まると、院政か親政かに関係なく政治の実権は朝廷から離れた。

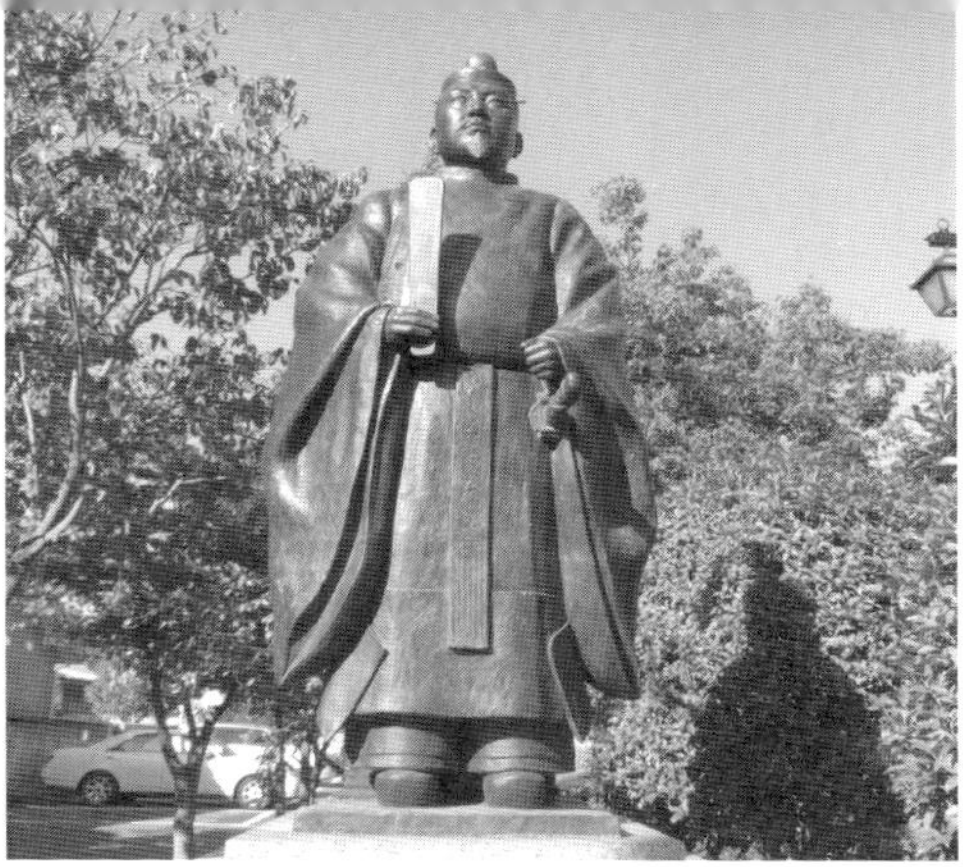
後醍醐天皇の建武の新政に異を唱えた足利尊氏。後醍醐天皇が京都から吉野に移った結果、南北朝時代が到来した。

建武の新政の仕組みとは？

鎌倉と陸奥《むつ》の将軍（北関東以北を管轄）には皇子を任命し、中央も地方も天皇の一元的な支配の下に置こうとした。しかし軍事や警察は武士の力に頼るほかなく、右図の建武政府の職制のように武者所が置かれた。また、古代の律令制にならって全国の土地を直接支配しようとして、土地の私有を求める武士の慣習を無視した。そのため混乱し、親政が挫折する一因となった。

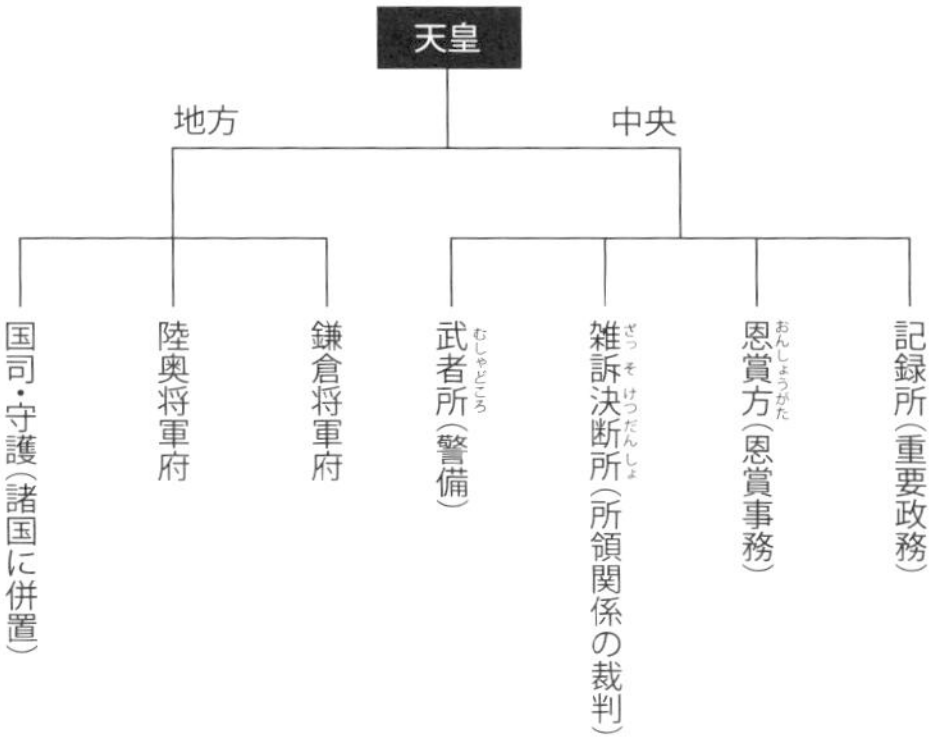

呼ばれる。この両天皇は第56代・清和《せいわ》天皇以来続いていた摂政・関白による政治を断ち切り、天皇親政を実現したが、その後は藤原氏が再び天皇の外戚《がいせき》となり、摂関政治の黄金時代へ入り、さらに院政へと変わっていった。

親政の次の試みは、1318（文保《ぶんぽう》2）年に即位した第96代・後醍醐《ごだいご》天皇によってなされた。後醍醐天皇は古代の律令国家復活の理想に燃えて、第91代・後宇多《ごうだ》上皇が続けてきた院政を廃止し、延喜・天暦の治をモデルに天皇親政の政権を樹立した。建武《けんむ》の新政《しんせい》と呼ばれる改革を進め、天皇のもとに一元化された政治体制を築こうとしたが、足利尊氏《あしかがたかうじ》に阻まれて挫折した。

本来、親政とは天皇が直々に行う政治のことである。しかし、武家政権下であっても院政が敷かれていなければ、親政と呼ぶことが多い。

天皇陵

古代、天皇の墓として多くの古墳が造られ中世には仏教式の墓が主流になった

日本最古級の前方後円墳といわれる箸墓（はしはか）古墳（奈良県桜井市）。3世紀中期の造営で、第7代・孝霊天皇皇女の墓とされるが、卑弥呼（ひみこ）の墓だという説もある。

天皇陵は時代によってさまざまな変遷を重ねてきた。最初に登場したのは盛土による巨大な墳丘の古墳である。古墳にはさまざまな形があるが、中でも前方後円墳《ぜんぽうこうえんふん》はヤマト王権の祭儀と権威の象徴でもあり、服属する豪族の墓としても各地に築かれた。

しかし、古墳は552年に公伝《こうでん》（538年説もある）した仏教と律令《りつりょう》政治の進展によって衰退を迎えることになる。古代の日本では土葬であったが、第41代・持統《じとう》天皇が初めて火葬になり、以後、皇族や貴人の間に火葬が広まっていく。また、律令制度の一環として身分に応じて墳墓の規模を定めた薄葬《はくそう》令《れい》が発布され、巨大な古墳の築造が制限され、天皇陵も小型化していった。

そして天皇陵はしだいに仏教化していき、平安時代の後期には、陵墓が寺院の境内に作られるようになる。天皇

●主な古墳の種類

天皇陵などとなった古墳の代表的な形式が前方後円墳である。後円部が墳墓で、前方部は新しい天皇や王の即位の儀式が行われた場という説がある。7世紀の古墳時代末期には、天武天皇と持統天皇が合葬された野口王墓古《のぐちおうぼこ》墳《ふん》などの八角墳《はっかくふん》も造営された。八角形は道教の宇宙観を表現したものといわれるが、確かなことはわからない。そのほか、ベーシックな形式として円墳と方墳があり、さらに方墳の上に円墳が載った上円下方墳《じょうえんかほうふん》があった。

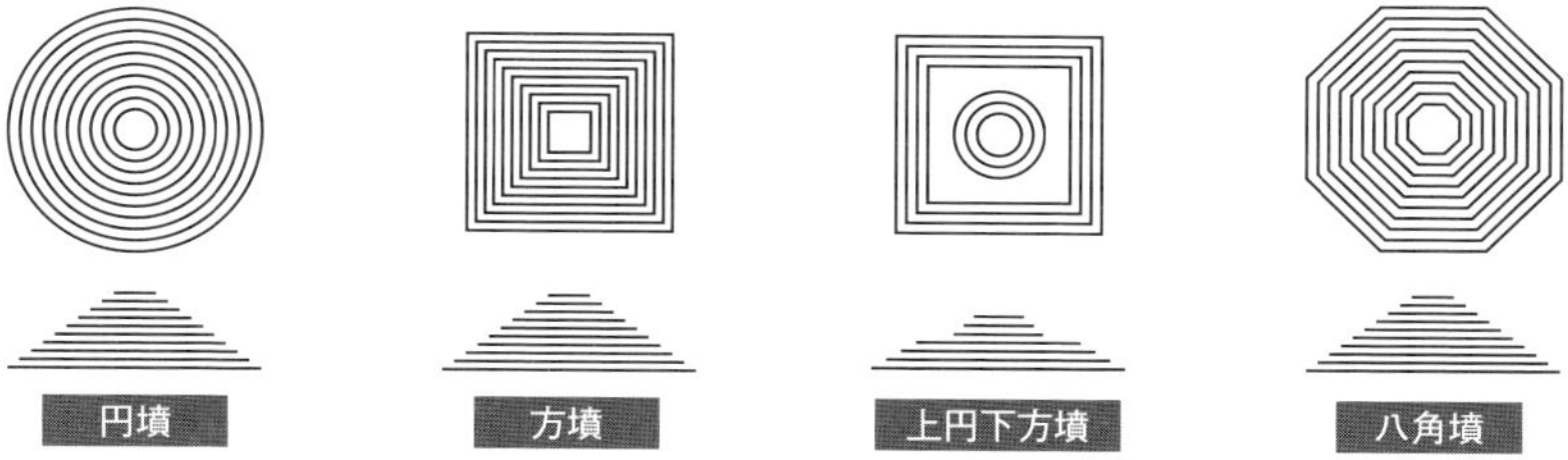

ここがポイント☞

❶古墳には前方後円墳のほか、さまざまな形があった。
❷宮内庁により天皇陵とされている古墳には、考古学的に被葬者が特定できないものが多い。
❸火葬になった天皇は第41代・持統天皇が最初。
❹仏教の広まりとともに、天皇陵は方形堂《ほうぎょうどう》や多宝塔などの仏教式が多くなった。

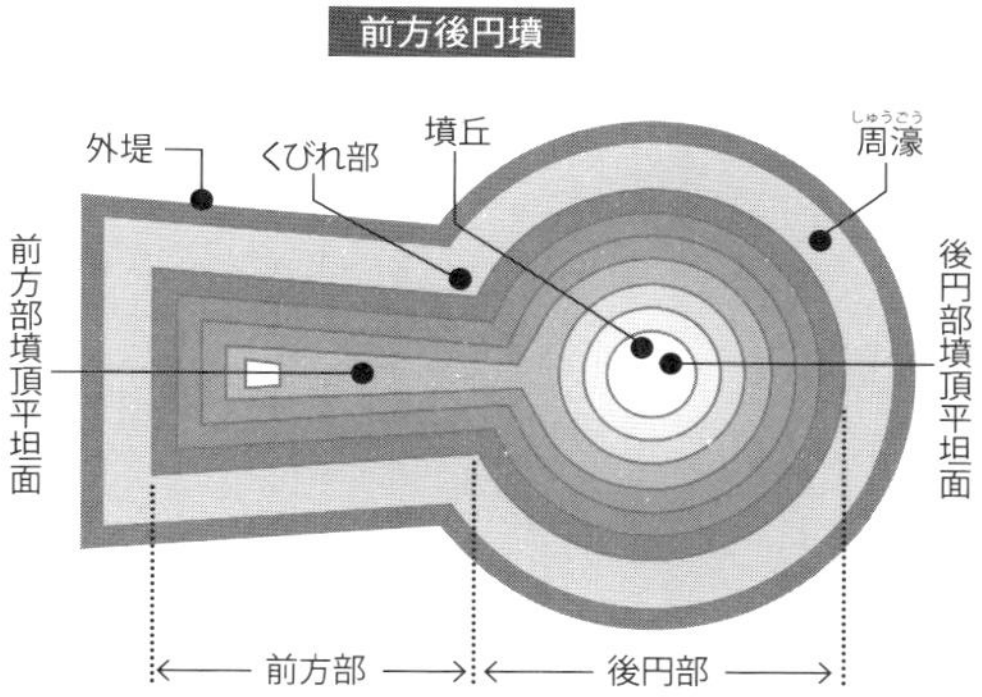

陵が置かれた寺院としては、京都の龍《りょう》安《あん》寺《じ》や泉涌《せんにゅう》寺《じ》がある。やがて墳丘も築かれなくなり、方形堂《ほうぎょうどう》や多宝塔《たほうとう》、石塔など、純粋に仏教的な形式が選ばれるようになった。しかし幕末の第１２１代・孝明《こうめい》天皇以降は、神仏分離の思想により、再び墳丘が築かれている。

現在、重祚《ちょうそ》と北朝の天皇を除いた１２２人の天皇が、１１２カ所の陵墓に葬られている。実在が否定される神話上の天皇についても宮内庁によって陵墓が決められているが、天皇の数より陵墓が少ないのは、合葬《がっそう》があるからである。しかし、古代初期の天皇陵については、宮内庁による比定と、考古学によって推定される築造年代とが一致せず、被葬者が誰であるかを断定できないものが多い。宮内庁が天皇陵への立ち入りを制限しているため、学術的な研究が進んでいないのである。

天皇と皇室 早わかり⑪

時代により変化した皇族の領地
現在は皇居、御用邸、離宮、牧場などが残る

皇室領

比叡(ひえい)山麓にある総面積約54万平方メートルの修学院離宮(京都市左京区)も、王朝文化の息吹を今に伝える皇室用財産である。第108代・後水尾(ごみずのお)天皇により造営された天皇の別邸(離宮)で、宮内庁に申請すれば、園内を見学できる。

皇室が所有する領地は歴史のなかでさまざまな変遷をたどった。最初に皇室領となったのは、初期のヤマト王権が全国に勢力を伸ばしながら獲得していった、屯倉《みやけ》と呼ばれる直轄地である。だが7世紀末期に律令《りつりょう》制度が整うと、公地公民《こうちこうみん》の思想のもと、全国の土地と人民は国家に属するものと定められ、観念的には全土が皇室所有となった。

ところが、平安時代後期には、有力な貴族や寺院の間に私有地である荘園《しょうえん》が広がり、上皇・法皇などの院や皇族が荘園《しょうえん》をもつようになった。中世に入ると、これが禁裏御料《きんりごりょう》の基盤になったが、武家政権の発展と長引く戦乱によって皇室の領地は減少した。

そこで、江戸幕府を開いた徳川家康は、朝廷の財政を立て直すために御料《ごりょう》所《しょ》を献上した。当初は、最小の大名と同じ1万石にすぎなかったが、のちに

現在の皇室用財産とは？

現在の主な皇室用財産は下記の通りで、戦後、国有財産に戻された皇室用財産には新宿御苑《しんじゅくぎょえん》、日光・塩原・伊香保の各御用邸があり、広大な御用地も国有財産となった。北海道弟子屈《てしかが》町の約4分の1（摩周《ましゅう》湖《こ》などを含む）も御用地であったが、これは所有者のいない不動産として処理されている。

皇居	東京都千代田区
赤坂御用地（東宮御所・秋篠宮邸など）	東京都港区
常盤松御用邸	東京都渋谷区
那須御用邸	栃木県那須町
須崎御用邸	静岡県下田市
葉山御用邸	神奈川県葉山町
高輪皇族邸	東京都港区
御料牧場	栃木県高根沢町・芳賀町
埼玉鴨場	埼玉県越谷市
新浜鴨場	千葉県市川市
京都御所（大宮・仙洞御所を含む）	京都市上京区
桂離宮	京都市西京区
修学院離宮	京都市左京区
正倉院	奈良県奈良市
陵墓	近畿を中心とした各地

※宮内庁ホームページを参考に作成（平成30年現在）。

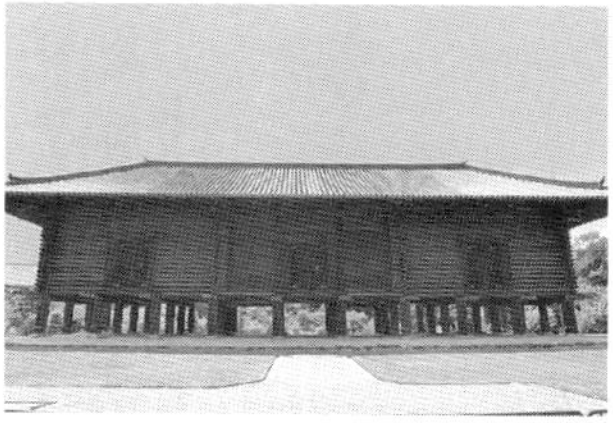

皇室の御物（ぎょぶつ）などを収蔵した世界文化遺産の正倉院（奈良県奈良市）も皇室用財産に数えられる。

ここがポイント

❶古代のヤマト王権の直轄地を屯倉《みやけ》という。

❷律令制度が敷かれると公地公民になった。

❸平安時代から中世にかけては、上皇・法皇などの院や皇族も広大な荘園をもった。

❹江戸時代には幕府から御料所を献上された。

❺太平洋戦争後は御料の多くが国に返還され、皇室の生活と運営に必要なものだけが皇室用財産として残されている。

見直され、幕末の第15代将軍・徳川慶《よし》喜《のぶ》のときには15万石となった。

明治時代になると天皇を主権者と定める大日本帝国憲法のもと、皇室の財産である御料《ごりょう》は大幅に拡充された。そこには広大な山林が組み込まれ、皇室の財産の中心をなした。

しかし太平洋戦争後、「日本国憲法」が発布されると、皇室領の多くが国の所有に戻され、皇室の生活や行事に必要なものだけが皇室用財産として残された。皇居、京都御所、御用邸、離宮、陵墓、御料牧場、鴨場《かもば》、正倉院《しょうそういん》などである。

このうち御料牧場は栃木県高根沢町と芳賀町にまたがる約250ヘクタールの牧場で、馬車列に使う馬や各種家《か》禽《きん》が飼育され、皇室用の乳製品や肉、卵などの食材が生産されている。鴨場は賓客の接待の場として使われる。

祭儀と行事

もっとも重要な儀式は新嘗祭
代替わりごとに大嘗祭が行われる

●現在行われている主な祭儀

1月1日	四方拝《しほうはい》・歳旦祭《さいたんさい》	伊勢神宮や四方の神々を遥拝し、年始の祭典を行う
1月3日	元始祭《げんしさい》	年始に当たって国家国民の繁栄を祈る
1月4日	奏事始《そうじはじめ》	掌典長《しょうてんちょう》が伊勢神宮および宮中の祭事について天皇に申し上げる
1月7日	昭和天皇祭《しょうわてんのうさい》	昭和天皇の崩御の日の祭典
1月30日	孝明天皇例祭《こうめいてんのうれいさい》	孝明天皇の崩御の日の祭典
2月17日	祈年祭《きねんさい》	穀物の豊作の祈願
春分の日	春季皇霊祭《しゅんきこうれいさい》・春季神殿祭《しゅんきしんでんさい》	先祖祭と神恩感謝の祭典
4月3日	神武天皇祭《じんむてんのうさい》・皇霊殿御神楽《こうれいでんみかぐら》	神武天皇の崩御の日の祭典と夜の神楽
6月16日	香淳皇后例祭《こうじゅんこうごうれいさい》	昭和天皇の皇后崩御の日の祭典
6月30日	節折《よおり》・大祓《おおはらい》	天皇のためのお祓《はら》い（節折《よおり》）と皇族や国民のためのお祓《はら》い（大祓《おおはらい》）
7月30日	明治天皇例祭《めいじてんのうれいさい》	明治天皇の崩御の日の祭典
秋分の日	秋季皇霊祭《しゅうきこうれいさい》・秋季神殿祭《しゅうきしんでんさい》	先祖祭と神恩感謝の祭典
10月17日	神嘗祭《かんなめさい》	新穀を供え伊勢神宮を遥拝する神恩感謝の祭典
11月23日	新嘗祭《にいなめさい》	新穀を皇祖や神々に供え神恩を感謝する祭典
12月中旬	賢所御神楽《かしこどころみかぐら》	神楽を奉奏し神霊をしずめる祭典
12月23日	天長祭《てんちょうさい》	天皇の誕生日を祝する祭典
12月25日	大正天皇例祭《たいしょうてんのうれいさい》	大正天皇の崩御の日の祭典
12月31日	節折《よおり》・大祓《おおはらい》	天皇のためのお祓《はら》い（節折《よおり》）と皇族や国民のためのお祓《はら》い（大祓《おおはらい》）

※宮内庁ホームページを参考に作成（平成30年現在）。

宮中では、1月1日の早朝に天皇が伊勢神宮や神々を遥拝する四方拝《しほうはい》に始まって、12月31日の大祓《おおはらい》まで、数多くの祭儀が執り行われている。

その中でもっとも重要なものは、11月23日に天皇が新米を神々に供えて豊作を感謝し、自らも食する新嘗祭《にいなめさい》である。天皇の即位後初めて行われる新嘗《にいなめ》祭《さい》は大嘗祭《だいじょうさい》と呼ばれ、一世に一回限りの大祭として行われる。

これらの神事は古代に始まったが、連綿《れんめん》と継続してきたわけではない。政権が武家に移り、戦乱が続いて都が荒廃した中世には、宮廷儀式も衰退していき、大嘗祭は室町時代後期の第103代・後土御門《ごつちみかど》天皇を最後に断絶した。約200年ののち、江戸時代中期に第113代・東山《ひがしやま》天皇が再興。再度の中断を経て、代々行われるようになったのは第115代・桜町《さくらまち》天皇からである。

1990(平成2)年に行われた今上天皇の大嘗祭(だいじょうさい)。皇居に仮設される大嘗(だいじょう)宮で行われた。大嘗祭の前に行われた即位の礼はNHKが生中継し、30%以上の視聴率を取った。今上天皇退位に伴う皇太子徳仁(なるひと)親王の大嘗祭は2019(平成31)年11月に行われる。

ここがポイント☞

❶もっとも重要な祭儀は新嘗祭《にいなめさい》。
❷大嘗祭《だいじょうさい》は室町時代から江戸時代に中断したことがある。
❸宮中では仏典の読誦《どくじゅ》や修法《しゅほう》などの仏事も行われたが、明治以後は廃止された。
❹文化的行事には歌会始《うたかいはじめ》や講書始《こうしょはじめ》などがある。

また、日本が仏教国家であった奈良・平安時代には仏事が朝廷の大きな仕事であり、国の平安を祈念するための経典の読誦《どくじゅ》や密教の修法《しゅほう》などが盛んに行われた。しかし江戸時代に国学《こくがく》が発展し、明治時代初期に神仏分離令が出されるにおよんで宮中での仏事は廃止された。

宗教儀礼のほかに文化的行事も多くあり、その代表的なものは、歌会始《うたかいはじめ》と講書始《こうしょはじめ》である。歌会始は年の初めに天皇が主宰する歌会で、その最古の記録は鎌倉時代中頃にさかのぼり、江戸時代にはほぼ毎年催されるようになった。かつては宮中に限られた行事であったが、今では一般の参加もあり、国民から親しまれる宮中行事となっている。講書始は毎年1月に天皇が権威ある学者から講義を聴く行事で、明治時代に始まった。

天皇と皇室
早わかり⑬

皇居

江戸幕府の大御所が住んだ西の丸に皇居の宮殿が建てられた

南西方面から見た皇居。手前が皇居外苑。その北側に、宮殿のある旧西の丸、吹上御苑、東御苑（旧本丸）、北の丸公園などが広がる。

伏見櫓（ふしみやぐら）と二重橋。一般に2つのアーチが連なった皇居正門石橋が二重橋だと思われているが、その奥にある皇居正門鉄橋が本来の二重橋である。

京都御所の紫宸殿（ししんでん）。即位の儀式などが行われた。

1868（明治元）年4月、江戸城は新政府軍に対して開城し、265年間続いた徳川幕府に終止符が打たれた。明治天皇は同年10月、史上初めて関東に下り、江戸城に入った。江戸は東京と改称され、江戸城は東京行幸《ぎょうこう》の際の皇居と定められた。

しかし、京都が都でなくなることには反対の声も強く、すぐさま東京が日本の首都と定められたわけではない。天皇はいったん京都へ戻り、翌年3月、再び東京に下った。そして2度目の東京滞在は長引き、東京で年を越したあと、帰京の延期が発表された。やがて政府諸機関の東京への移転が始まり、首都の移転についての公式声明のないまま、なしくずし的に東京が日本の首都となったのである。

江戸城に明治天皇の宮殿が建設されたのは本丸ではなく、将軍世子《せいし》や隠居

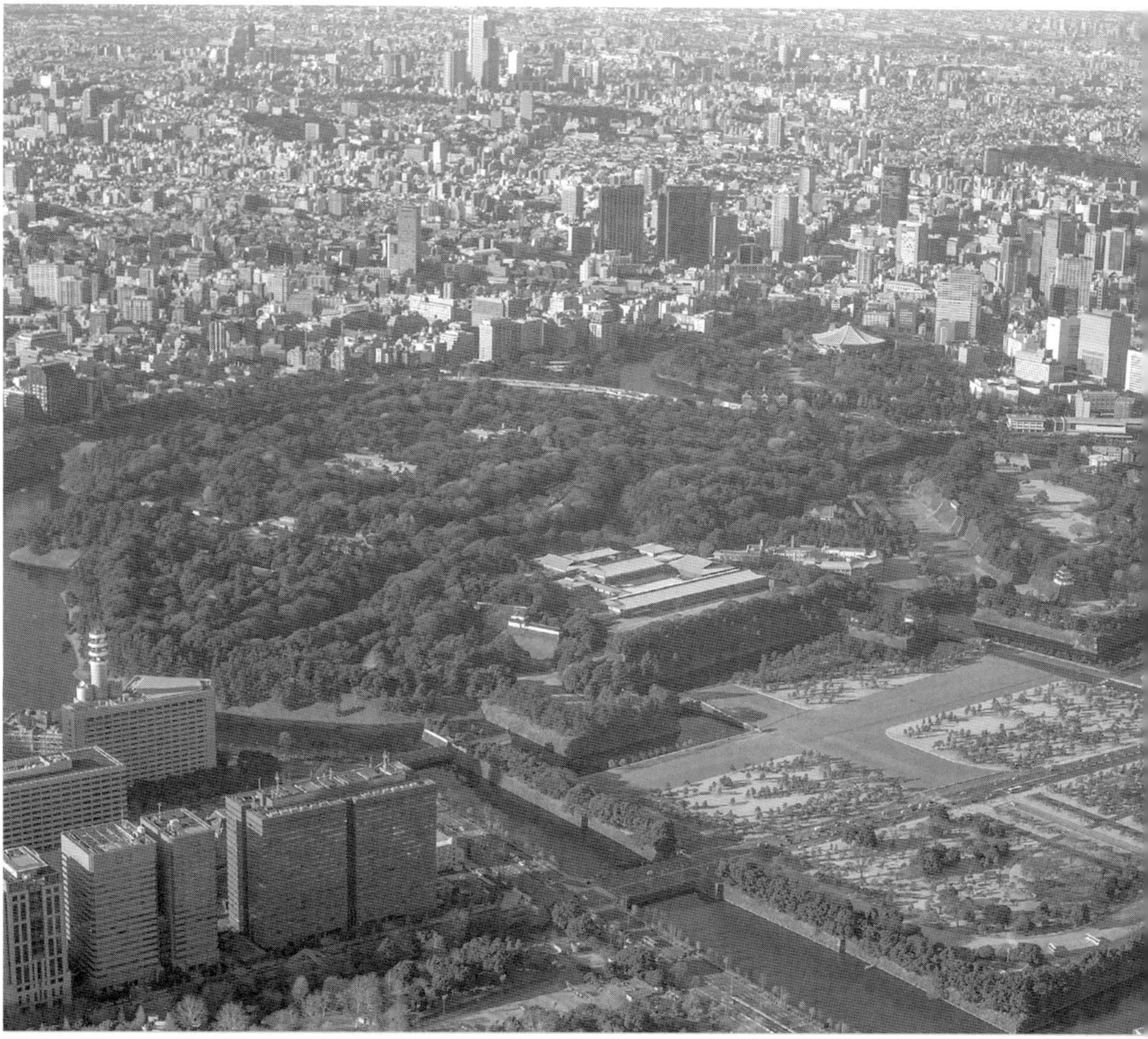

した将軍、すなわち大御所《おおごしょ》が住んだ西の丸であった。本丸は当時火事で焼失していたことがその理由とされる。

そのため皇居正門も、三の丸にある本来の大手門《おおてもん》ではなく、西の丸の南端の西の丸大手門となった。このあたりは二重橋の先に伏見櫓《ふしみやぐら》がそびえ、皇居でもっとも美しい風景として知られる。皇居正門から先は立ち入り禁止だが、正月と天皇誕生日の一般参賀のときには宮殿前の広場まで行くことができる。

この宮殿は公式行事が行われる場所で、天皇陛下のふだんの住まいである御所は旧西の丸の北側に広がる吹上御苑《ふきあげぎょえん》にある。吹上は江戸時代の明《めい》暦《れき》の大火のあと、火災の際に江戸城への類焼を避けるための火除《ひよ》けの庭園とされた場所。明治以後はゴルフ場などが建設されたが、1937(昭和12)年、昭和天皇の意向により、自然の姿に戻

◎皇居地図◎

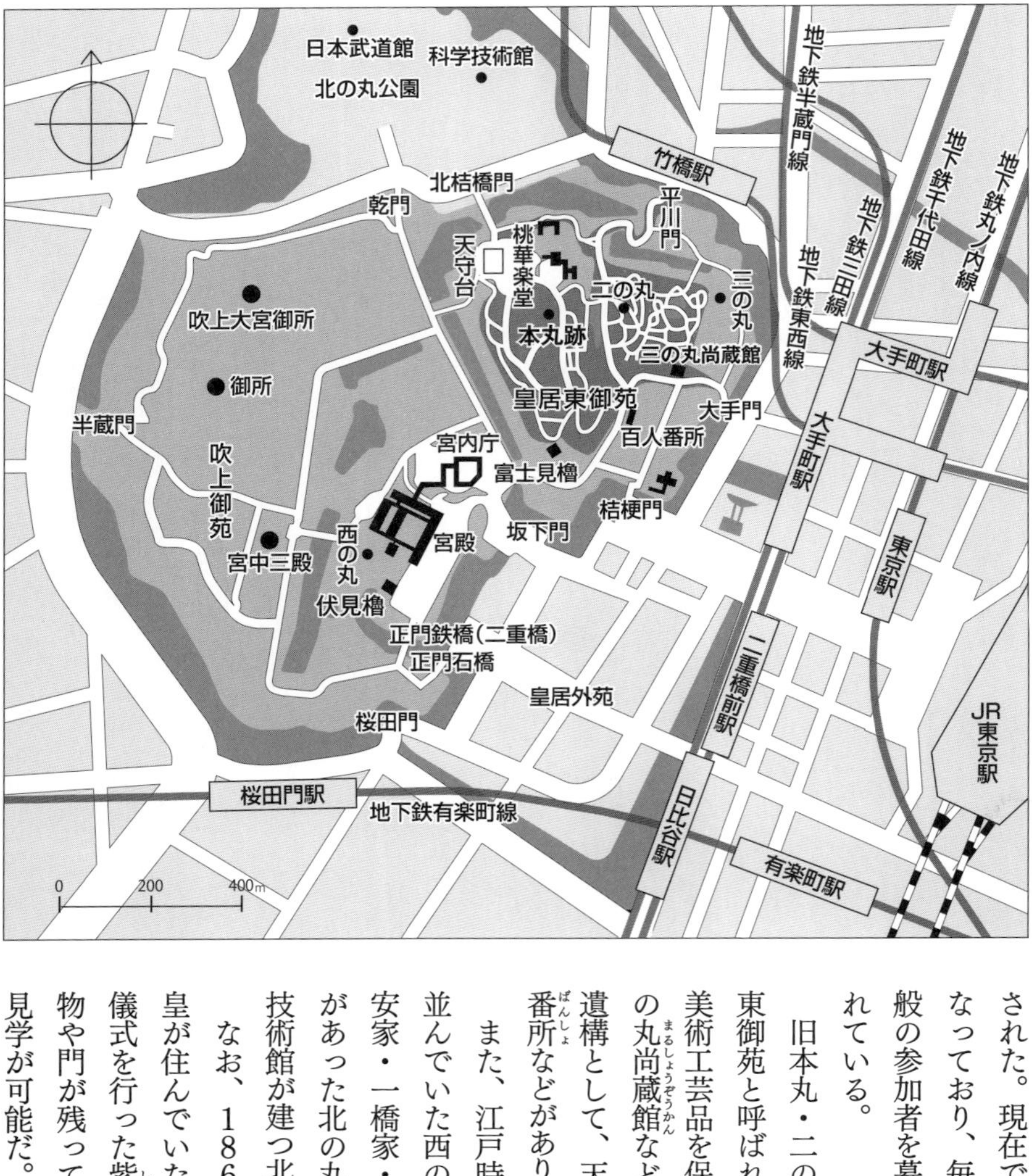

された。現在では都心の貴重な森林となっており、毎年5月の休日などに一般の参加者を募って自然観察会が行われている。

旧本丸・二の丸・三の丸は合わせて東御苑と呼ばれ、音楽堂の桃華楽堂《とうかがくどう》や美術工芸品を保存・研究・公開する三《さん》の丸尚蔵館《まるしょうぞうかん》などがある。また江戸城の遺構として、天守台や富士見櫓、百人《ひゃくにん》番所《ばんしょ》などがあり、一般の見学も可能だ。

また、江戸時代には武家屋敷が建ち並んでいた西の丸下は皇居外苑に、田安家・一橋家・清水家の御三卿《ごさんきょう》の屋敷があった北の丸は、日本武道館や科学技術館が建つ北の丸公園となっている。

なお、1869（明治2）年まで天皇が住んでいた京都御所には、即位の儀式を行った紫宸殿《ししんでん》をはじめ多くの建物や門が残っており、こちらも一般の見学が可能だ。

第2章

天皇は歴史の主役

神代・古代の天皇

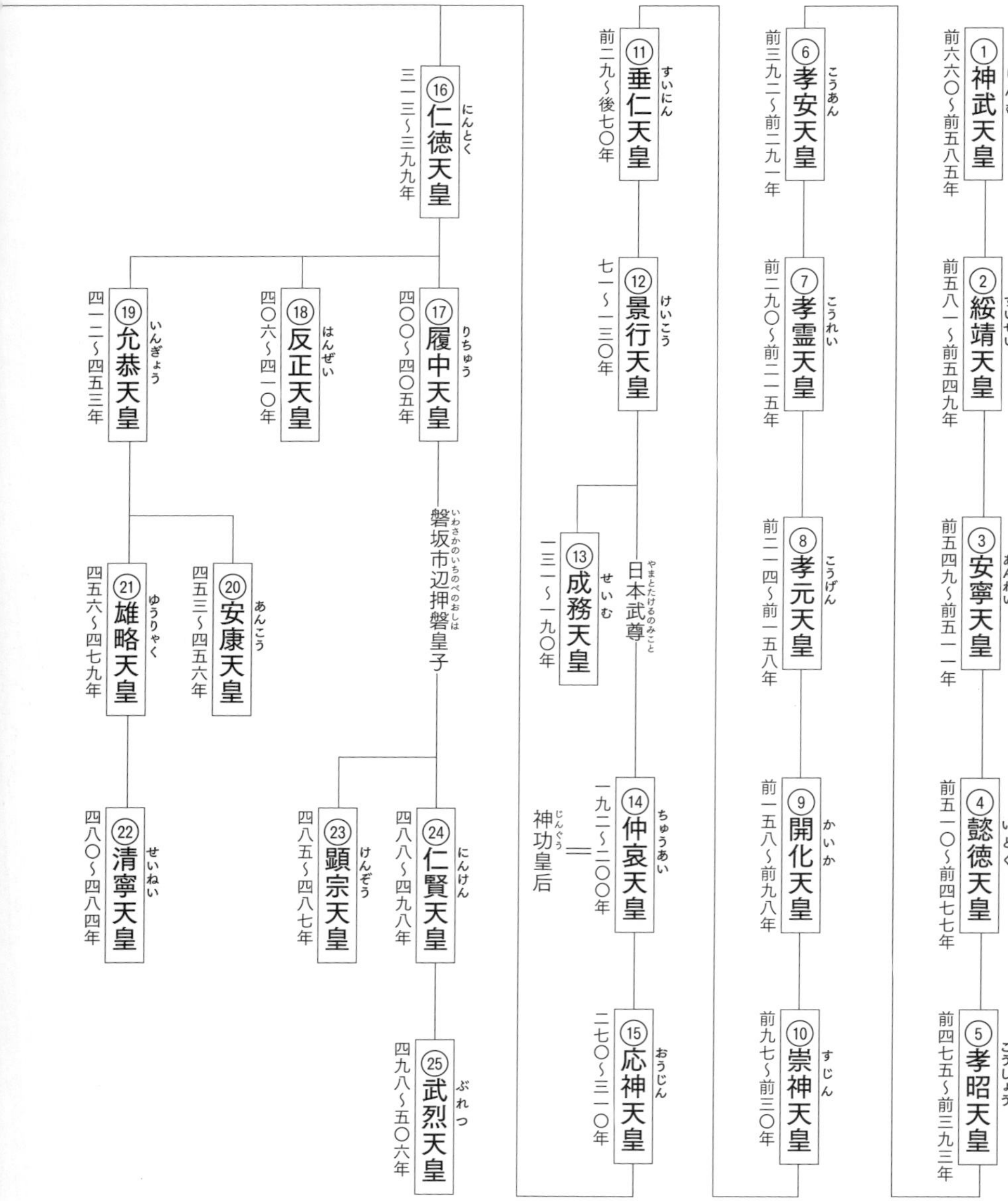
①神武《じんむ》天皇 前六六〇～前五八五年
②綏靖《すいぜい》天皇 前五八一～前五四九年
③安寧《あんねい》天皇 前五四九～前五一一年
④懿徳《いとく》天皇 前五一〇～前四七七年
⑤孝昭《こうしょう》天皇 前四七五～前三九三年
⑥孝安《こうあん》天皇 前三九二～前二九一年
⑦孝霊《こうれい》天皇 前二九〇～前二一五年
⑧孝元《こうげん》天皇 前二一四～前一五八年
⑨開化《かいか》天皇 前一五八～前九八年
⑩崇神《すじん》天皇 前九七～前三〇年
⑪垂仁《すいにん》天皇 前二九～後七〇年
⑫景行《けいこう》天皇 七一～一三〇年
⑬成務《せいむ》天皇 一三一～一九〇年
日本武尊《やまとたけるのみこと》
⑭仲哀《ちゅうあい》天皇 一九二～二〇〇年
神功《じんぐう》皇后
⑮応神《おうじん》天皇 二七〇～三一〇年
⑯仁徳《にんとく》天皇 三一三～三九九年
⑰履中《りちゅう》天皇 四〇〇～四〇五年
⑱反正《はんぜい》天皇 四〇六～四一〇年
⑲允恭《いんぎょう》天皇 四一二～四五三年
磐坂市辺押磐《いわさかのいちのべのおしは》皇子
⑳安康《あんこう》天皇 四五三～四五六年
㉑雄略《ゆうりゃく》天皇 四五六～四七九年
㉒清寧《せいねい》天皇 四八〇～四八四年
㉓顕宗《けんぞう》天皇 四八五～四八七年
㉔仁賢《にんけん》天皇 四八八～四九八年
㉕武烈《ぶれつ》天皇 四九八～五〇六年

※系図は皇統譜に基づく宮内庁公式サイトに準拠。
※西暦は在位年で、丸数字は代数。
※黒丸数字は女性天皇。
※背景に薄網がかかるのは重祚《ちょうそ》。

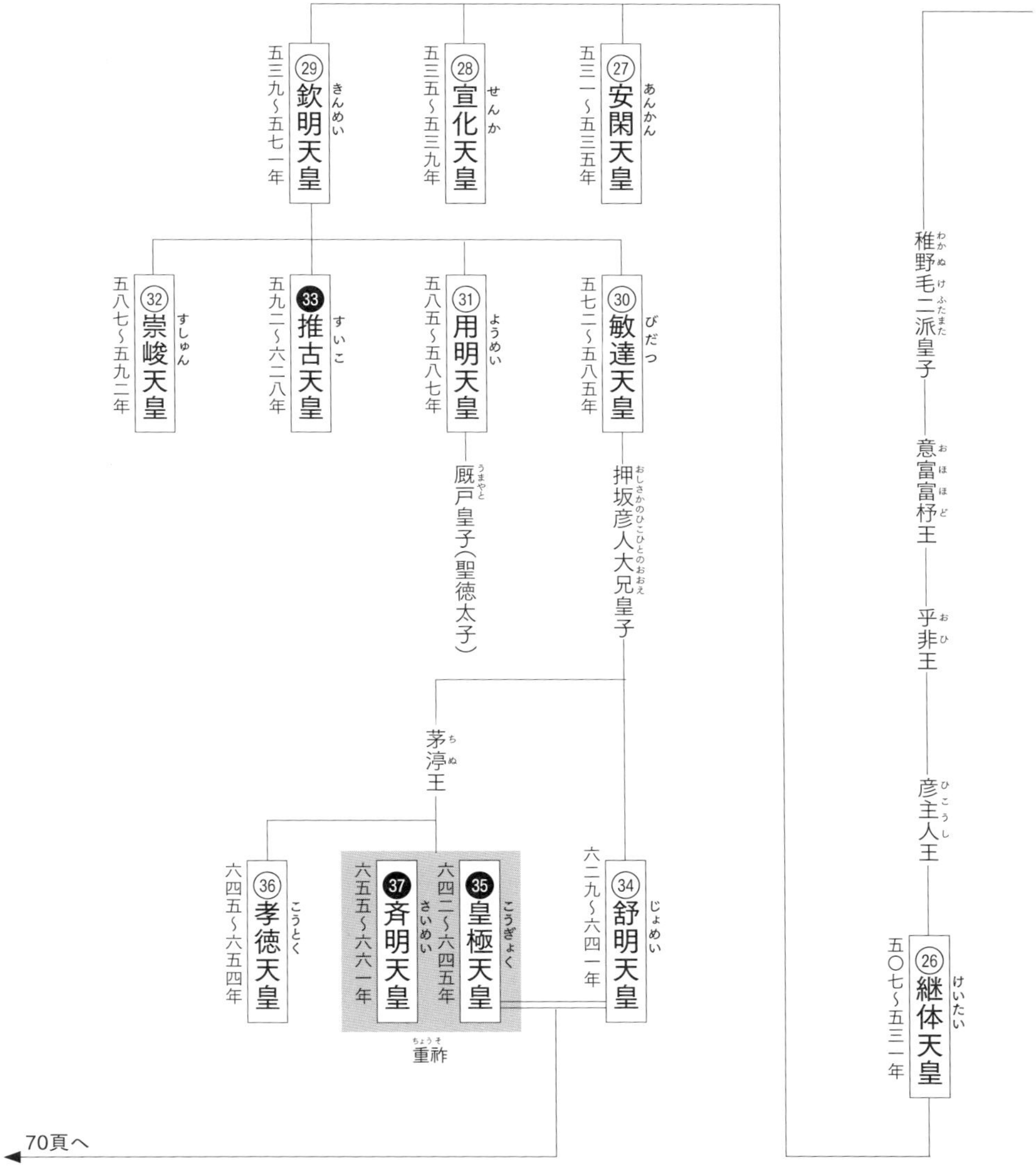

ヤマト王権の礎を築いた

第1代 神武天皇

じんむてんのう●生没年：不詳　在位：紀元前660～585年

東征により大和を平定して即位したとされる神話上の初代天皇

ダグリ岬（鹿児島県志布志市）の神武天皇御発航記念碑。神武天皇はここから東征に出発したとされる。神武天皇御腰掛岩（宮崎県日向市）、神武天皇聖蹟鵄邑（せいせきとびむら）顕彰碑（奈良県生駒市）など、関西圏を中心に全国にゆかりの史跡がたくさん残り、橿原神宮など神武天皇を祀（まつ）った神社は全国に二百数十社を数える。陵墓は奈良県橿原市にある畝傍山東北陵（うねびやまのうしとらのすみのみささぎ）に比定されている。

初代天皇である神武《じんむ》天皇は紀元前660年に即位し紀元前585年に127歳で崩御《ほうぎょ》したと伝えられる。しかし、この年代は歴史的には縄文時代の晩期にあたり、神武天皇の実在を認めることはできない。

記紀神話によれば、高天原《たかまがはら》に住む天《あま》つ神《かみ》たちは人の住む葦原中国《あしはらのなかつくに》を治めるために、瓊瓊杵尊《ににぎのみこと》を日向《ひゅうが》の高千穂《たかちほ》の峰に天下《あまくだ》らせた。瓊瓊杵尊《ににぎのみこと》は国《くに》つ神《かみ》の娘・木《この》花開耶姫《はなのさくやひめ》を娶《めと》って皇孫の血統を開く。その孫の鸕鷀草葺不合尊《うがやふきあえずのみこと》には、五瀬命《いつせのみこと》、稲飯命《いなひのみこと》、三毛入野命《みけいりののみこと》、およびのちに神武天皇となる彦火火出見尊《ひこほほでみのみこと》の4人の子があった。

この4兄弟は、東方の豊穣な土地を得るために軍船を率いて日向《ひゅうが》から出陣する。これが神武東征伝説の始まりである。まず筑紫《ちくし》（福岡県西部・南部）を平定し、瀬戸内海を東へ進んで、河《かわ》

ここがスゴイ! 神武天皇

❶人間界を治めるために高天原《たかまがはら》から降臨した瓊瓊杵尊《ににぎのみこと》の曽孫《そうそん》にあたる。

❷東征を企て、大和を征服した。橿原《かしはら》に宮殿を造営して天下を治めたとされる。

❸2018年現在の今上天皇から125代さかのぼる初代天皇であり、「はつくにしらすすめらみこと」の美称で呼ばれる。

神武天皇は宮崎県生まれ?

記紀神話によれば、神武天皇の出生地は日向《ひゅうが》、すなわち宮崎県高《たか》千穂《ちほ》町か、宮崎県と鹿児島県の境に位置する高千穂峰ということになる。しかし日向は日のあたる場所、高千穂は高く積み上げた稲穂がもともとの意味で、特定の地名ではなかったとする説もある。いずれにしても神話時代の天皇は、ヤマト朝廷の歴史を長くみせるための作り話なのである。

月岡芳年(つきおかよしとし)『大日本名将鑑』(1880〈明治13〉年)に描かれた神武天皇。熊野から大和まで神武天皇を導いたとされる三本足の八咫烏(やたがらす)が神々しい(都立中央図書館特別文庫室蔵)。

内《ち》にいたった。そこで長髄彦《ながすねひこ》という豪族の抵抗を受け、長兄の五瀬命《いつせのみこと》は死去する。東へ向けての進軍は、日の神の子孫が太陽に向かって武器を振るうことになり理屈に合わないと悟った東征軍は、紀伊半島を迂回《うかい》して大和《やまと》に入ることにした。しかし、海上で暴風に襲われ、稲飯命《いなひのみこと》と三毛入野命《みけいりののみこと》の2人の兄は海神を鎮めようと海中に身を投じた。

一人生き残った彦火火出見尊《ひこほほでみのみこと》は苦心の末、紀伊半島南部の新宮の付近に上陸。神の使いである八咫烏《やたがらす》の道案内によって内陸へと進み、大和を征服した。その地で即位して神武天皇となり、奈良盆地の橿原《かしはら》に都を築いた。

神武天皇は「始馭天下之天皇《はつくにしらすすめらみこと》」、すなわち初めて国を治めた天皇という美称でも呼ばれる。記紀神話では、こうしてヤマト王権の礎が置かれたのである。

初めて国を治めた

第10代 崇神天皇

すじんてんのう●生没年：不詳　在位：紀元前97～30年

記紀に事績が詳しく記され実在の可能性がある最古の天皇

崇神（すじん）天皇が都を築いた磯城瑞籬宮（しきみずがきのみや）の跡（奈良県桜井市）。奈良盆地を一望できる山麓にあり、畿内における水陸交通の要衝であった。崇神（すじん）天皇はここから諸国に四道将軍（しどうしょうぐん）を派遣して中央集権化に着手したとされる。

初代・神武《じんむ》天皇の後、第2代天皇から第9代天皇については記紀にほとんど事績が記されていないため、架空の天皇だと考えられている。記紀に事績が詳しく記された天皇が登場するのは、紀元前97年から紀元前30年にかけて在位した第10代・崇神《すじん》天皇からだ。

しかもこの天皇は初代・神武天皇と同じく「はつくにしらすすめらみこと」の美称で呼ばれる。すなわち、記紀には初めて国を治めた天皇が2人登場するわけだ。しかし「くに」に当たる言葉に、神武天皇では「天下」の文字が、崇神天皇では「国」の言葉が使われている点が異なる。歴史学者の間では、「天下」は「国」より広い抽象的な概念であるため、実際の国を初めて治めたのは崇神《すじん》天皇であり、神武天皇については記紀が編纂《へんさん》されたあとの世になって一般的となった、現実の国を超え

４世紀前半造営の崇神（すじん）天皇陵（奈良県天理市）。行燈山（あんどんやま）古墳の別名がある。全長約242m、最大幅約230ｍの巨大な前方後円墳で、西側に従者が眠る３基の陪塚（ばいづか）を従える。

前方後円墳の誕生

崇神《すじん》天皇の陵墓とされる行燈《あんどん》山《やま》古墳は円形と方形の墳丘が合体した前方後円墳である。この形式の墳墓は3世紀頃に奈良盆地で発生し、ヤマト王権の支配が広がるにしたがって、各地の豪族の間でも作られるようになり、7世紀頃まで続いた。この時代は考古学では古墳時代と呼ばれる。

ここがスゴイ！ 崇神天皇

❶初代・神武天皇とともに「はつくにしらすすめらみこと」の美称で呼ばれる。
❷実在の可能性がある最古の天皇である。
❸諸国に四道将軍《しどうしょうぐん》を派遣し、租税を定めた。
❹大物主神《おおものぬしのかみ》を祀《まつ》って人民を救った。
❺謀反を企てた武埴安彦命《たけはにやすひこのみこと》を討ち取った。

た広い宇宙概念としての「天下」が反映されたと考えられている。

崇神天皇は四道将軍《しどうしょうぐん》を派遣して地方を平定し、人口調査をして租税を定めた。また三輪山《みわやま》の大物主神《おおものぬしのかみ》を祀《まつ》って民を災害から救ったといわれる。

こうして国づくりに邁進《まいしん》するさなか、第8代・孝元《こうげん》天皇の皇子・武埴安《たけはにやす》彦命《ひこのみこと》が謀反《むほん》を企て、北と西の二手から都に迫った。しかし、その前兆を倭迹《やまとと》迹日百襲姫命《とびももそひめのみこと》が見て崇神天皇に告げたので、天皇は鎮圧軍を出動させ、武埴《たけはに》安彦命《やすひこのみこと》を都に入れずに討ち取った。

記紀は、崇神《すじん》天皇についてこのように具体的な事件を記している一方、120歳まで生きたとするなど、常識では考えられない部分も多い。崇神《すじん》天皇は実在した最初の天皇として認められているわけではなく、実在の可能性がある最古の天皇なのである。

日本武尊の父

第12代 景行天皇

けいこうてんのう●生没年：不詳　在位：71～130年

皇子の日本武尊を派遣し 西の熊襲・東の蝦夷を平定した

球磨（くま）川河口の小さな無人島・水島（熊本県八代市）に残る景行天皇巡幸碑。景行天皇が当地で水を求めようとしたところ、小者が祈ると冷水が湧き出したという伝説が残る。

第12代・景行《けいこう》天皇は、71年に即位し、130年に106歳で没したとされる。事績としては、九州に遠征したり、諸国に直轄領である屯倉《みやけ》を置いたりしたことが伝えられるが、何よりも、子の日本武尊《やまとたけるのみこと》に熊襲《くまそ》と蝦夷《えみし》の征討を命じたことで知られる。

日本武尊は最初、小碓尊《おうすのみこと》という名で、熊襲の征討を命じられたときは16歳という若さであった。女装して熊襲の宴席に潜り込み、首領の川上梟帥《かわかみのたける》がその美しさに油断して酔い戯れている隙に、懐中に隠し持っていた剣で刺した。梟《たけ》師《る》は自分より強い者がいたことに感服して、死ぬ間際に「日本武」の名をたてまつり、それをきっかけに小碓尊《おうすのみこと》は日本武尊《やまとたけるのみこと》と呼ばれるようになった。

景行天皇は、引き続いて東国の蝦夷を平定することを日本武尊《やまとたけるのみこと》に命じた。尊は東国に向かう途中、伊勢神宮に立

「日本の夕日百選」「日本の渚百選」などに選定され、景勝地として知られる御輿来（おこしき）海岸（熊本県宇土市）。その名は景行天皇が熊襲を平定するため同地を訪れた際、あまりの美しさに御輿（みこし）を止めて風景に魅入ったことに由来する。

ここがスゴイ! 景行天皇

❶記紀神話最大のヒーローである日本武尊《やまとたけるのみこと》の父。

❷日本武尊《やまとたけるのみこと》に命じて、西の熊《くま》襲《そ》と東の蝦夷《えみし》を平定させた。

日本武尊《やまとたけるのみこと》の望郷の歌

倭《やまと》は　国のまほろば　たたなづく
青垣《あをかき》　山隠《やまごも》れる　倭しうるはし

病に倒れた日本武尊が故郷をしのんで詠んだ『古事記』収録歌。「大和はもっともよい国だ。重なりあい青垣をめぐらしたような山々に囲まれた大和の国はうるわしい」

ち寄り、斎宮《さいぐう》である叔母の倭姫命《やまとひめのみこと》から草薙剣《くさなぎのつるぎ》を与えられた。日本武尊《やまとたけるのみこと》はこの剣の威力で難関を切り抜け、東国の平定を成し遂げた。都へ戻る途中、日本武尊《やまとたけるのみこと》は尾張で宮簀媛《みやすひめ》を娶《めと》り、さらに伊吹山の神を討伐しようとした。だが、この神とは素手で戦おうと思い、草薙剣《くさなぎのつるぎ》を宮簀媛《みやすひめ》のもとに置いたまま出発した。これが災いし、山の神が降らした雹《ひょう》に当たって病を得て、能褒野《のぼの》（三重県亀山市）で30歳で急死した。

　日本武尊《やまとたけるのみこと》の魂は白鳥となり、故郷を目指して飛び立った。人々はそのあとを追いかけ、白鳥が舞い降りた場所に次々と白鳥陵《しらとりのみささぎ》を築いた。だが白鳥はついに天高く消えていったという。

　日本武尊《やまとたけるのみこと》は実在の人物ではなく、ヤマト王権が諸国に勢力を拡大していったことを象徴するヒーローとして創作されたと考えられている。

伝説のヒロイン・神功皇后の夫

第14代 仲哀天皇

ちゅうあいてんのう●生没年：不詳　在位：192～200年

新羅を征服せよとの神託を信じず神の怒りにふれて急死!?

十返舎一九『三韓平治往来（さんかんへいじおうらい）』（1825〈文政8〉年）に描かれた神功（じんぐう）皇后。新羅（しらぎ）、百済（くだら）、高句麗（こうくり）を屈服させて、九州の筑紫地方に帰陣し、同地で応神天皇を生んだ（国立国会図書館蔵）。

第14代・仲哀《ちゅうあい》天皇は、記紀に伝えられる事績が少なく、実在が疑問視される。しかし、神功《じんぐう》皇后が朝鮮半島に出兵した、いわゆる三韓《さんかん》征伐の伝説のきっかけとなった天皇として知られる。

仲哀天皇は日本武尊《やまとたけるのみこと》の第2子として生まれ、男子のないまま崩御《ほうぎょ》した第13代・成務《せいむ》天皇を継いで192年に即位した。

九州へ巡幸《じゅんこう》した際、熊襲《くまそ》が背いたので、天皇は熊襲討伐を計画する。ところが同行していた神功《じんぐう》皇后に神託があり、「熊襲の国は不毛であるので征服するに足りない。それよりも海の彼方の宝の国である新羅《しらぎ》を征服せよ」と告げた。しかし天皇はこれを信じなかったため、神の怒りにふれて病死してしまう。わずか9年間の在位であった。

そのとき神功《じんぐう》皇后は妊娠していたが、再び神託があり、「神の意思に

ここがスゴイ！ 仲哀天皇

❶記紀神話のヒーロー・日本武尊《やまとたけるのみこと》の子として生まれる。
❷神功《じんぐう》皇后の夫である。

卑弥呼がモデルとなった？

『魏志《ぎし》』倭人伝《わじんでん》によれば、2世紀の倭国《わこく》（日本）は小国に分かれて争っていたが、180年代頃、邪馬台国《やまたいこく》の卑弥呼《ひみこ》が女王となり一つにまとまった。卑弥呼は238年に魏に使者を送って「親魏倭王《しんぎわおう》」の称号を下賜され、248年頃に死去した。神功《じんぐう》皇后の巻には『魏《ぎ》志《し》』倭人伝《わじんでん》を参照した箇所があるため、神《じん》功《ぐう》皇后は邪馬台国《やまたいこく》の卑弥呼をモデルとした架空の人物であるという説もある。

古墳

岡ミサンザイ古墳(大阪府藤井寺市)は、天皇・皇后・皇族の陵墓群として知られる古市古墳群の中核をなす大規模古墳。長さ約245m、高さ約20mの前方後円墳で、「ミサンザイ」とは「陵(ミササギ)」が転訛した名。仲哀天皇の陵墓とされるが、第21代・雄略(ゆうりゃく)天皇の墓という説もある。

従って新羅《しらぎ》征討に出かければ、やがて生まれる皇子は国を保つであろう」と告げられる。

そこで皇后は腹に石を巻きつけて出産を遅らせ、海を渡って新羅《しらぎ》・百済《くだら》・高句麗《こうくり》の三韓を屈服させた。凱旋《がいせん》した神功《じんぐう》皇后は筑紫《ちくし》（福岡県西部・南部）で男子を生み、これが第15代・応神《おうじん》天皇となる。

『日本書紀』では、仲哀天皇の崩御の翌年の２０１年から応神天皇即位の前年の２６９年までを神功《じんぐう》皇后の摂政《せっしょう》時代とし、一巻を立てて天皇に準じる扱いをしている。しかし神功《じんぐう》皇后の実在を証拠立てる資料はない。

三韓征伐も、ヤマト王権が百済《くだら》と結んで朝鮮半島に進出した4～5世紀の情勢が反映された物語と見られる。神功《じんぐう》皇后の時代に三韓を征伐した事実はない。

倭の五王の讃に擬せられる

第15代 応神天皇

おうじんてんのう●生没年：不詳　在位：270～310年

朝鮮半島との交流を活発化させ多くの渡来人を招聘した謎の天皇

松平定信他編『集古十種（しゅうこじっしゅ）』に描かれた応神天皇。誉田（こんだ）八幡宮に蔵された肖像画をもとに江戸時代末期に刊行されたもので、その陵墓は日本で2番目に大きな前方後円墳の誉田山古墳（大阪府羽曳野市）とされる（国立国会図書館蔵）。

第15代・応神天皇《おうじん》は、記紀の記述が詳細で実在の可能性がある天皇とされる。在位は270～310年。この間、朝鮮半島や大陸との交流が盛んになり、主に百済《くだら》から縫衣工女《きぬぬいおみな》や学者など多くの渡来人がやってきた。

なかでも、百済王から派遣されてきて2匹の良馬を天皇に献呈した阿直岐《あちき》は、儒学の造詣が深かったので、皇太子・菟道稚郎子《うじのわきいらつこ》皇子の教師に任じられた。しかし阿直岐《あちき》は、より優れた師として王仁《わに》を推薦したため、応神天皇は改めて王仁を招聘《しょうへい》し、皇太子の師とした。日本の文化形成に大きな影響を与えた『論語』や『千字文《せんじもん》』などの中国の古典も、王仁によって伝えられたという。

こうしてもたらされた大陸の文化や技術によって、応神天皇の治世には技術革新が起こり、農業生産力も向上したと考えられる。

ここがスゴイ! 応神天皇

❶多くの渡来人を招き、朝鮮半島や大陸の文化を吸収した。
❷倭《わ》の五王の「讃」である可能性がある。
❸新王朝を開いたという説もある。

倭の五王は誰か?

倭《わ》国は413年（421年説も）から502年にかけて、中国の王朝から朝鮮半島への進出を承認してもらうために遣いを送った。しかし、『宋書《そうじょ》』には倭の五王の名は中国風に漢字1文字で記されているため、どの天皇にあたるかがわからない。「讃《さん》」については、応神天皇のほか、第16代・仁徳《にんとく》、第17代・履中《りちゅう》をあてる説がある。下図のように確実なのは最後の「武《ぶ》」だけで、第21代・雄略《ゆうりゃく》天皇であるとされる。

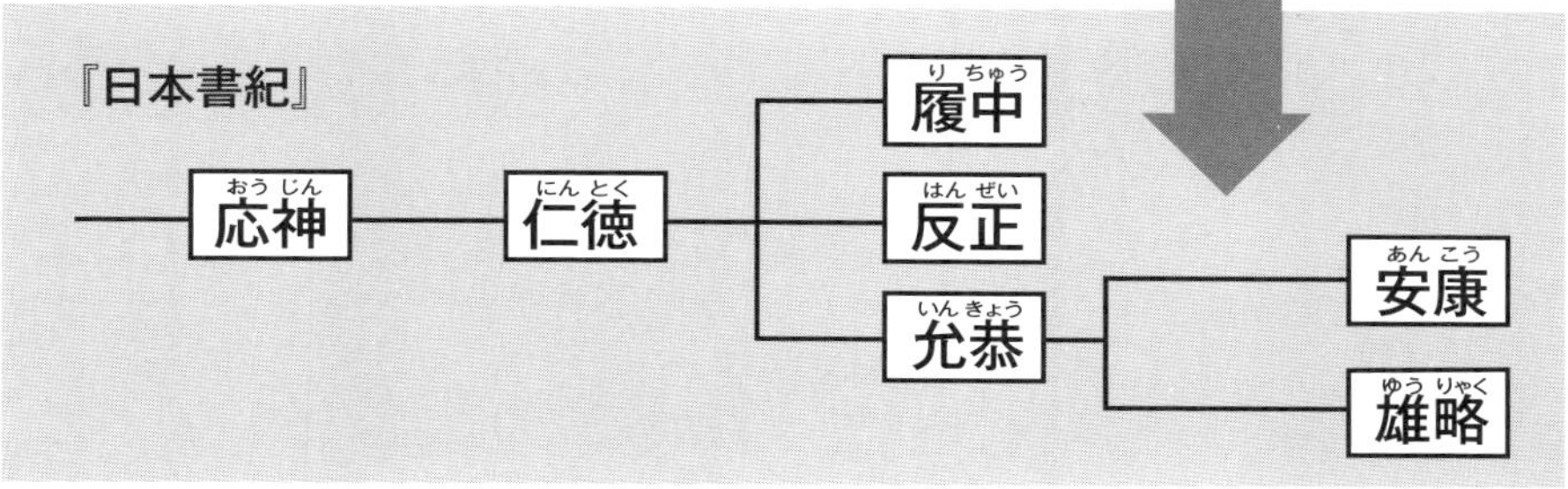

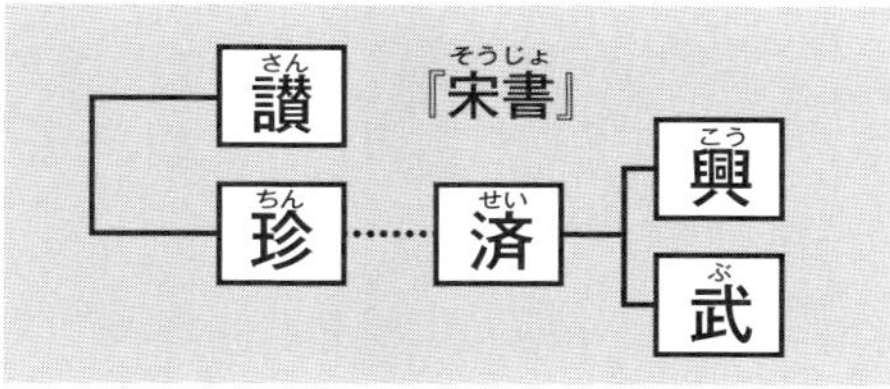

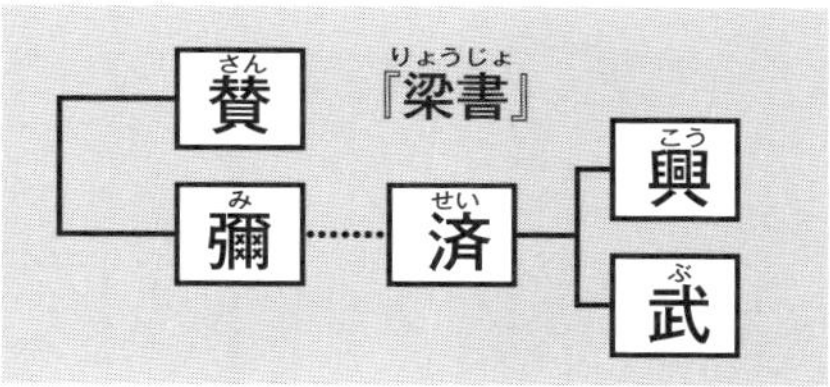

また中国の歴史書である『宋書《そうじょ》』には、5世紀に入ると讃《さん》・珍《ちん》・済《せい》・興《こう》・武《ぶ》という倭の五王が次々と朝貢《ちょうこう》したことが記されているが、『梁書《りょうじょ》』では賛《さん》・彌《み》・済・興・武である。

しかし応神天皇は、祖父の日本武《やまとたけるの》尊《みこと》と母の神功皇后《じんぐうこうごう》が神話上の人物であり、父の仲哀《ちゅうあい》天皇も実在性が薄いため、それまでの歴代天皇との血縁関係がよくわからない。また、生誕地も大和ではなく九州とされている。さらに応神天皇以降、陵墓が大和ではなく河内《かわち》や和泉《いずみ》に巨大古墳として築かれるようになるなど、それまでのヤマト王権との連続性が薄い。

そのため、応神天皇のときに王朝が交替したとする説や、応神朝の起源を大陸からの騎馬民族に求める説などが唱えられた。実在性がある半面、謎に満ちた天皇でもある。

名前に恥じない善政を行った

第16代 仁徳天皇

にんとくてんのう●生没年：不詳　在位：313～399年

民の家に煙の立たないのを見て年貢を免除し自らは清貧に甘んじた

世界最大の墳墓

大仙陵《だいせんりょう》古墳（大阪府堺市）は、全長が486m、高さ36m、3重の濠《ほり》も含めた最大長は840mにおよぶ前方後円墳である。墳丘の広さではエジプトのクフ王のピラミッドや中国の始皇帝《しこうてい》陵をも上回る世界最大級の墳墓。長い間、仁徳天皇陵とされてきたが、現在では、築造年代が合わないことから疑問視されている。

大仙陵古墳は世界三大墳墓の一つに数えられる王陵。5世紀中頃の造営で3重の濠（ほり）をめぐらせ、近くに10基以上の陪塚（ばいづか）がある。

第15代・応神《おうじん》天皇は子の菟道稚郎子《うじのわきいらつこ》皇子を皇太子に定め、310年に崩御《ほうぎょ》した。しかし、菟道稚郎子《うじのわきいらつこ》皇子には大鷦鷯尊《おおさざきのみこと》という兄があった。兄が皇位を継ぐべきだと考えた菟道稚郎子《うじのわきいらつこ》皇子は即位を辞退。ところが大鷦鷯尊《おおさざきのみこと》も辞退したので両者の譲り合いとなった。

こうして空位が3年にわたって続いたあと、菟道稚郎子《うじのわきいらつこ》皇子が死去したため、313年に大鷦鷯尊《おおさざきのみこと》が即位し、第16代・仁徳《にんとく》天皇となった。『日本書紀』によれば、菟道稚郎子《うじのわきいらつこ》皇子は空位が続くことを怖れ、兄に皇位を譲るために自ら命を絶ったとされる。王宮は難波高津《なにわのたかつ》（大阪市中央区）に建てたが、民の生活を第一に考えて、質素な造りとし、飾りは何も施さず、屋根を葺《ふ》く茅《かや》も切りそろえなかった。

ところが即位して4年目の春に高殿に登って国を見渡すと、どの人家から

『家庭教育日本歴史』（1909年）に描かれた仁徳天皇。宮殿の高台から夕餉（ゆうげ）を炊さんする煙がたくさん上がっている都を見て、自らの治世に満足する様子が描かれている（国立国会図書館蔵）。

ここがスゴイ！ 仁徳天皇

❶弟の菟道稚郎子《うじのわきいらつこ》皇子と皇位を譲り合った。
❷税金をとらず、善政を行い、自らは清貧に甘んじた。
❸堤防や水路などの土木工事を数多く行った。

も煮炊きするための煙が上がっていない。天皇は民がいまだに貧しいことを知り、3年にわたって課税を止め、さらに3年間延長した。こうした仁政が功を奏して、ようやく民の生活は活気を取り戻し、家々から炊煙が上がるようになった（上掲の絵）。しかしその間に宮殿の屋根は崩れて風雨が漏れるありさまとなった。感謝した民は、自ら進んで宮殿の修築を始めたという。

　仁徳天皇の治世には、民生のための大土木工事も盛んに行われた。難波堀《なにわのほり》江《え》、茨田堤《まんだのつつみ》、和珥池《わにのいけ》など、仁徳天皇によって都の周辺や大和《やまと》、山城などに築造された多くの堤防や水路の名が記紀に記されている。これによって河川の氾濫がなくなり、耕地が増え、国はますます富み栄えた。仁徳という名の通り、仁政を施した聖帝として民衆から尊敬された天皇であった。

実在が客観的に証明された

第21代 雄略天皇

ゆうりゃくてんのう●生没年：不詳　在位：456～479年

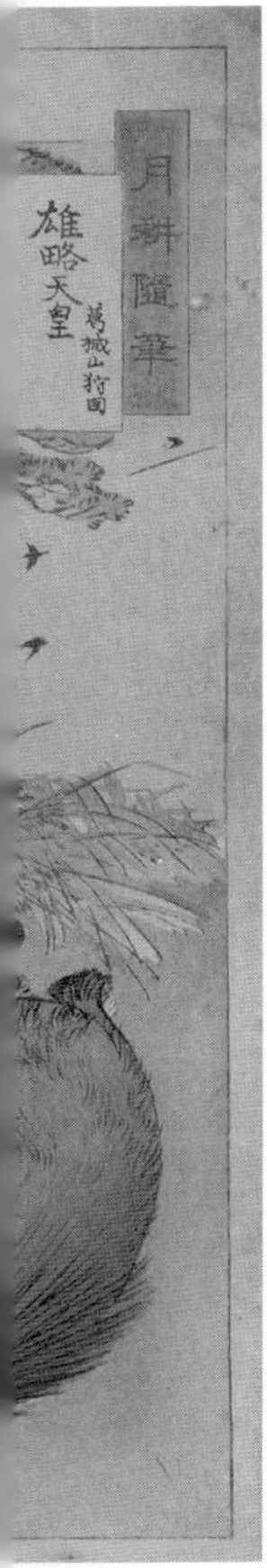

尾形月耕(おがたげっこう)画「葛城山狩図(かつらぎさんかりのず)」に描かれた雄略天皇の「猪狩り」。葛木神社(奈良県御所市)境内には小さな祠(ほこら)・矢刺(やさし)神社があり、ここが御猪狩跡とされる(都立中央図書館特別文庫室蔵)。

関東から九州までを支配し倭王「武」として宋に朝貢した

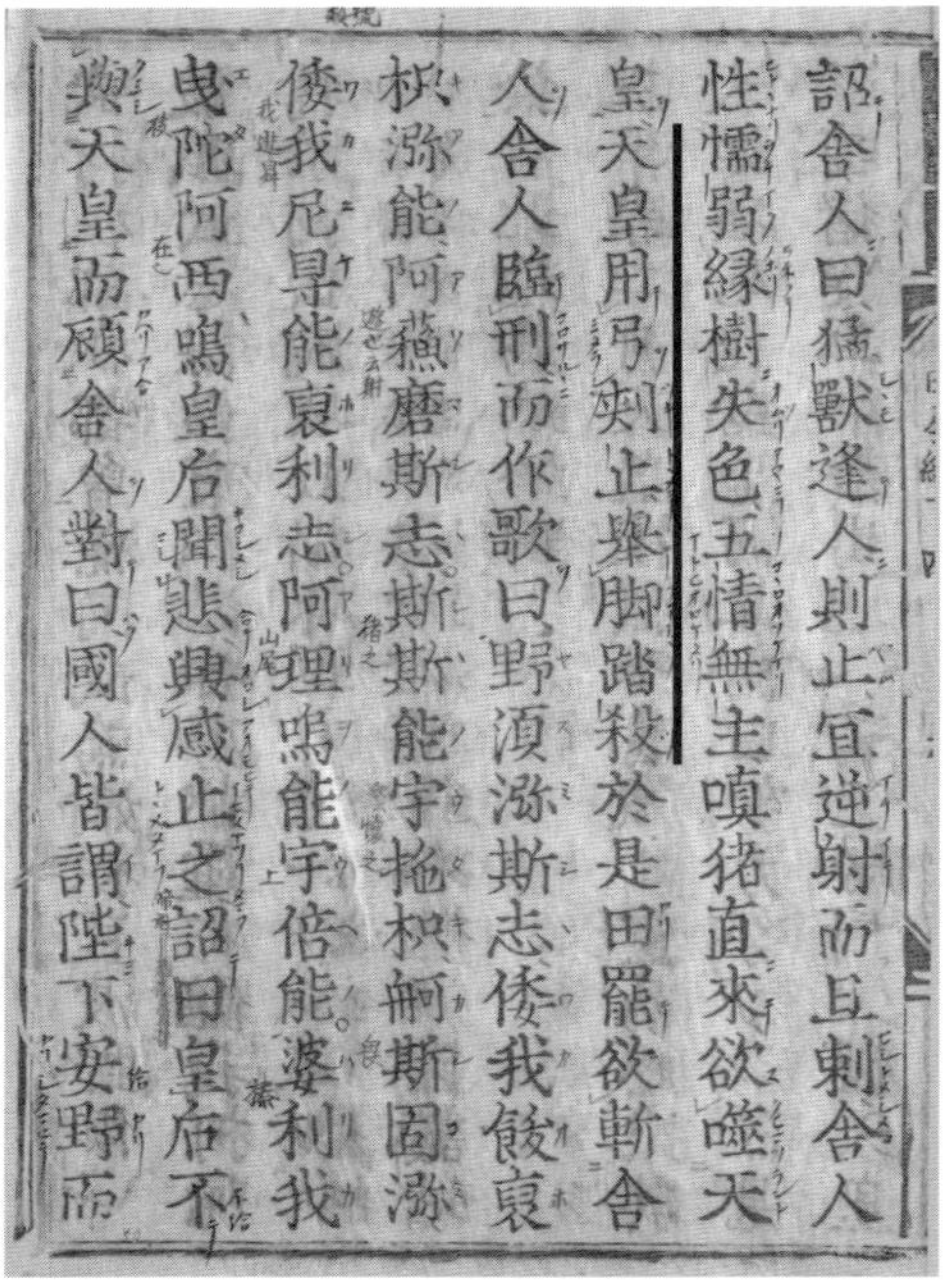
詔舍人曰猛獸逢人則止宜逆射而且刺舍人
性懦弱緣樹失色五情無主嗔猪直來欲噬天
皇天皇用弓刺止舉脚踏殺於是田罷欲斬舍
人舍人臨刑而作歌曰野須瀰斯志倭我飫裒
枳瀰能阿蘇磨斯志斯斯能宇拕枳舸斯固瀰
倭我尼唄能裒利志阿理嗚能宇倍能婆利我
曳陀阿西嗚皇后聞悲興感止之詔曰皇后不
與天皇而顧舍人對曰國人皆謂陛下安野而

『日本書紀 30巻』(1610年版本)に記される「猪狩り」の部分。3行目に「天皇は弓を用いて刺し止めて御足を挙げて踏み殺した」と記される(実線部分)。しかし、『古事記』では「猪を恐れ樹上に逃げた」とある(国立国会図書館蔵)。

第20代・安康《あんこう》天皇は家臣の虚言にまどわされて、第16代・仁徳《にんとく》天皇の子である大草香《おおくさか》皇子を殺して、妻の中蒂姫《なかしひめの》命《みこと》を奪う。それを恨んだ大草香《おおくさか》皇子の子の眉輪王《まよわのおおきみ》は安康天皇を暗殺した。すると安康天皇の弟の大泊瀬幼武尊《おおはつせのわかたけのみこと》は兵を挙げて、眉輪王《まよわのおおきみ》だけでなく、同母兄の八釣白彦《やつりのしろひこ》皇子など、皇位継承者を次々と殺害し、456年に自らが即位した。これが第21代・雄略天皇である。

雄略天皇は即位後も自分の意に従わない家臣を虐殺するなど残虐な行為が多く、記紀における評価はかんばしくない。しかし歴史学においては、実在が客観的に証明される最初の天皇として重要である。

1978(昭和53)年のこと、埼玉県行田市の稲荷山《いなりやま》古墳から出土した金《きん》錯銘鉄剣《さくめいてっけん》に刻まれた銘文が解読され、「獲加多支鹵大王《わかたけるおおきみ》」の文字があること

ここがスゴイ! 雄略天皇

❶ライバルを次々と殺害して、自らが皇位に就いた。
❷九州から関東までを支配した。
❸宋に朝貢《ちょうこう》し、倭《わ》の五王の「武《ぶ》」としてその名を残した。
❹稲荷山《いなりやま》古墳出土の金錯銘鉄剣《きんさくめいてっけん》などの史料によって、実在が証明される最古の天皇。

御製歌

籠《こ》もよ　み籠持ち　ふくしもよ
みぶくし持ち　この丘に
菜《な》摘《つ》ます児《こ》　家聞かな　名告《の》らさね
そらみつ　大和《やまと》の国は
おしなべて　吾《われ》こそをれ
しきなべて　吾こそませ　我こそは
告《の》らめ　家をも名をも

『万葉集』巻1の最初の歌は、雄略天皇の御製。「良い籠と良いへらを持って丘で若菜を摘んでいる娘よ。家はどこですか?　名は何というのですか?　大和の国を治めている私こそ、家も名も名乗りましょう」

がわかった。これが雄略天皇の名である「大泊瀬幼武《おおはつせのわかたけのみこと》」と「ワカタケ(ル)」と読む部分が一致する。同じ文字は熊本県の江田船山《えたふなやま》古墳で出土した大刀の銘文にもあった。こうして雄略天皇の実在が歴史資料によってほぼ確実となったのである。

また『宋書《そうじょ》』に記された倭《わ》の五王のうち最初の4人はどの天皇であるか定めがたいが、最後の「武《ぶ》」だけは大泊《おおはつ》瀬幼武《せのわかたけのみこと》天皇の「武」に通じることから、雄略天皇とする説が有力であった。実際、金錯銘鉄剣《きんさくめいてっけん》から解読された文字のなかには471年の干支《えと》である「辛《しん》亥《がい》」の文字がある。武が朝貢したのは478年であるから、武は雄略天皇であるとみて間違いはない。

5世紀の日本では、雄略天皇が九州から関東までを支配して、宋に朝貢《ちょうこう》していたのである。

王統の断絶を救った

第26代 継体天皇

けいたいてんのう●生没年：不詳　在位：507～531年

武烈天皇で途絶えた王統をつなぐが磐井の反乱に苦しめられた

豪族の娘を母とする継体天皇は越前で育ち、九頭竜(くずりゅう)川治水など同地に多くの伝説を残す。同地の足羽山(あすわやま)公園(福井県福井市)には継体天皇像が建立されている。

第25代・武烈《ぶれつ》天皇が子のないまま506年に崩御《ほうぎょ》したため、ヤマト王権に仕える豪族・大伴金村《おおとものかなむら》は丹波《たんば》国（京都府中部など）に住む王族・倭彦王《やまとひこのおおきみ》を後継者に迎えようとした。しかし、倭彦《やまとひこの》王《おおきみ》は自分を迎えにきた兵士を見て驚き、山中へ逃げ込んでしまった。そこで金村が次に白羽の矢を立てたのは、越《こし》の国《くに》（福井から山形南部に至る日本海沿岸地域の古称）の男大迹王《おおどのおおきみ》である。

男大迹王《おおどのおおきみ》は近江《おうみ》高島の豪族・彦主人《ひこうしの》王《おおきみ》の子で、母・振媛《ふるひめ》は越の国の出身であった。第15代・応神《おうじん》天皇から5世の孫とされ、武烈天皇との血筋は遠く離れていた。そのため当初、男大迹王《おおどのおおきみ》は皇位を継承することに慎重であったが、大伴金村の熱心な懇請によって受け入れ、507年に樟葉宮《くずはのみや》（大阪府枚方市《ひらかたし》）で即位し、第26代・継体《けいたい》天皇となった。

しかし、大和《やまと》には継体天皇の皇位継

ここがスゴイ! 継体天皇

❶前代の武烈《ぶれつ》天皇との血のつながりは薄かったが、皇統をつないだ。
❷即位から20年かけて抵抗勢力を排除し、大和に入った。
❸九州で起きた磐井《いわい》の乱を制圧した。

歴史家の間で継体天皇の墓とされる今城塚(いましろづか)古墳(大阪府高槻市)。墳丘の長さは約190m、墓全体の規模は約350m四方に及ぶ。濠の内堤などから、100点以上の形象埴輪(はにわ)や祭祀(さいし)埴輪が出土し、埴輪の製作遺構も確認される貴重な陵墓である。宮内庁は継体天皇陵を大阪府茨木市の三嶋藍野陵(みしまのあいののみささぎ)としている。

承に反対する勢力が強く、継体天皇が大和に入ることができたのは、即位から20年後のことである。大和入りがスムーズにいかなかったことなどから、歴史家の間では、継体天皇の系図は創作されたもので、同天皇は新王朝の創始者ではないか、とする説も出されたが、現在では継体天皇が第24代・仁賢《にんけん》天皇の皇女を娶《めと》ったことで皇統が続いたとされている。

継体天皇は権力基盤が不安定であることに加えて、朝鮮半島でも新羅《しらぎ》の勢力が伸長し、倭《わ》国の拠点である任那《みまな》が危機におちいった。そこで近江毛野《おうみのけの》を派遣して劣勢を挽回《ばんかい》しようとしたが、527年、九州の豪族・磐井《いわい》が新羅から賄賂を受け取って反乱を起こし、これを妨害した。継体天皇は物部麁鹿火《もののべのあらかひ》を派遣して鎮圧したものの、任那《みまな》復興を果たせないまま531年に崩御した。

仏教を受け入れた

第29代 欽明天皇

きんめいてんのう●生没年：不詳　在位：539～571年

百済から贈られた仏像の処遇を群臣に諮り、蘇我氏に仏像を預ける

エグモント『地球一周旅行 日本』(1900年頃)に描かれた仏教伝来の図。百済(くだら)の聖明王から贈られた仏像と経典を前に玉座に座す欽明天皇が描かれる(国際日本文化研究センター所蔵)。

『日本書紀』では、531年に継体《けいたい》天皇が崩御《ほうぎょ》したあと、第27代・安閑《あんかん》天皇と第28代・宣化《せんか》天皇の短い治世を経て、539年に欽明《きんめい》天皇が即位したことになっている。しかし欽明天皇の即位年には異説が多く、継体天皇の没年と重なるものもある。

そのため、継体天皇末期に大きな政変があったとする説や、その説を進めて安閑・宣化と欽明の二朝が並立したとする説などが唱えられているが、真相は不明である。

欽明天皇には、継体朝以来の朝鮮半島での劣勢挽回《ばんかい》が大きな外交課題として受け継がれた。新羅《しらぎ》と対抗する百済《くだら》の聖明王《せいめいおう》も倭《わ》国との同盟関係を強めることを望み、欽明天皇に仏像と経典を贈ってきた。朝鮮半島での勢力を挽回《ばんかい》するには、倭《わ》国も仏教を信奉することにより、そのご利益を得ることが必要

ここがスゴイ! 欽明天皇

❶百済《くだら》の聖明王《せいめいおう》から公式に仏教を伝えられ、仏教興隆の端緒を開く。
❷仏教を受け入れ、蘇我《そが》氏に信仰を許した。

仏教伝来之地碑(奈良県桜井市)は、近くに欽明天皇の磯城嶋金刺宮(しきしまのかなさしのみや)があったとされる場所に建立されている。百済(くだら)使節は難波津(なにわづ)の港から大和川・初瀬川を遡って来朝していた。

だと考えたのである。これが仏教公伝《ぶっきょうこうでん》であるが、その年代も、『日本書紀』では552年とされているのに対し、『元興寺縁起《がんごうじえんぎ》』などでは538年とされており、『日本書紀』に記された欽明天皇の即位年より前となる(近年、有力視されている)。

倭国《わ》では昔から八百万《やおよろず》の神を信仰してきたため、欽明天皇は贈呈された仏像と経典の扱いに慎重を期して、群臣に諮《はか》った。すると物部《もののべ》氏が仏教を排斥したのに対し、先進的な蘇我《そが》氏は仏教の受容を主張して、有力豪族の間でも意見が割れた。そこで天皇は、ひとまず蘇我氏に仏像を預け、私的に信仰させることにした。しかし、仏教をめぐる蘇我氏と物部氏の対立は571年に欽明天皇が崩御したあとも深まるばかりで、国内を二分する武力衝突へと発展していくことになった。

日本初の女性天皇

第33代 推古天皇

すいこてんのう●生没年：554～628年　在位：592～628年

厩戸皇子を摂政に起用し 蘇我馬子とともに政治を行わせた

天皇史上初の女性天皇となった第33代・推古天皇。推古天皇は『日本書紀』に容姿端麗で、挙措（きょそ）にも乱れがないなどと記されている。神々しさとカリスマ性を持ち合わせた天皇だったようだ（叡福寺蔵／大阪市立美術館提供）。

第29代・欽明《きんめい》天皇の仏教受容に端を発する蘇我《そが》氏と物部《もののべ》氏の対立は激しさを増し、587年に第31代・用明《ようめい》天皇が崩御《ほうぎょ》すると、蘇我馬子《そがのうまこ》と物部守屋《もののべのもりや》が全面的な戦争に突入した。蘇我馬子は欽明天皇の子・泊瀬部《はつせべ》皇子や厩戸《うまやと》皇子（聖徳太子）の援助を受けて勝利し、泊瀬部皇子が即位して第32代・崇峻《すしゅん》天皇となった。

ところが崇峻《すしゅん》天皇は蘇我氏の勢力拡大に危機感をいだき馬子を排除しようとしたため、馬子が先手を打って天皇を暗殺。これが政変へと発展することを回避するため、女性天皇の即位が望まれた。こうして592年、第29代・欽明天皇の皇女で、第30代・敏達《びだつ》天皇の皇后であった豊御食炊屋姫《とよみけかしきやひめ》が日本初の女性天皇として飛鳥《あすか》の豊浦宮《とゆらのみや》で即位し、第33代・推古天皇となった。

推古天皇は用明天皇の子である厩戸《うまやと》

飛鳥

ここがスゴイ！ 推古天皇

❶日本で初めての女性天皇となった。
❷崇峻《すしゅん》天皇の暗殺という危機を乗り切り、国内を安定させた。
❸厩戸《うまやと》皇子を摂政とし、蘇我馬子《そがのうまこ》とともに政治改革にあたらせた。
❹冠位十二階《かんいじゅうにかい》を定め、憲法十七条を制定した。
❺遣隋使《けんずいし》を派遣した。

「善光寺如来絵伝」に描かれた蘇我馬子、物部守屋の戦いの様子（部分／淵之坊蔵／長野市文化財課提供）。

現在伝えられる聖徳太子という名は死後に贈られた諡号（しごう）である。聖徳太子が残した業績は、『日本書紀』編纂時の捏造（ねつぞう）という見方も根強い（模写／東京大学史料編纂所蔵）。

皇子を皇太子に立て摂政《せっしょう》に起用したが、権力のバランスを考えて蘇我馬子とともに政治にあたらせた。推古天皇の治世には、冠位十二階《かんいじゅうにかい》の制定や憲法十七条の公布などの政治改革が進められた。冠位十二階とは、官吏の階級を十二に分け、色の異なる冠によって表したもの。憲法十七条は現在の憲法とは異なり、官吏の政治への心構えを定めたものである。これらの改革によって、豪族が代々受け継ぐ身分秩序に依拠していた政治は、個人の能力を重視した官僚制度へと脱皮していった。

外交にも積極的で、607年には中国の隋《ずい》に小野妹子《おののいもこ》を派遣した。妹子が差し出した「日出づる処《ところ》の天子が、書を日没する処の天子に致《いた》す」で始まる国書は隋《ずい》の皇帝・煬帝《ようだい》の怒りをかったが、国交断絶にはいたらず、小野妹子は隋《ずい》の使者・裴世清《はいせいせい》を伴って帰国した。

厩戸皇子を斑鳩に住まわせ法隆寺を造営させて仏教教義を広めた

推古天皇を祭神とする推古天皇社（奈良県奈良市）。隣接する大安寺は南都七大寺に数えられ、厩戸皇子（聖徳太子）の開基とされる（右）。法隆寺を中心とした斑鳩（いかるが）の里の仏教寺院群。写真の北東約1.8㎞にある法起寺とともに「法隆寺地域の仏教建造物」として世界文化遺産に登録されている（下）。

推古天皇の皇太子となり、摂政を務めた厩戸《うまやと》皇子は一般に聖徳太子と呼ばれるが、これは皇子が仏教の隆盛に力を注いだことをたたえて、後世につけられた尊称である。

推古天皇のもとで厩戸《うまやと》皇子と蘇我馬子がどのように政治を分担したかはよくわかっていない。ただ両者は常にそろって推古天皇の近くに仕えていたわけではなく、厩戸《うまやと》皇子は６０５年に、都のある飛鳥《あすか》から北西へ20キロ離れた斑鳩《いかるが》に宮殿を建てて移り住んだ。斑鳩《いかるが》には氏寺《うじでら》の法隆寺《ほうりゅうじ》（斑鳩寺《いかるがでら》）も造営されて、厩戸《うまやと》皇子の一族はここを本拠とした上宮王家《じょうぐうおうけ》（厩戸《うまやと》皇子の血筋）を形成していった。

厩戸《うまやと》皇子が飛鳥《あすか》を離れた理由は謎だが、斑鳩《いかるが》はより難波津《なにわづ》に近く、海外からの使節を迎えたり、朝鮮半島情勢についての情報を得たりするのに便利だ

山田高塚古墳(大阪府南河内郡)は推古天皇と推古天皇の子の竹田皇子の合葬陵墓とされる方墳。ただ、陵墓を東方約200mに位置する二子塚(ふたごづか)古墳とする説もある。

ったからではないかと考えられる。厩《うまや》戸《と》皇子は推古朝の外交担当であり、当時の東アジアでは珍しかった女帝の推古天皇に代わって、海外からの使者を接見したのではないかという説もある。

　また厩《うまや》戸《と》皇子は、仏教の教義を研究し、その精神に沈潜《ちんせん》するために、都から離れた静かな場所が必要であったのではないかという見方もある。同じく仏教の推進者であっても、蘇我氏が寺院の建設などにともなう技術の導入に熱心であったのに対して、厩《うまや》戸《と》皇子は仏教の教義を理解して広めることを使命とした。推古天皇の要請を受けて『勝鬘経《しょうまんぎょう》』を講義したり、『三経《さんぎょう》義《ぎ》疏《しょ》』を著述したと伝えられる。

　厩《うまや》戸《と》皇子は仏教の徳によって治められる国家の建設を夢見ていたと思われるが、６２２年、推古天皇に先立って死去した。

遣唐使を開始した

第34代 舒明天皇

じょめいてんのう●生没年：593～641年　在位：629～641年

平城宮跡歴史公園の朱雀門（すざくもん）ひろばに復元されている遣唐使船。遣唐使船の大きさは全長約30m、幅約10ｍで、1艘150人程度が搭乗して黄海や東シナ海を渡った。

第1回遣唐使の派遣で名を残すが実際は蘇我氏の傀儡だった!?

　皇太子であった厩戸《うまやと》皇子が622年に死去したあとも、推古《すいこ》天皇は新たな後継者を指名することのないまま、628年に崩御《ほうぎょ》した。そのため、皇位継承をめぐって王族や豪族の間で駆け引きが始まった。有力な候補者は、厩戸《うまやと》皇子の子・山背大兄王《やましろのおおえ》と敏達《びだつ》天皇の孫・田村《たむら》皇子であった。

　蘇我馬子も推古天皇の在世中の626年に死去したが、子の蝦夷《えみし》が跡を継いで、蘇我氏を率いていた。蝦夷《えみし》は、実の姉妹が田村皇子の妃となって古人《ふるひとの》大兄《おおえ》皇子をもうけていたことから、田村皇子を擁立する運動を展開する。しかし、蘇我一族の境部摩利勢《さかいべのまりせ》は山背大《やましろのおお》兄《え》王を推して蝦夷《えみし》と対立した。

　けれども山背大兄王《やましろのおおえ》を推すグループは少数であり、その中心であった山背《やましろの》大兄《おおえ》王の異母弟・泊瀬王《はつせのおおきみ》が死去すると、摩利勢は孤立し、蝦夷《えみし》が差し向けた軍

飛鳥

段ノ塚（だんのづか）古墳（奈良県桜井市）と通称される舒明天皇陵。1辺約105mの上円下方墳で、近代の天皇の上円下方墳のモデルとなった。

ここがスゴイ！ 舒明天皇

❶山背大兄王《やましろのおおえ》との皇位継承争いを制して第34代天皇となった。

❷約260年間も断続的に続いた遣唐使の1回目を派遣した。

❸皇位継承争いでは、辞退を表明するなど、謙虚な姿勢を貫いた。

御製歌

大和には　群山《むらやま》あれど　とりよろふ　天《あめ》の香具山《かぐやま》
登り立ち　国見《くにみ》をすれば　国原《くにはら》は　煙立ち立つ
海原は　かまめ立ち立つ　美《うま》し国ぞ
あきづ島　大和の国は

『万葉集』巻1の2番目の歌。「大和にはたくさんの山があるが、香具山に登って国を見下ろすと、陸には竈（かまど）の煙が立ちのぼり、海にはカモメの群が飛び立っている。大和はすばらしい国だ」

勢によって殺害された。こうして翌629年、田村皇子が第34代・舒明《じょめい》天皇として即位したのである。

その頃中国では、隋《ずい》が滅んで唐の時代になっていた。舒明《じょめい》天皇は、皇位についた翌年の630年に使者を唐に派遣する。これが平安時代の894（寛《かん》平《ぴょう》6）年に中止されるまで約260年間にわたって断続的に続いた遣唐使の始まりとなった。

舒明《じょめい》天皇には、これ以外に大きな事績は伝えられていない。即位に貢献した蘇我氏が絶大な権力をふるったため、舒明天皇は傀儡《かいらい》にすぎなかったともいわれる。

641年に舒明《じょめい》天皇が崩御すると後継者争いが再燃する情勢となったため、再び女性天皇が望まれ、舒明《じょめい》天皇の皇后であった宝皇女《たからのひめみこ》が第35代・皇極《こうぎょく》天皇として即位するのである。

神代・古代　歴代天皇の事績

●第2代・綏靖《すいぜい》天皇　生没年：不詳、在位：紀元前５８１～５４９年

●第3代・安寧《あんねい》天皇　生没年：不詳、在位：紀元前５４９～５１１年

●第4代・懿徳《いとく》天皇　生没年：不詳、在位：紀元前５１０～４７７年

●第5代・孝昭《こうしょう》天皇　生没年：不詳、在位：紀元前４７５～３９３年

●第6代・孝安《こうあん》天皇　生没年：不詳、在位：紀元前３９２～２９１年

●第7代・孝霊《こうれい》天皇　生没年：不詳、在位：紀元前２９０～２１５年

●第8代・孝元《こうげん》天皇　生没年：不詳、在位：紀元前２１４～１５８年

●第9代・開化《かいか》天皇　生没年：不詳、在位：紀元前１５８～98年

２～９代は神話上の天皇であり、記紀には系譜だけが記され、事績は伝えられていない。歴史を欠くという意味で闕史《けっし》八代と呼ばれる。事績が伝えられていないのは、実在しないためで、皇統の権威を示すために創作されたという説が根強いが、実在説を唱える学者もいる。

●第11代・垂仁《すいにん》天皇　生没年：不詳、在位：紀元前29～後70年／殉死の風習を嫌い、人の代わりに埴輪《はにわ》を陵墓に並べることを始めたと伝えられる。

●第13代・成務《せいむ》天皇　生没年：不詳、在位：１３１～１９０年／事績がほとんど伝えられていないため、実在しなかった可能性が高いとされる。

●第17代・履中《りちゅう》天皇　生没年：不詳、在位：４００～４０５年／諸国の実情を知るため国史《ふみひと》という書記官を置いた。倭《わ》の五王の讃《さん》にあてる説がある。

●第18代・反正《はんぜい》天皇　生没年：不詳、在位：４０６～４１０年／事績はほとんど伝えられていない。倭《わ》の五王の珍《ちん》にあてる説がある。

●第19代・允恭《いんぎょう》天皇　生没年：不詳、在位：

４１２～４５３年／氏姓が乱れ、争いが絶えなかったため、熱湯に手を入れ神意によって真偽を判断する盟神探湯《くかたち》を行って、正しい氏姓を定めたと伝えられる。倭《わ》の五王の済《せい》であるとされる。

●第20代・安康《あんこう》天皇　生没年：不詳、在位：４５３～４５６年／家臣の虚言にまどわされて、第16代・仁徳《にんとく》天皇の子である大草香《おおくさか》皇子を殺し、妻の中蒂姫命《なかしひめのみこと》を奪って后《きさき》とした。ところが、これを恨んだ中蒂姫命の子・眉輪王《まよわのおおきみ》によって暗殺された。倭《わ》の五王の興《こう》であるとされる。

●第22代・清寧《せいねい》天皇　生没年：不詳、在位：４８０～４８４年／海外の諸国から朝貢があったと伝えられる。

●第23代・顕宗《けんぞう》天皇　生没年：不詳、在位：４８５～４８７年／第17代・履中天皇の孫で第24代・仁賢《にんけん》天皇の同母弟だが、政変に巻き込まれて、兄とともに辺境の地に隠れ住んでいたところを発見された。第22代・清寧天皇には子がなかったため、兄とともに宮中に迎え入れられ、皇位を継ぐことになった。逃亡生活の間に民と接し、その憂いや苦しみをよく理解していたため、善政を行い、人民から慕われた。

●第24代・仁賢《にんけん》天皇　生没年：不詳、在位：４８８～４９８年／第23代・顕宗天皇の兄。若い頃は播磨《はりま》(兵庫県南西部)などで、弟(顕宗天皇)とともに逃亡生活を送った。皇太子に立てられていたが、第22代・清寧天皇が死去すると皇位継承を強く辞退。辺境の地で発見されたあと、履中天皇の孫の名乗りをあげるのに功があったとして、弟を先に即位させた。弟と同様、善政を行い、民は繁栄したと伝えられる。

●第25代・武烈《ぶれつ》天皇　生没年：不詳、在位：４９８～５０６年／『日本書紀』では残虐な暴君として描かれている。武烈天皇には子がなく、第16代・仁徳天皇以来の血統が断絶したため、後世、ことさらに暴君にしたてられたという説もある。

●**第27代・安閑《あんかん》天皇**　生没年：466〜535年、在位：531〜535年／武《む》蔵国《さしのくに》の国造《くにのみやつこ》をめぐる争いを裁定し、天皇の直轄地である屯倉《みやけ》の献上を受けた。その他にも諸国に屯倉《みやけ》が設置され、朝廷の財力が強化された。しかし朝鮮半島では、前代の継体《けいたい》天皇の末期から新羅《しらぎ》の勢力拡大が続いており、ヤマト王権の拠点となっていた任那《みまな》を失った。

●**第28代・宣化《せんか》天皇**　生没年：467〜539年、在位：535〜539年／朝鮮半島情勢が緊迫していたため、北九州の筑紫《ちくし》官家《みやけ》に各地の屯倉《みやけ》から籾《もみ》を集めるなどして防備をかためた。

●**第30代・敏達《びだつ》天皇**　生没年：不詳、在位：572〜585年／任那《みまな》の再興を計画したが、失敗に終わった。国内では、仏教の受容をめぐって、崇仏《すうぶつ》派の蘇我《そが》氏と廃仏《はいぶつ》派の物部《もののべ》氏の対立が深まった。物部氏が疫病の流行は仏法がもたらした災いであると非難すると、敏達天皇はこれを認めて仏教を禁じた。

●**第31代・用明《ようめい》天皇**　生没年：不詳、在位：585〜587年／病に陥った用明天皇は仏教への帰依を表明。これをきっかけに蘇我馬子《そがのうまこ》と物部守屋《もののべのもりや》の対立が深まり、天皇の死後、両者は武力衝突に突入した。蘇我馬子が、泊瀬部《はつせべ》皇子（のちの崇峻《すしゅん》天皇）や厩戸《うまやと》皇子（聖徳太子）らの協力を得て勝利した。なお、用明天皇は正式に即位せずに政務を執り、物部守屋らの敵対勢力に暗殺されたという説もある。

●**第32代・崇峻《すしゅん》天皇**　生没年：不詳〜592年、在位：587〜592年／蘇我馬子に推されて即位したが、権勢をほしいままにする馬子をうとむようになった。しかし591年、任那《みまな》復興のために新羅《しらぎ》を討とうと大軍を筑紫《ちくし》（九州北部）に送ったその翌年、馬子の刺客に暗殺されてしまった。

第3章

天皇は歴史の主役

律令国家の天皇

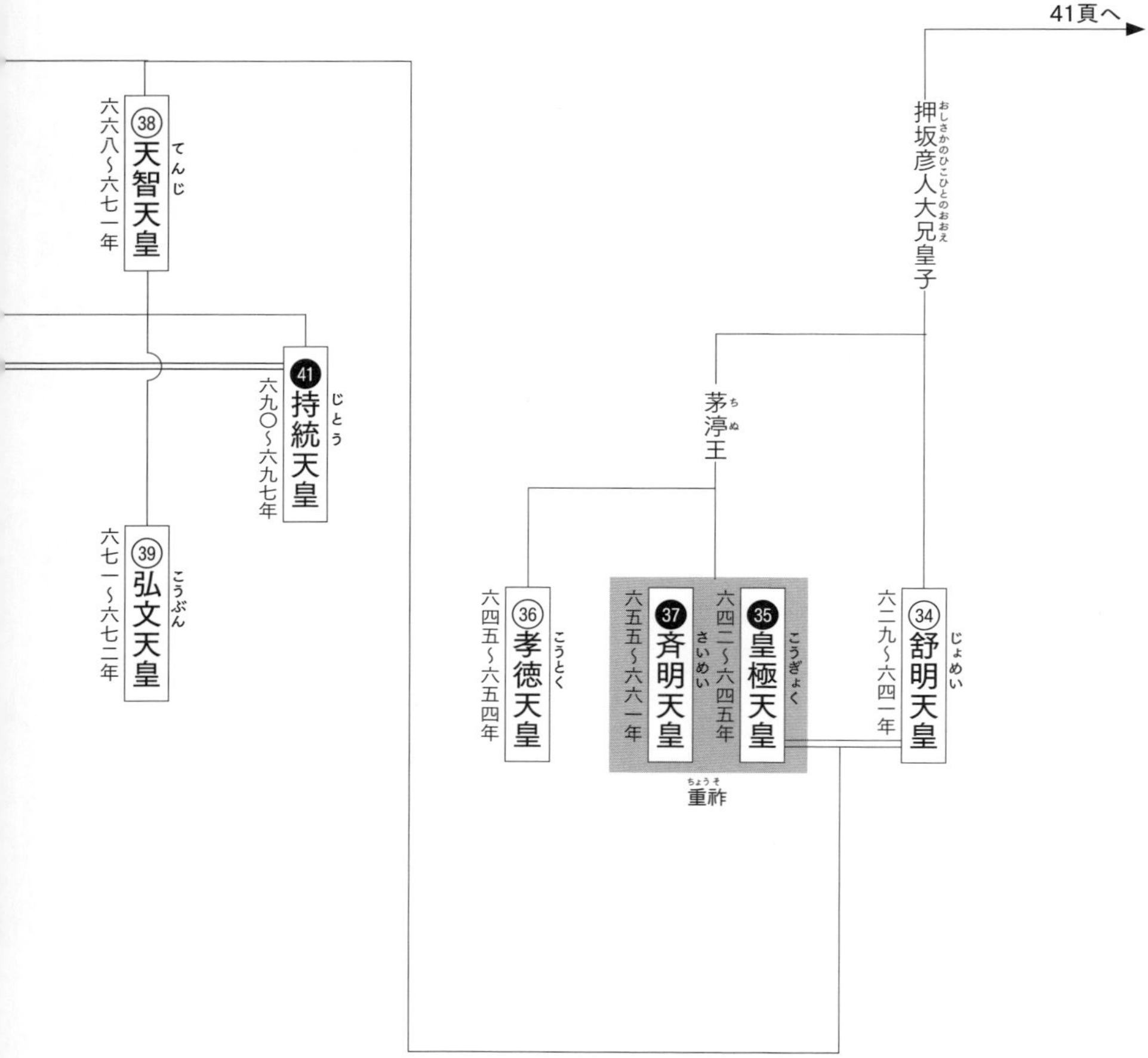
41頁へ
押坂彦人大兄皇子《おしさかのひこひとのおおえ》
茅渟王《ちぬ》
㉞舒明天皇《じょめい》
六二九～六四一年
❸❺皇極天皇《こうぎょく》
六四二～六四五年
❸❼斉明天皇《さいめい》
六五五～六六一年
重祚《ちょうそ》
㊱孝徳天皇《こうとく》
六四五～六五四年
㊳天智天皇《てんじ》
六六八～六七一年
❹❶持統天皇《じとう》
六九〇～六九七年
㊴弘文天皇《こうぶん》
六七一～六七二年

※系図は皇統譜に基づく宮内庁公式サイトに準拠。
※西暦は在位年で、丸数字は代数。
※黒丸数字は女性天皇。
※背景に薄網がかかるのは重祚《ちょうそ》。

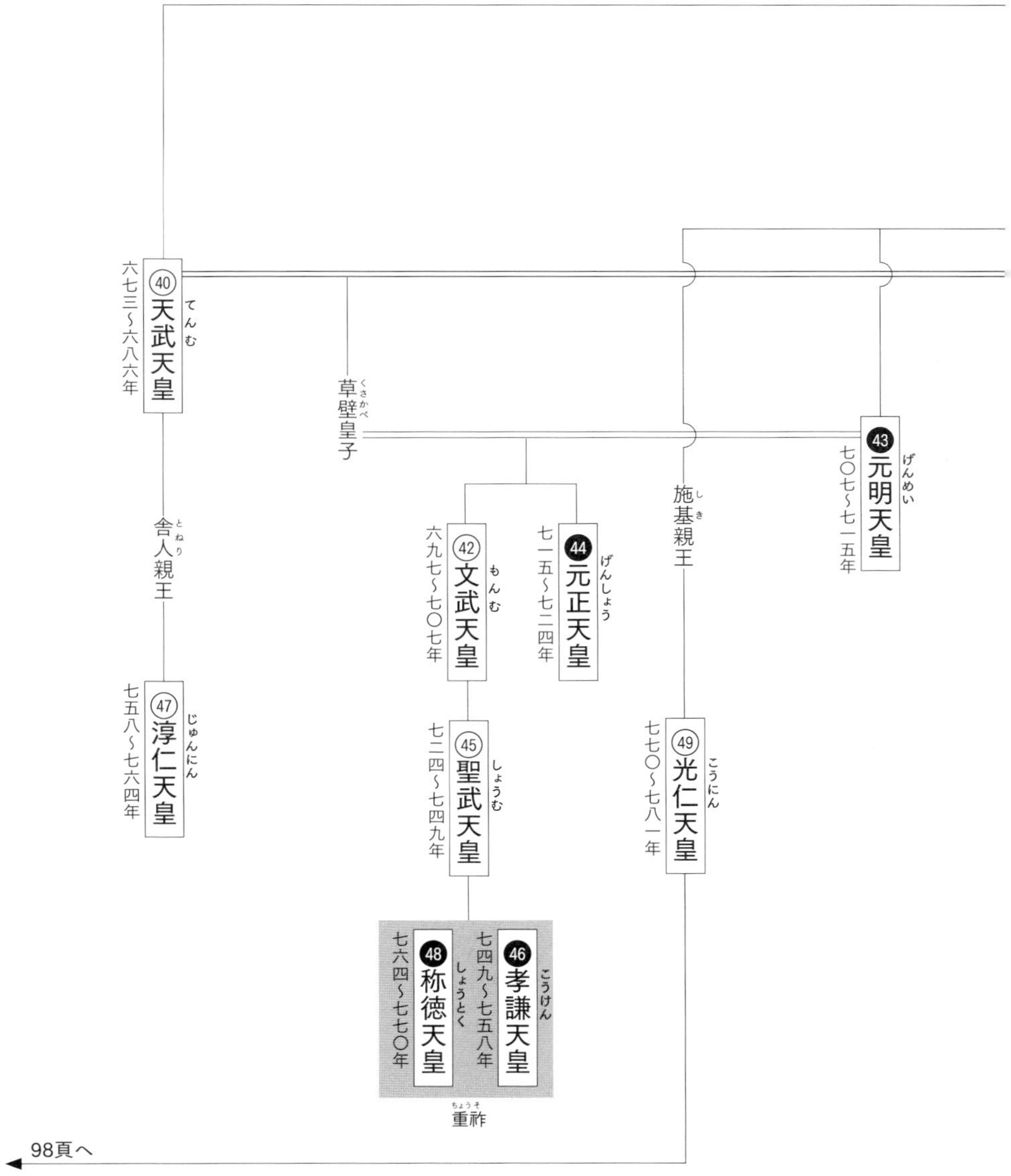

「大化の改新」を推進した

第36代

孝徳天皇

こうとくてんのう●生没年：596?～654年　在位：645～654年

乙巳の変を経て即位し最初の元号「大化」を定めた

中臣鎌足（なかとみのかまたり）ゆかりの談山（たんざん）神社（奈良県桜井市）の縁起を描いた『多武峯縁起絵巻（とうのみねえんぎえまき）』に描かれた中大兄（なかのおおえ）皇子が蘇我入鹿（いるか）を斬殺する場面。左上が皇極天皇、弓を携え状況を見極めているのが中臣鎌足である（部分／奈良国立博物館提供）。

645（大化《たいか》元）年、朝廷を舞台に乙巳《いっし》の変と呼ばれるクーデターが起きた。天皇家を凌駕《りょうが》しようというほど権力を握った有力豪族の蘇我《そが》氏を排除しようと、中大兄《なかのおおえ》皇子（のちの天智《てんじ》天皇）と中臣鎌足《なかとみのかまたり》（藤原氏の祖）が中心になって起こしたもので、クーデターは見事に成功し、蘇我《そが》氏は討伐された。

乙巳《いっし》の変のあと、第35代・皇極《こうぎょく》天皇（女帝）は長子の中大兄《なかのおおえ》皇子に譲位しようとしたが、中大兄《なかのおおえ》皇子は鎌足の助言に従い叔父の軽《かる》皇子（皇極天皇の弟）への譲位を申し出る。軽皇子ははじめは固辞していたが、やがて応諾して即位し、第36代・孝徳《こうとく》天皇となった。天皇史では、これが譲位の最初とされる。

孝徳天皇は中大兄《なかのおおえ》皇子を皇太子、鎌足を内臣《うちつおみ》（天皇の側近職）に任命して新政権を発足させた。そして元号が「大化《たいか》」と決められ（元号の最初）、改

ここがスゴイ! 孝徳天皇

❶「乙巳《いっし》の変」で蘇我《そが》氏が滅んだあと、姉の皇《こう》極《ぎょく》天皇から譲位されて即位する。
❷日本最初の元号「大化《たいか》」を定めた。
❸公地公民制や班田収授《はんでんしゅうじゅ》法などを定め、大化の改新を推進した。
❹都を飛鳥《あすか》から難波《なにわ》に遷《うつ》した。
❺政治の実権は甥《おい》の中大兄《なかのおおえ》皇子(のちの天智《てんじ》天皇)が握り、天皇との間に対立が生じた。

お釈迦(しゃか)様の生母・摩耶(まや)夫人を祀る摩耶山天上寺(兵庫県神戸市)は、646(大化2)年、国家繁栄を願う孝徳天皇の勅願で建立されたと伝えられる。また、第65代・花山(かざん)天皇、第106代・正親町(おおぎまち)天皇の御願寺でもある。

新の詔《みことのり》が発せられて、戸籍《こせき》の作成、公地公民制、班田収授《はんでんしゅうじゅ》法(すべての人民に一定の農地を与える制度)など、次々に新政策が打ち出された。これがいわゆる大化の改新で、これによって、天皇を中心とした中央集権国家の確立が目指されたのである。

そして孝徳天皇は中大兄《なかのおおえ》皇子の妹・間人皇女《はしひとのひめみこ》を皇后とし、都を飛鳥《あすか》から難波《なにわ》(現・大阪府)に遷《うつ》し、長柄豊碕《ながらのとよさきの》宮《みや》(大阪市中央区)が造営された。

ただし、政治の実権を中大兄《なかのおおえ》皇子が掌握し続けたため、孝徳天皇と中大兄《なかのおおえ》皇子の間に確執が生じ、653(白雉《はくち》4)年には、中大兄《なかのおおえ》皇子は、天皇の意に反して、母である先帝皇極、妹の間人皇后らを率いて飛鳥《あすか》に戻ってしまい、役人たちもこれに従った。

孝徳天皇は難波《なにわ》に置き去りにされ、孤立したまま病没している。

黒子に徹して国の土台を固める

第38代

天智天皇

てんじてんのう●生没年：626～671年　在位：668～671年

即位前から常に政権の中枢を担い中央集権国家の基礎を築く

天智天皇が都とした近江大津宮（おうみおおつのみや）跡に建立された近江神宮。全国に16社ある勅祭社（祭祀〈さいし〉に際して天皇から勅使が遣わされる神社）に数えられ、天智天皇が祀（まつ）られる。6月に開催される流鏑馬（やぶさめ）神事は、武を尊んだ天智天皇にちなんだ祭礼である（近江神宮提供）。

天智《てんじ》天皇は第34代・舒明《じょめい》天皇を父、第35代・皇極《こうぎょく》（斉明《さいめい》）天皇を母とし、舒明《じょめい》天皇の即位後は、中大兄《なかのおおえ》皇子と称した。

そして弱冠20歳で中臣鎌足《なかとみのかまたり》と組んでクーデター、乙巳《いっし》の変を起こして、政権を牛耳《ぎゅうじ》っていた蘇我《そが》氏を倒した。第36代・孝徳《こうとく》天皇、重祚《ちょうそ》による第37代・斉明天皇の時代には、身分は皇太子だったが、天皇に代わって政治の実権を掌握していた。孝徳天皇のもとで実施された大化《たいか》の改新も、主導したのは中《なかの》大兄《おおえ》皇子だったといわれている。

661（斉明天皇7）年、唐《とう》や新羅《しらぎ》から侵攻された百済《くだら》を救援するため、斉明天皇が自ら九州に遠征したが、同地で急死。このため同行して陣頭指揮にあたっていた中大兄《なかのおおえ》皇子が、急遽《きゅうきょ》天皇代行となって称制《しょうせい》（天皇の死後、皇太子や皇后が即位せずに政務を代行すること）を行って、朝鮮への派兵を続

ここがスゴイ！ 天智天皇

❶蘇我《そが》氏を滅ぼした乙巳《いっし》の変を計画して実行に移した。
❷皇太子の時代に朝廷の中央集権化を目指す、大化《たいか》の改新を主導。
❸母である斉明《さいめい》天皇の急死後は天皇代行となるが、すぐには即位しなかった。
❹朝鮮半島での白村江《はくそんこう》の戦いでは唐《とう》・新羅《しらぎ》の連合軍に大敗する。
❺朝鮮式山城を築くなどして日本国内の防衛拠点を強化し、また内政の充実もはかった。
❻都を飛鳥《あすか》から近江《おうみ》の大津に遷《うつ》して即位し、正式に天皇となった。

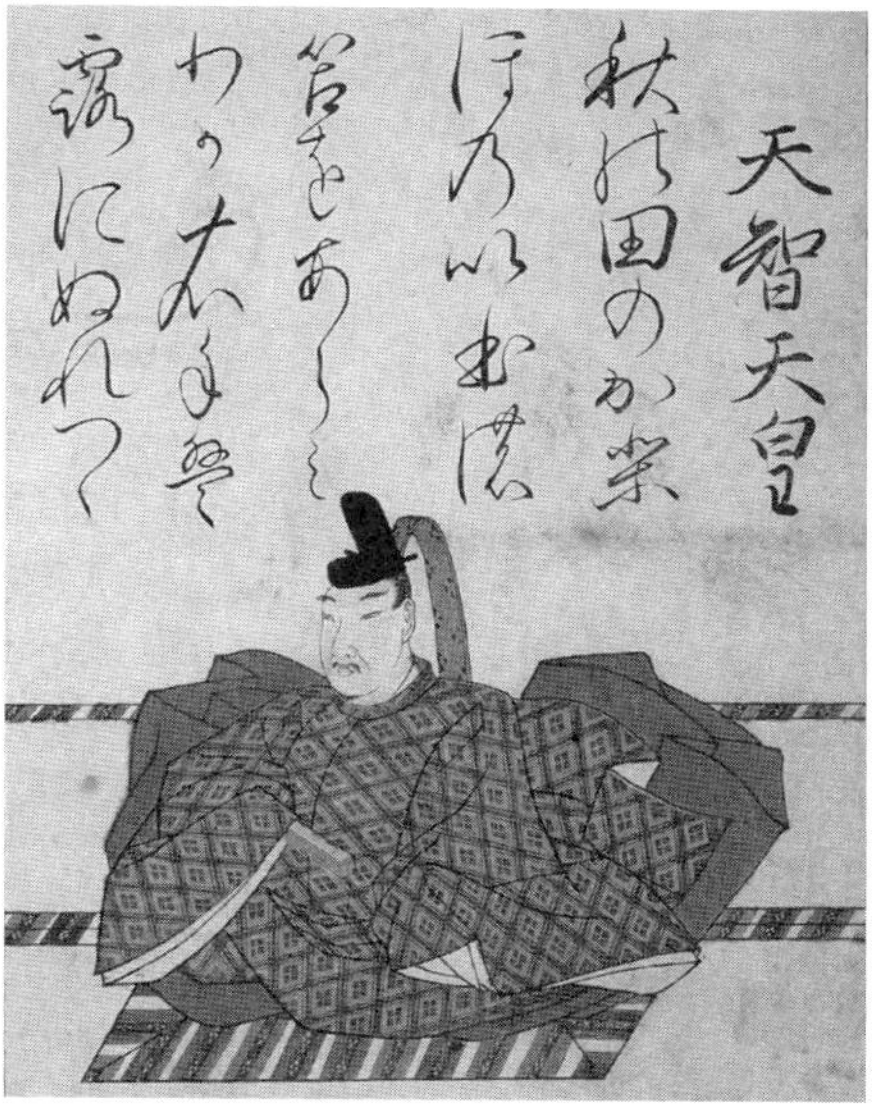

『百人一首』に描かれた天智天皇。「秋の田の」の上の句で知られる歌番号1の御製歌は、文人天皇の才能がいかんなく発揮された名歌である。だが、詠み人知らずの歌が、後世に天智天皇作とされたという説もある（御製歌は左参照／京都府立総合資料館蔵）。

御製歌

秋の田の　仮庵《かりほ》の庵《いほ》の　苫《とま》を粗《あら》み
我が衣手は　露にぬれつつ

天智天皇が詠んだと伝えられる歌。「秋の田のそばにつくられた仮小屋に泊まったが、屋根をふいた苫の目があらいので、隙間からしたたり落ちる夜露が私の着物の袖をすっかり濡らしてしまっている」

けた。

しかし、663（天智天皇2）年、日本軍は、朝鮮半島の白村江《はくそんこう》での戦いで、唐《とう》・新羅《しらぎ》の連合軍に大敗を喫し、友好国の百済《くだら》は滅亡。中大兄《なかのおおえ》皇子は、亡命百済《くだら》貴族とともに全軍を朝鮮から引き揚げさせた。そして国内各地に朝鮮式山城《やまじろ》を築くなどして国防強化をはかった。合わせて内政の充実もはかり、唐をモデルとした法体系をそなえた律《りつ》令《りょう》制国家の礎《いしずえ》を築いた。

667（天智天皇6）年、都を飛鳥《あすか》から近江《おうみ》の大津に遷《うつ》し、その翌年、ようやく即位して第38代・天智《てんじ》天皇となった。当初は弟の大海人《おおあま》皇子（のちの第40代・天武《てんむ》天皇）と良好な関係にあったが、晩年は疎遠となり、大海人《おおあま》皇子は政権の中枢からは外されている。そして即位してからわずか3年後、天智天皇は46歳で病没した。

古代史上最大の内乱を制する

第40代 天武天皇

てんむてんのう●生没年:?~686年　在位:673~686年

壬申の乱に大勝して即位し天皇中心の古代国家体制を確立した

「紙本著色武蔵寺縁起(しほんちゃくしょくぶぞうじえんぎ)」に描かれた「壬申(じんしん)の乱の大和の戦い」。右が大海人(おおあま)皇子方、左が大友方。この戦いでは大友方が優勢だったが、大海人(おおあま)皇子方は近江瀬田橋の戦い(左頁)で大勝して大友方を打ち破った(部分/武蔵寺蔵/筑紫野市歴史博物館保管)。

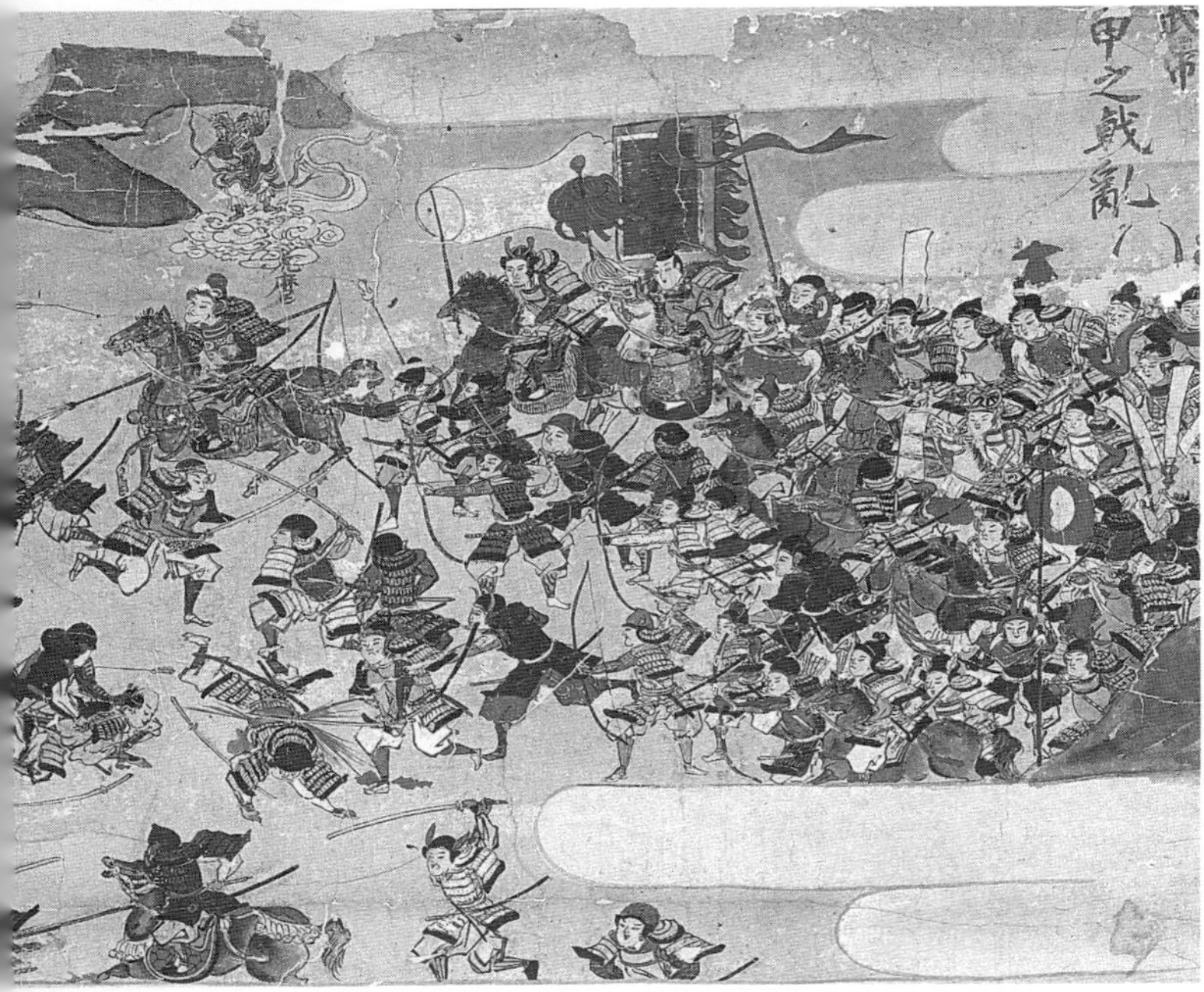

天武《てんむ》天皇は第38代・天智《てんじ》天皇の弟で、即位前は大海人《おおあま》皇子といった。天智天皇の娘・鸕野讃良皇女《うののさららのひめみこ》(のちの第41代・持統《じとう》天皇)を妻とし、668(天智天皇7)年に兄が天皇となると皇太弟《こうたいてい》として支えた。天智天皇に反目して、一時、都が置かれた近江《おうみ》から奈良の吉野に逃れたが、天智天皇が崩御《ほうぎょ》した翌年の672(天武天皇元)年、近江《おうみ》に残っていた天智天皇の長子・大友《おおとも》皇子と皇位継承を争って戦いを起こした。約1カ月におよんだこの日本古代史上最大の内乱を、壬申《じんしん》の乱という。

壬申の乱の経緯を、『日本書紀《にほんしょき》』はおおむね次のように記している。672(天武天皇元)年5月、吉野の大海人皇子のもとに「近江朝廷(大友皇子側)が兵を集めている」「道筋に監視人がいて、吉野へ食糧を運ぶのを妨害している」などといった報《しら》せが届いた。

「紙本著色武蔵寺縁起(しほんちゃくしょくぶぞうじえんぎ)」に描かれた「壬申(じんしん)の乱の近江瀬田橋の戦い」。美濃国野上(岐阜県関ヶ原)に本拠を置いて東国の豪族を味方につけた大海人(おおあま)皇子方は、近江瀬田橋の戦いで大勝して、大和(やまと)の飛鳥に帰り天武天皇として即位した。左は現在の瀬田橋。瀬田の唐橋の名で知られ日本三名橋の一つに数えられる(部分/武蔵寺蔵/筑紫野市歴史博物館保管)。

すると大海人《おおあま》皇子は身の危険を感じて挙兵を決意。吉野を脱出して東国へ向かい、兵員を集めて東下した。そして7月、ついに大海人《おおあま》皇子軍と近江朝廷軍は大和《やまと》、近江《おうみ》、河内《かわち》などの各所で衝突し、戦いが始まった。

一時は近江《おうみ》側が優勢だったが、やがて大海人《おおあま》側が形勢を挽回《ばんかい》し、7月22日には琵琶《びわ》湖から流れる瀬田川《せたがわ》付近での戦いで近江《おうみ》側の主力軍を破り、川を渡って近江《おうみ》の都である大津宮《おおつのみや》に向かった。これで勝敗は決し、大友皇子は自殺、近江側の高官は捕らえられた。

なお、『日本書紀』は大友皇子が天皇に即位したとは記していないが、「本当は父・天智天皇の崩御後に即位していた」とする説が古くからあった。そのため明治時代になってから歴代天皇に含められることになり、「弘文《こうぶん》天皇」の名が贈られている。

飛鳥浄御原宮（あすかのきよみはらのみや）跡（奈良県明日香村）の復元遺構。694（持統天皇8）年、藤原京に遷都されるまで、天武天皇と持統天皇の2代が中央集権を強化した宮である。

672年8月、大海人皇子《おおあま》は大和の飛鳥《あすか》に帰り、新たな都として飛鳥浄御《あすかのきよみ》原宮《はらのみや》を造営し、翌年に即位して第40代・天武天皇となった。壬申《じんしん》の乱で大勝利を収めたことで、天武天皇の権威と権力は絶大となった。そして、天武天皇は大臣《おおおみ》を置かずに皇族のみで行う皇親《こうしん》政治に徹し、重要な改革を行った。

まず、八色《やくさ》の姓《かばね》を制定した。これは氏族や豪族の家格のレベルを表すために、8種類の姓（一種の称号）を定め、身分秩序を整備したものである。

次に律令《りつりょう》を編纂《へんさん》した。律は刑法、令は行政法などに相当するもので、律令といえば古代国家の基本法典をさす。古代中国にルーツをもち、天武天皇はこれをモデルとして、国家統治のための体系的な法典として「飛鳥浄御原律《あすかのきよみはらのりつ》令《りょう》」を編纂《へんさん》させた（ただし令だけで、律はなかったとする説がある）。

飛鳥

ここがスゴイ！ 天武天皇

❶天智《てんじ》天皇の弟で、天智天皇の娘（のちの持統《じとう》天皇）を妻とした。
❷天智天皇の長子・大友《おおとも》皇子と皇位継承を争い、日本古代史上最大の内乱壬申《じんしん》の乱で大勝して天皇となる。
❸飛鳥《あすか》に都を戻し、皇族のみで行う皇《こう》親《しん》政治を推進した。
❹八色《やくさ》の姓《かばね》を制定して貴族・豪族の身分秩序を整備した。
❺唐《とう》をモデルに基本法典体系として律《りつ》令《りょう》を編纂《へんさん》した。
❻史書の編纂《へんさん》を命じた。
❼伊勢神宮《いせじんぐう》や神道的な祭祀《さいし》を重視して、天皇の宗教的権威を高めた。

龍田大社（奈良県三郷町）の手筒花火。同社の創建は崇神（すじん）天皇の勅願と伝えられるが、『日本書紀』には天武天皇が風の神などを祀（まつ）らせたと記される。同社で行われている祭祀（さいし）・風鎮大祭でこの花火が風神に奉納されている。

御製歌

むらさきの　にほへる妹《いも》を　憎くあらば
人づまゆゑに　吾《われ》恋ひめやも

天武天皇（大海人《おおあま》皇子）が額田王《ぬかたのおおきみ》に向けて詠んだ歌。『万葉集』巻1に収録。「あなたが紫草のようにあまりに美しいので、人妻だというのに、私はあなたをこんなに恋しがってしまう」

また、歴史編纂《へんさん》事業も後世に残る業績となった。史書の編纂《へんさん》を命じ、日本の神話・歴史を文献に残そうとしたのだ。その成果として『古事記』『日本書紀』が8世紀に完成した。

外交面を見ると、この頃、朝鮮半島では新羅《しらぎ》が唐《とう》と対立して優勢となり、唐《とう》勢力を排除して半島を統一していた。そのため、天武天皇は新羅《しらぎ》と緊密な関係をもつことを選び、唐《とう》との関係は疎遠になった。このほかに、伊勢神宮や神道的な祭祀《さいし》を重視して天皇の宗教的権威も高め、天皇専制・中央集権国家の統治システムの構築を多面的に推進している。

しかし、686（朱鳥元《しゅちょう》）年、天武天皇は重い病に臥《ふ》し、病気平癒《へいゆ》を祈念する神事や仏事がしきりに行われたが、その甲斐《かい》もなく、古代国家確立の道半ばで崩御《ほうぎょ》している。

律令制の完成と藤原京の造営

第41代 持統天皇

じとうてんのう●生没年：645～702年　在位：690～697年

夫・天武天皇の没後に即位し律令国家の完成に取り組んだ

約1km四方の規模があった藤原京の宮殿跡に再現された礎石。『日本書紀』には、新益京（あらましのみやこ）と記され、碁盤の目状に整備された唐風の都であった。藤原宮跡の背後には持統天皇の和歌などで歌われた天香久山（香具山）が横たわる。

もとの名を鸕野讃良皇女《うののさららのひめみこ》といい、第38代・天智《てんじ》天皇の第2皇女として生まれた。13歳で叔父にあたる大海人《おおあま》皇子の妃となり、草壁《くさかべ》皇子を生んだ。

天智天皇の崩御《ほうぎょ》後に生じた、甥《おい》の大《おお》友《とも》皇子と夫の大海人《おおあま》皇子とが皇位継承をめぐって争った壬申《じんしん》の乱（672〈天武天皇元〉年）では、草壁皇子とともに夫に従った。大海人《おおあま》皇子が戦いに勝利して翌年に第40代・天武《てんむ》天皇となると、皇后となった。

686（朱鳥《しゅちょう》元）年に天武天皇が崩御すると、称制《しょうせい》を行い、皇后の地位のまま臨時に政務を執った。そして、足かけ3年に及んだ天武天皇の荘重な葬儀を草壁皇子とともに指揮している。

ところが、皇太子であった草壁皇子は生来病弱で、天武天皇の葬儀が終了した翌年の689（持統天皇3）年、28歳で死去してしまう。このとき、草

ここがスゴイ! 持統天皇

❶天智《てんじ》天皇の娘で、天武《てんむ》天皇の皇后だったが、夫の没後、皇太子が急逝したことで天皇となった。
❷父や夫の遺志を継ぎ、律令《りつりょう》制度の完成に努めた。
❸古代中国の都城《とじょう》をモデルとして藤原《ふじわら》京を造営して遷都《せんと》した。
❹孫の文武《もんむ》天皇に譲位してからも後見役を務めた。

『百人一首』に描かれた持統天皇。左の『万葉集』と異なり、『百人一首』の歌番号2では、「春過ぎて　夏来にけらし　白妙の　衣ほすてふ　天の香具山」と平安時代の好みに合わせて語調が書き換えられている(御製歌内容は左参照/京都府立総合資料館蔵)。

飛鳥

御製歌

春過ぎて
夏来《きた》るらし
白たへの　衣ほしたり
天の香具山《かぐやま》

持統天皇が藤原宮の東方にそびえる香具山を詠んだ歌で、『万葉集』巻1に収録。「春が過ぎて、夏が来たらしい。真っ白な衣が天の香具山に干してあるよ」

壁皇子の跡継ぎである軽《かる》皇子は、まだわずか7歳だった。そのため、690(持統天皇4)年、皇后が正式に天皇に即位し、持統天皇となった。即位後は、父・天智、夫・天武らが目指した律令《りつりょう》制度の完成に努めた。

694(持統天皇8)年には、古代中国の都城《とじょう》をモデルとした藤原京《ふじわらきょう》(奈良県橿原《かしはら》市)に遷都《せんと》した。藤原京は朱《す》雀大路《ざくおおじ》をはじめとする道路によって碁盤の目のように整然と区画された本格的な計画都市で、また、従来は都(宮)は原則として天皇ごとに移転していたが、藤原京は何代もの天皇が使用できる前提で造営されていた。

697(文武《もんむ》天皇元)年、持統天皇はようやく孫の軽皇子(第42代・文武天皇)に譲位。上皇(太上《だいじょう》天皇)の称を用いたのは持統天皇が最初とされる。5年後に没し、夫の眠る檜隈大内《ひのくまのおおうち》陵(奈良県明日香村)に合葬された。

大宝律令を制定する

第42代 文武天皇

もんむてんのう●生没年：683～707年　在位：697～707年

律令国家体制を確固にし領土を広げて遣唐使を再開させた

高松塚古墳の南東約200m にある文武天皇陵（奈良県明日香村）。直径約28m、高さ約2m の円墳で塚穴古墳と呼ばれてきた。

草壁《くさかべ》皇子の第2子で、母は第38代・天智《てんじ》天皇皇女の阿閇皇女《あへのひめみこ》（のちの第43代・元明《げんめい》天皇）。また、天智《てんじ》天皇、天武《てんむ》天皇・持統《じとう》天皇夫妻の孫にあたる。幼時は軽《かる》皇子といい、7歳で父の草壁皇子を亡くすが、祖母の持統天皇の寵愛《ちょうあい》を受けて育った。当時は皇位継承の有力候補者として、天武天皇の皇子で太政大臣《だいじょうだいじん》の高市《たけち》皇子がいたが、696（持統天皇10）年に43歳で亡くなってしまう。するとその翌年の697（文武天皇元）年、持統天皇は15歳の軽皇子に譲位し、文武《もんむ》天皇が誕生した。

文武天皇は天智天皇の側近だった中《なか》臣《とみの》（藤原）鎌足《かまたり》の長子・藤原不比等《ふひと》の娘・宮子《みやこ》を妻とし、首《おびと》皇子（のちの第45代・聖武《しょうむ》天皇）をもうけた。そして、持統上皇や不比等《ふひと》らに支えられながら、藤原京で政務を執った。

最大の実績は『大宝律令《たいほうりつりょう》』の編纂《へんさん》で、

ここがスゴイ! 文武天皇

❶父・草壁皇子《くさかべ》が夭折《ようせつ》したため、祖母・持統天皇の寵愛《ちょうあい》を受けて育つ。
❷持統天皇から譲位されて、15歳で即位。
❸『大宝律令《たいほうりつりょう》』を完成させて施行した。
❹領土を拡大させ、唐《とう》との国交を再開した。

文武天皇が藤原京に建立した大官大寺跡の碑。平城宮遷都後、大官大寺は平城京に移転して現在の大安寺となった。

文武天皇の皇后となった藤原宮子像（和歌山県御坊〈ごぼう〉市）。御坊市などには、漁師の家に生まれて海女（あま）をしていた宮子が文武天皇に見初（みそ）められ、藤原氏の養女となったあと、天皇に嫁いだという宮子姫伝説が残る。

御製歌

み吉野の　山のあらしの
寒けくに　はたや今夜《こよひ》も　我《あ》がひとり寝む

文武天皇が詠んだとされる歌。『万葉集』巻1に収録。「吉野の嵐の風は寒いのに、ああまた今夜も私はひとりで寝るのだろうか」

不比等《ふひと》や刑部《おさかべ》親王らが中心となって行われ、701（大宝元）年に完成し、翌年にかけて施行された。これにより、天智天皇以来念願だった、律令国家体制がようやく完成した。

そのほかの政治的業績としては、698（文武天皇2）年に南西諸島に使者を派遣して領土の拡大を行ったこと、702（大宝2）年に薩摩《さつま》・種子島《たねがしま》を征討したことなどが挙げられる。また、天武天皇以来約30年にわたって途絶えていた唐《とう》との国交を再開させ、遣唐使《けんとうし》が再び派遣されている。しかし、父と同じく虚弱体質であったのか、25歳の若さで崩御《ほうぎょ》している。

文武天皇の時代、藤原京《ふじわらきょう》に大官大寺《だいかんだいじ》という巨大寺院が完成している。ここでは国家的な仏教行事が行われ、高さ100メートル近い九重塔《くじゅうのとう》が建っていたと推測されている。

平城京への遷都を行った

第43代 元明天皇

げんめいてんのう●生没年：661～721年　在位：707～715年

夭折した息子の跡を継いで即位し『古事記』を完成させた女性天皇

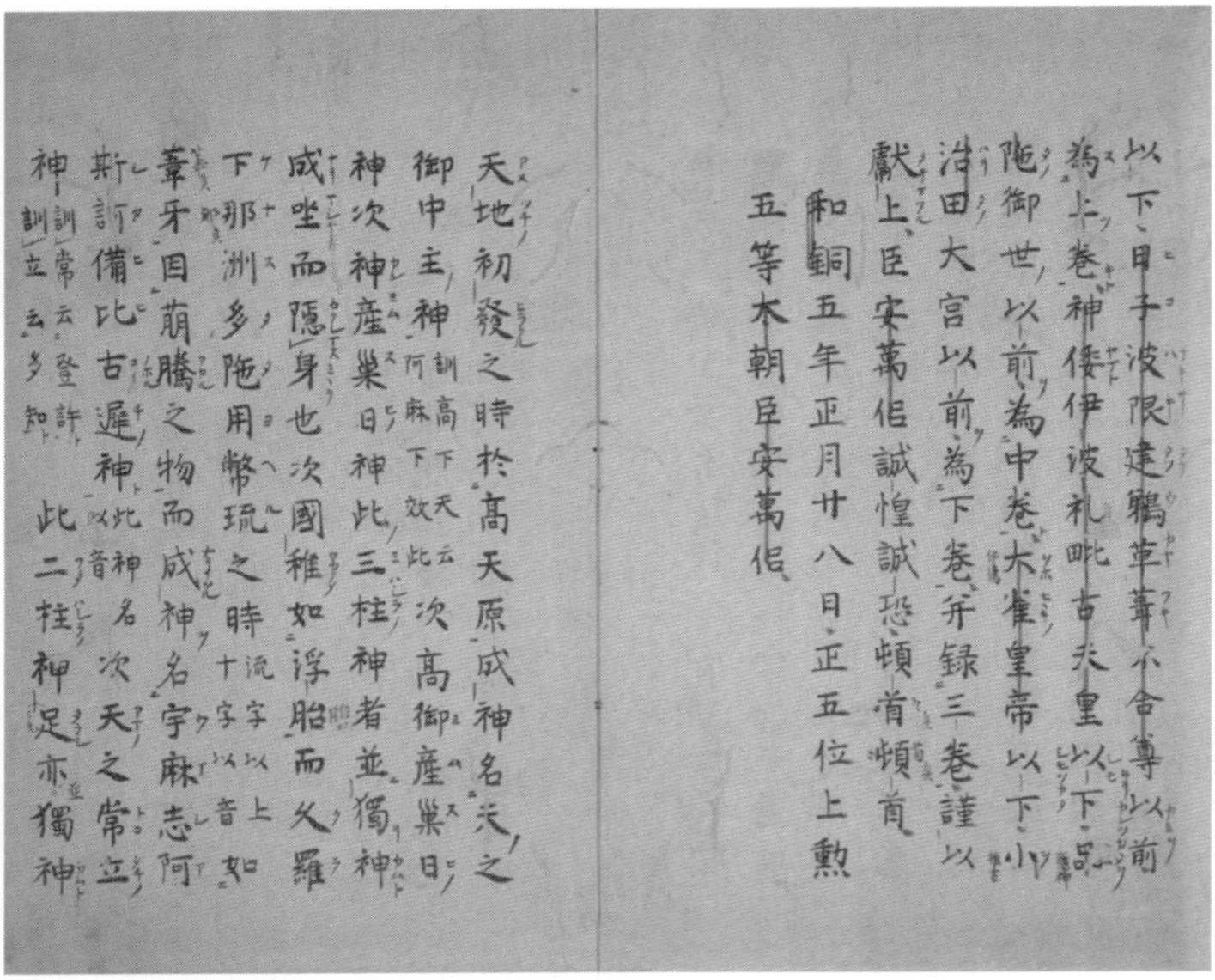
以下日子波限建鵜草葺不合尊以前
為上巻神倭伊波礼毗古天皇以下品
陀御世以前為中巻大雀皇帝以下小
治田大宮以前為下巻并録三巻謹以
獻上臣安萬侶誠惶誠恐頓首頓首
和銅五年正月廿八日正五位上勲
五等太朝臣安萬侶

天地初發之時於高天原成神名天之
御中主神訓高下天云阿麻下效此次高御産巣日
神次神産巣日神此三柱神者並獨神
成坐而隠身也次國稚如浮脂而久羅
下那州多陀用幣琉之時流字以上十字以音如
葦牙因萌騰之物而成神名宇麻志阿
斯訶備比古遅神此神名以音次天之常立
神訓常云登許訓立云多知此二柱神亦獨神

「天地初發之時 於高天原（あめつちのはじめにおこりたるとき たかまがはらにおいて）」で始まる『古事記』の写本中津本『古事記』。「右古事記三冊以林崎文庫被写畢校正文政二年八月十八日藤原広昵」の奥書がある（京都大学附属図書館蔵）。

もとの名を阿閇皇女《あへのひめみこ》という。第38代・天智《てんじ》天皇の第4皇女。従兄弟にあたる草壁《くさかべ》皇子の妃《きさき》となり、軽《かる》皇子（のちの第42代・文武《もんむ》天皇）、氷高内親王《ひだかないしんのう》（のちの第44代・元正《げんしょう》天皇）らを生んだ。

夫の草壁は若くして亡くなり、子の文武天皇も707（慶雲《けいうん》4）年に25歳で崩御《ほうぎょ》したため、文武《もんむ》天皇の遺志にしたがって即位し、元明《げんめい》天皇となった。皇后ではない女性、しかも先帝の母親が即位するというのは異例だったが、これは文武天皇の遺児・首《おびと》皇子（のちの第45代・聖武《しょうむ》天皇）への皇位継承を意識した、中継ぎ的な即位であった。

708（和銅《わどう》元）年、銀銭・銅銭として和同開珎《わどうかいちん》を鋳造させ、各地で流通させた。710（和銅3）年には都を藤原京《ふじわらきょう》から平城京《へいじょうきょう》に遷《うつ》した。藤原京がわずか16年という短命で終わってしまったことについては、遷都を政治的に

毎年、平城宮跡で開催されている平城京天平祭では、元明天皇に扮(ふん)した女性(壇上中央の白装束)が行う儀式「平城遷都之詔(へいじょうせんとのみことのり)」がハイライトとなる。

ここがスゴイ! 元明天皇

❶孫の聖武《しょうむ》天皇が成長するまでの中継ぎ役として即位した。
❷都を藤原京《ふじわらきょう》から平城京《へいじょうきょう》に遷《うつ》した。
❸太安万侶《おおのやすまろ》に命じて『古事記《こじき》』を編纂《へんさん》させた。
❹地誌『風土記《ふどき》』の編纂《へんさん》を諸国に命じた。

御製歌

ますらをの　鞆《とも》の音すなり
もののふの　大臣《おほまへつきみ》
楯立つらしも

元明天皇が即位儀礼の際に詠んだ歌。『万葉集』巻1に収録。「武人たちの鞆(革製の防具)の音が聞こえる。(軍事を司った)物部氏が楯を立て威儀をただしているらしい」

利用しようとする側近の藤原不比等《ふひと》の思惑のほかに、人工都市として汚物やゴミの処理が不完全だったために、疫《えき》病《びょう》の蔓延《まんえん》を防げなかったことも要因として考えられている。

また、太安万侶《おおのやすまろ》に日本の神話・歴史を集成した『古事記《こじき》』の最終的な編纂《へんさん》を命じ、712(和銅5)年1月、『古事記』が完成し献上された。翌713(和銅6)年には、諸国の風土・伝説などを記す地誌として『風土記《ふどき》』の編《へん》纂《さん》を諸国に命じている。

ただし、元明天皇の治政には、首皇《おびと》子の外祖父《がいそふ》でもある不比等《ふひと》が深く関わっていたといわれている。

714(和銅7)年には首皇《おびと》子を皇太子としていたが、まだ首皇《おびと》子は幼少だったため、715(霊亀《れいき》元)年に娘の氷高《ひだか》内親王(第44代・元正天皇)に譲位した。

『日本書紀』を完成させる

第44代 元正天皇

げんしょうてんのう●生没年：680～748年　在位：715～724年

三世一身法を制定して開墾を奨励し
譲位後も力をもった女性天皇

元正天皇の勅願により行基(ぎょうき)が開山したと伝えられる金光明山(こんこうみょうざん)光明寺(静岡県浜松市)は、今川家、徳川家の庇護(ひご)も受けた名刹で、写真の大黒殿には日本最大級の大黒天が祀(まつ)られる。1931(昭和6)年に焼失(現在、光明寺跡に石垣などが残る)。その後、再建された。

もとの名を氷高《ひだか》内親王という。父は草壁《くさかべ》皇子、母は元明《げんめい》天皇で、第42代・文武《もんむ》天皇の姉にあたる。天武《てんむ》・持統《じとう》天皇夫妻の直系の孫娘であり、当然、有力な皇子たちが結婚相手の候補にあがったと考えられるが、生涯を独身で通している。

弟の文武《もんむ》天皇が707（慶雲《けいうん》4）年に亡くなると、母が元明天皇として即位。文武の子の首《おびと》皇子（のちの第45代・聖武《しょうむ》天皇）が皇太子に立てられたが、715（霊亀《れいき》元）年に第43代・元明天皇が譲位すると、当時首《おびと》皇子はまだ15歳と若年であったため、また皇位継承候補者として有力なほかの天武系の皇子を抑えるために、氷高内親王が即位して元正《げんしょう》天皇となった。元明天皇と同じく、首《おびと》皇子に皇位をつなげるための、中継ぎ的な役割の即位だった。

在位中の出来事としては、718（養

円照寺（奈良県奈良市）に建立されている元正天皇の歌碑。万葉歌「あしひきの山行きしかば山人の我に得しめし山つとぞこれ」が刻まれる。「山道を行くと、たまたま出会った山人が私にくれた土産物なのですよ。これは」の意味で、これに対して天武天皇の皇子・舎人（とねり）親王が「あしひきの山に行きけむ山人の心も知らず山人や誰」と和した歌を残している。「美しい仙女様であられる陛下が、山へ行かれたとおっしゃりますが、どうしてでしょう。陛下のいう山人とは誰のことでしょう」の意味。

ここがスゴイ！ 元正天皇

❶元明《げんめい》天皇の娘、文武《もんむ》天皇の姉で、生涯を独身で通す。
❷母と同じく、聖武《しょうむ》天皇までの中継ぎ的な形で天皇に即位する。
❸『養老律令《ようろうりつりょう》』『日本書紀《にほんしょき》』を完成させる。
❹三世一身《さんぜいっしん》の法を制定して土地の私有化を許容し、開墾《かいこん》を奨励した。
❺聖武天皇に譲位後も上皇として権力をもち続けた。

御製歌

橘《たちばな》の　とをの橘　八つ代にも
我《あれ》は忘れじ　この橘を

公卿《くぎょう》の橘諸兄《たちばなのもろえ》が催した宴で元正天皇が詠んだ歌。『万葉集』巻18に収録。「めでたい橘の中でも、枝がたわわに実ったこの橘を、いつの代までも私は忘れはしないだろう、この橘を」

老2）年の藤原不比等《ふひと》らによる『養老《ようろう》律令《りつりょう》』編纂《へんさん》、720（養老《ようろう》4）年の『日本書紀《にほんしょき》』の完成などがある。

また、農地の開発が奨励され、723（養老7）年には三世一身《さんぜいっしん》の法が制定された。これは、新たに用水を設けて開墾した者には3代（本人・子・孫、または子・孫・曽孫《ひまご》）にわたって、また、既設の用水を利用して開墾した者には本人1代にかぎり、開墾地の私有を認めるというものだ。ただし、この制度は土地の私有化の増大を許容したため、公地主義を原則とする律令制度を形骸化させるきっかけの一つになったともいわれている。

724（神亀《じんき》元）年、元正天皇は在位9年で譲位。首《おびと》皇子が即位して第45代・聖武天皇となるが、元正上皇は譲位後も聖武天皇の後見として朝廷に隠然たる力をもち続けた。

東大寺大仏を造立する

第45代

聖武天皇

しょうむてんのう●生没年：701～756年　在位：724～749年

仏教に帰依して鎮護国家に努め奈良時代の黄金期をもたらす

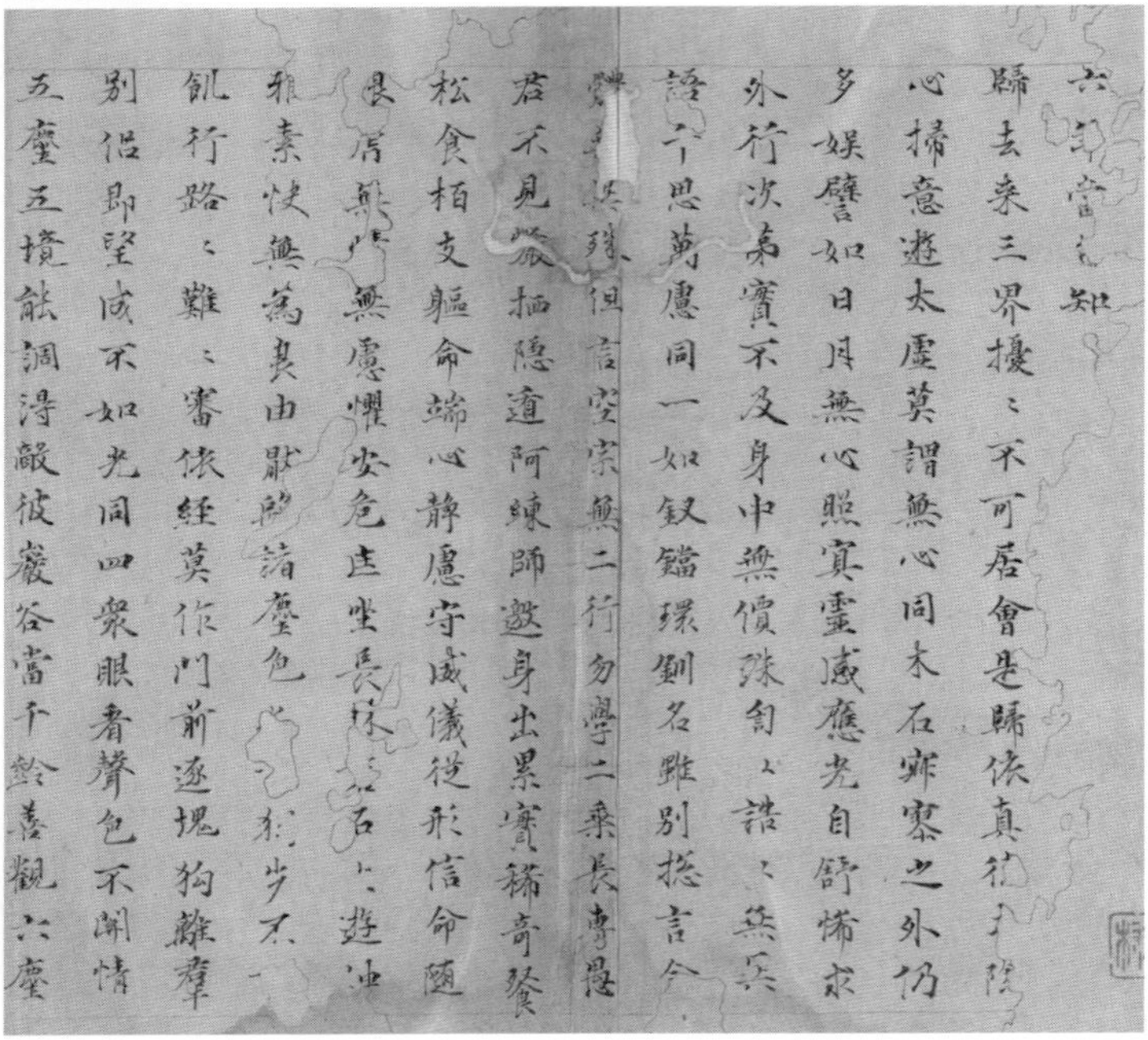

聖武天皇は夫人の光明皇后とともに能書家として知られた。写真は国学者・小杉榲邨（こすぎすぎむら）が臨書した「聖武天皇宸翰雑集（しんかんざっしゅう）」。この作品の原本は仏教の詩文約140首を抄録した正倉院御物である（部分／国立国会図書館蔵）。

もとの名は首皇子《おびと》という。第42代・文武《もんむ》天皇の第1皇子で、母は藤原不比等《ふひと》の娘・宮子《みやこ》。文武天皇崩御《ほうぎょ》後は、祖母の第43代・元明《げんめい》天皇、伯母の第44代・元正《げんしょう》天皇が即位した。首皇子《おびと》はその間の714（和銅7）年、14歳で皇太子となり、716（霊亀《れいき》2）年、不比等《ふひと》と後妻の娘・安宿媛《あすかべのひめ》（光明子《こうみょうし》）を妻に迎えた。724（神亀《じんき》元）年、24歳のときに即位して第45代・聖武《しょうむ》天皇となった。このときすでに不比等《ふひと》も元明上皇も亡くなっていた。

729（天平《てんぴょう》元）年、朝廷を揺るがす長屋王《ながやおう》の変が起きた。第40代・天武《てんむ》天皇の孫で実力者だった長屋王について「謀反《むほん》を企てている」という密告があり、本人を糾問《きゅうもん》したところ、自殺してしまったのだ。実はこれは、長屋王排除をもくろむ藤原氏がしかけた冤罪《えんざい》だった。この後、藤原氏出身の安宿媛《あすかべのひめ》

ここがスゴイ！聖武天皇

❶文武《もんむ》天皇の皇子で、藤原不比等《ふひと》の娘（のちの光明《こうみょう》皇后）を妻とした。
❷聖武天皇が在位した天平《てんぴょう》時代（729~749年）を中心に、唐《とう》文化を取り入れた独自の文化が発展。優れた仏教美術などが生まれた天平文化が花開いた。
❸一時、平城京《へいじょうきょう》を放棄して、遷都《せんと》を繰り返した。
❹仏教に深く帰依《きえ》し、諸国に国分寺《こくぶんじ》を建てさせ、東大寺に大仏を建立し、仏教によって国を守る鎮護国家《ちんごこっか》を実践した。
❺退位すると出家し、「三宝《さんぼう》（仏とその教えと僧のこと）の奴《やっこ》」と称した。

奈良

御製歌

あをによし　奈良の山なる
黒木もち　造れる室《ひろ》は
座せど飽かぬかも

長屋王宅で催された宴で聖武天皇が詠んだ歌。『万葉集』巻8に収録。「奈良山にあった黒木で造ったこの室は、いつまでいても飽きない」

鎮護国家とは？

仏教には国に安寧《あんねい》と繁栄をもたらす力があるとし、これを庇護《ひご》することで、国家基盤の安定を図ろうとする考え。飛鳥時代には聖徳太子が、奈良時代には聖武天皇が実践。代表的な仏教施設には東大寺をはじめ、京都の東寺や西寺などがある。全国に建立された国分寺（国分僧寺と国分尼寺）も国家安穏・五穀豊熟を念願して、聖武天皇が発願したもの。国分僧寺は東大寺が総国分寺で、国分尼寺は法華寺が総国分尼寺であった。隆盛は奈良～平安中期までで、平安時代末までには衰退した。

国の史跡となっている武蔵国分寺跡（東京都国分寺市）。寺域は東西約1.5km、南北約1kmあった。

は皇后となる。これが光明皇后である。

その後、災害や異変がたびたび起き、また疫病が流行すると、聖武天皇は仏教に帰依《きえ》するようになった。さらに740（天平12）年に九州で藤原広嗣《ひろつぐ》の乱が起きると、平城京《へいじょうきょう》を放棄して恭仁京《くにきょう》（京都府木津川市）、難波京《なにわきょう》（大阪府大阪市）、紫香楽宮《しがらきのみや》（滋賀県甲賀市）へと遷都《せんと》を繰り返し、745（天平17）年に結局、平城京に戻っている。この間に諸国国分寺《こくぶんじ》の建立や大仏造立《ぞうりゅう》を命じる詔《みことのり》を出し、平城京帰還後、大仏はすでにあった東大寺に造立されることになった。

749（天平感宝《てんぴょうかんぽう》元）年、聖武天皇は自身を「三宝《さんぼう》の奴《やっこ》」と称し、娘の第46代・孝謙《こうけん》天皇に譲位して出家した。東大寺大仏が完成し盛大な開眼供養会《かいげんくようえ》が行われたのが752（天平勝宝《てんぴょうしょうほう》4）年。大仏は、仏教によって国を守ろうという鎮護国家《ちんごこっか》思想の象徴であった。

朝廷の混乱期に2度即位した

第46代 孝謙天皇 第48代 称徳天皇

こうけんてんのう／しょうとくてんのう●生没年：718～770年　在位：749～758年／764～770年

仏教に深く帰依するが僧・道鏡を重用して争乱を招く

もとの名を阿倍《あべ》内親王という。第45代・聖武《しょうむ》天皇の第1皇女で、母は光明《こうみょう》皇后。阿倍内親王が生まれたあと、聖武天皇と光明皇后の間に皇子が生まれたが、わずか2歳で亡くなる。そのため阿倍内親王が後継候補となり、738（天平《てんぴょう》10）年、21歳のときに皇太子となった。女性の皇太子はこれが史上初である。そして749（天平勝宝《てんぴょうしょうほう》元）年、父・聖武天皇から譲位されて、第46代・孝謙《こうけん》天皇となった。

即位にともない、皇后から皇太后《こうたいごう》になった光明皇后のために紫微中台《しびちゅうだい》という役所を新設。この紫微中台の長官に就任したのは、光明皇后の寵臣《ちょうしん》だった藤原仲麻呂《なかまろ》で、孝謙天皇の治政は、母の光明皇太后と従兄の藤原仲麻呂の2人が仕切ることになった。ちなみに、孝謙天皇は生涯独身を通している。

752（天平勝宝4）年には、父で

孝謙天皇が揮毫(きごう)したとされる唐招提寺の勅額(ちょくがく)。もともとは講堂に掲げられていたとされ、王羲之(おうぎし)風の行書が美しい。重要文化財で、奈良時代の勅額で伝存するのは東大寺西大門の勅額とこれのみである。

御製歌

この里は　継ぎて霜や置く
夏の野に　我が見し草は
もみちたりけり

孝謙天皇が藤原仲麻呂の家を訪ねた折に詠んだとされる歌。『万葉集』巻19に収録。「この里は霜が降り続くのですね。夏の野で見た草はすっかり黄葉しています」

奈良盆地の北西部にある佐紀高塚古墳(奈良県奈良市)は、全長約127mの前方後円墳で孝謙天皇陵とされる。

ある第45代・聖武天皇が発願《ほつがん》した東大寺大仏造立《ぞうりゅう》が完了し、盛大な大仏開眼《かいげん》供養会《くようえ》が営まれた。2年後には、東大寺大仏殿前に築かれた戒壇《かいだん》で、唐《とう》から招かれた僧・鑑真《がんじん》を戒師《かいし》として、聖武・光明とともに菩薩戒《ぼさつかい》を受け、仏教徒としての姿勢を明確にしている。

756(天平勝宝《てんぴょうしょうほう》8)年に聖武上皇が没すると、その遺命で天武《てんむ》天皇の第7皇子である新田部《にいたべ》親王の子・道祖王《ふなどおう》が皇太子に立てられた。だが翌年、孝謙天皇は、その言動に問題が多いとして道祖王《ふなどおう》を皇太子から外す。代わりに皇太子に立てられたのが、天武天皇の第3皇子・舎人《とねり》親王の子で、藤原仲麻呂と親密だった、大炊王《おおいおう》である。

758(天平宝字《てんぴょうほうじ》2)年、41歳の孝謙天皇は大炊王に譲位して上皇になり、大炊王は第47代・淳仁《じゅんにん》天皇となった。しかし、内実は藤原仲麻呂の操り

藤原仲麻呂の反乱平定を祈願して孝謙天皇の勅願によって造営された西大寺(奈良県奈良市)。創建は765(天平神護元)年で、広大な敷地に百数十もの伽藍(がらん)が立ち並ぶ大寺院であった。写真は1502(文亀2)年に焼失した東塔跡。

人形で、藤原仲麻呂は恵美押勝《えみのおしかつ》という姓名を賜り権勢を強めた。

一方、光明皇太后が亡くなると、孝謙上皇と淳仁天皇の間に不和が生じ、孝謙上皇が僧の道鏡《どうきょう》を寵愛《ちょうあい》することを淳仁天皇が非難すると、孝謙上皇は激怒して淳仁天皇から実権を奪い取ってしまった。

淳仁天皇と結んでいた藤原仲麻呂は孝謙上皇に対して反乱を企《たくら》んだが、露見して孝謙上皇の兵に追われ、764(天平宝字《てんぴょうほうじ》8)年、一族ともども殺害された。恵美押勝《えみのおしかつ》の乱である。淳仁天皇も藤原仲麻呂との共謀を疑われ、皇位を剥奪されて淡路に流されている。

その結果、孝謙上皇が再び即位することになり、第48代・称徳《しょうとく》天皇となった(退位した天皇が再び皇位につくことを重祚《ちょうそ》という)。すると称徳天皇はますます道鏡を重用するようになっていく。

ここがスゴイ！ 孝謙（称徳）天皇

❶女性として史上初めて皇太子となった。
❷唐《とう》から渡来した鑑真《がんじん》から受戒《じゅかい》し、熱心な仏教徒となった。
❸いったん淳仁《じゅんにん》天皇に譲位して上皇になるが、恵美押勝《えみのおしかつ》の乱が起きるとこれを鎮圧し、淳仁天皇を廃位して、自らが再び即位して称徳天皇となり、国政を取り仕切った。
❹僧の道鏡《どうきょう》を重用して政治を行った（道鏡は皇位につくことをねらったが、称徳天皇が崩御《ほうぎょ》すると失脚した）。

道鏡は下野薬師寺（しもつけやくしじ）（栃木県下野市）に左遷されて、同地で没した。茨城県小美玉（おみたま）市竹原に招かれて移り住んだこともあるとされる。小美玉市の椿山稲荷神社には道鏡法皇祠が残る（写真）。ここには孝謙天皇からの拝領物を収めた岩窟権現が復元されている。

道鏡の野望を挫いた和気清麻呂の像（東京都千代田区）。清麻呂は鹿児島に流されたが、道鏡失脚で復職。平安遷都などで活躍した。

道鏡は祈祷《きとう》に優れ、病床にあった上皇時代の称徳天皇に秘法を用いて効験《こうけん》があったとされたことから、信頼を得て宮中に登用されていた。上皇が重祚《ちょうそ》すると道鏡は太政大臣禅師《だいじょうだいじんぜんじ》に任じられ、766（天平神護《てんぴょうじんご》2）年には法王となった。法王とは、世俗の王である天皇に対して、仏法の王という意味である。

769（神護景雲《じんごけいうん》3）年、「道鏡を皇位につかせれば天下は泰平になる」という九州の宇佐八幡宮《うさはちまんぐう》の神託《しんたく》の真偽を確認するために、和気清麻呂《わけのきよまろ》を宇佐に遣わしたところ、「皇族ではない人間を皇位につけてはいけない」という真逆の神託が伝えられて事態は混乱。そうこうするうちに称徳天皇は病にかかって他界。後ろ盾を失った道鏡はこれを機に失脚し、下野薬師寺《しもつけやくしじ》（栃木県下野市）に左遷《させん》されている。

●第35代・皇極《こうぎょく》天皇　生没年：594～661年、在位：642～645年／もとの名を宝皇女《たからのひめみこ》という。第30代・敏達《びだつ》天皇の孫・茅渟王《ちぬのおおきみ》を父、第29代・欽明《きんめい》天皇の孫・吉備《きび》姫王《ひめのおおきみ》を母とする。第34代・舒明《じょめい》天皇の皇后となり、中大兄《なかのおおえ》皇子（のちの天智《てんじ》天皇）、間人皇女《はしひとのひめみこ》（孝徳《こうとく》天皇の皇后）、大海人《おおあま》皇子（のちの天武《てんむ》天皇）を生んだ。

641（舒明《じょめい》天皇13）年に天皇が崩御《ほうぎょ》すると、翌年、即位して皇極天皇となった。中大兄《なかのおおえ》皇子・山背大兄王《やましろのおおえのおう》・古人大兄《ふるひとのおおえ》皇子ら、有力皇族間の皇位継承争いを避けるために、あえて皇后が即位することになったと見られる。飛鳥板蓋宮《あすかのいたぶきのみや》（奈良県明日香村）を造営した。

前代に引き続いて蘇我蝦夷《そがのえみし》が大臣《おおおみ》を務めたが、息子の入鹿《いるか》とともにしだいに専横《せんおう》な振る舞いを見せ、古人大兄《ふるひとのおおえ》皇子を皇位につけることをねらって、入鹿が皇嗣《こうし》の有力候補だった山背大兄王《やましろのおおえのおう》を急襲して葬り去る、という事件が発生した。こうした動きに対抗し、645（大化元）年、中臣鎌足《なかとみのかまたり》と中大兄《なかのおおえ》皇子らは乙巳《いっし》の変を起こして蘇我《そがの》蝦夷《えみし》・入鹿父子を討ち、蘇我《そが》氏本家を滅ぼした。これを機に皇極天皇は皇位を弟の軽《かる》皇子（第36代・孝徳天皇）に譲った。皇位の譲位はこれが初例とされている。

だが、654（白雉《はくち》5）年に孝徳天皇が崩御すると、翌年再び即位して第37代・斉《さい》明《めい》天皇となった。斉明天皇は大規模な土木事業を好んで命じたといわれている。661（斉明天皇7）年、朝鮮半島の百済《くだら》を救援するために中大兄《なかのおおえ》皇子らとともに出陣して筑紫《ちくし》（九州北部）に赴いたが、病にかかり、朝倉橘広庭宮《あさくらのたちばなのひろにわのみや》（福岡県朝倉市）で急逝した。

●第37代・斉明《さいめい》天皇　在位：655～661年／皇極天皇の重祚《ちょうそ》。

●第39代・弘文《こうぶん》天皇　生没年：648～672年、在位：671～672年／もとの名を大友《おおとも》皇子といい、父は第38代・天智天皇、母は伊賀采女宅子娘《いがのうねめのやかこのいらつめ》。671（天智天皇10）年、近江《おうみ》の大津宮《おおつのみや》で太政大臣《だいじょうだいじん》に任じられ、近江朝廷の有力後継候補となる。しかし、同年に天智天皇が崩御すると、翌年、吉野に逃れていた叔父・大海人《おおあま》皇子（後の第40代・天武天皇）が挙兵して壬申《じんしん》の乱が勃発。近江の大友軍はこの戦いに敗れ、25歳の大友皇子は大津の山前《やまさき》で縊死《いし》した。『日本書紀』は大友皇子の即位を記していないが、大友皇子の詩を収める『懐風藻《かいふうそう》』は彼が皇太子になったと記し、『水鏡《みずかがみ》』『扶桑略記《ふそうりゃっき》』など平安時代の史料には、天智没後、皇位を継いだと記すものもある。

　こうしたこともあって、大友皇子は実際には天皇に即位したが、彼に対立して勝利した天武天皇の皇子・舎人《とねり》親王によって編まれた『日本書紀』が意図的にその記述を省いた、とする見方が江戸時代以降、強まった。そして、ついに1870（明治3）年になって「弘文天皇」と追号《ついごう》され、正式に歴代天皇に含められることになった。

●第47代・淳仁《じゅんにん》天皇　生没年：733〜765年、在位：758〜764年／もとの名を大炊王《おおいおう》といい、父は舎人《とねり》親王（第40代・天武天皇の第3皇子）、母は当麻山背《たいまのやましろ》。第46代・孝謙《こうけん》天皇の皇太子道祖王《ふなどおう》（天武天皇の第7皇子新田部《にいたべ》親王の子）が素行に問題ありとして廃されてしまうと、当時の朝廷を掌握していた藤原仲麻呂《ふじわらのなかまろ》の後押しで、26歳のときに孝謙天皇の譲位を受けて即位し、淳仁天皇となった。

　ところが、淳仁天皇と譲位した孝謙上皇とのあいだにはしだいに隙間風が吹きはじめた。孝謙が僧の道鏡《どうきょう》を寵愛《ちょうあい》したことが原因で、やがて両者の対立は決定的となり、762（天平宝字《てんぴょうほうじ》6）年、孝謙は「国家の大事と賞罰は朕《ちん》（孝謙）が行う」と宣して、淳仁からすべての実権を奪い取ってしまった。

　一方、仲麻呂（恵美押勝《えみのおしかつ》）はこれによっ

て自分の地位が危うくなることを恐れ、764（天平宝字8）年に謀反《むほん》を企てたが、まもなく発覚したため、近江《おうみ》へ逃亡。逃亡先で天武天皇の孫にあたる塩焼王《しおやきおう》を新帝に擁立しようとはかったが、結局、孝謙側の軍に敗れて捕らえられ、一族ともども殺害された（恵美押勝《えみのおしかつ》の乱）。

仲麻呂を後ろ盾としていた淳仁天皇も共謀を疑われて捕らえられ、孝謙によって皇位を剥奪されたうえ、淡路島に流されてしまった。皇位は孝謙上皇の手に戻され、再び即位して第48代・称徳《しょうとく》天皇となった。

翌年、淳仁は配所から逃亡を試みるが、捕らえられ、翌日に亡くなった。殺害されたとする説もある。淳仁天皇は配所にちなんで淡路廃帝《あわじはいてい》とも称される。

●第49代・光仁《こうにん》天皇　生没年：709〜781年、在位：770〜781年／もとの名を白壁王《しらかべおう》といい、父は第38代・天智《てんじ》天皇の皇子施基《しき》親王、母は紀氏の橡姫《とちひめ》。766（天平神護《てんぴょうじんご》2）年に大納言《だいなごん》となるが、皇位継承をめぐる政争に巻き込まれるのをきらって、暗愚《あんぐ》を装ったといわれる。

ところが、770（宝亀《ほうき》元）年、独身で皇子女がなく、また皇太子を定めないまま第48代・称徳《しょうとく》天皇が亡くなると、重臣たちが集まって皇嗣《こうし》を決めるための会議が開かれた。その結果、称徳の後継と決まったのが白壁王だった。白壁王は当時62歳とすでに高齢だったが、もともと白壁王と良好な関係をもっていた藤原永手《ふじわらのながて》・百川《ももかわ》ら藤原氏の有力政治家が、その擁立を画策したと推測されている。

天智天皇の孫にあたる白壁王が即位して第49代・光仁天皇となったことで、皇統はこれまでの天武系から天智系に転換。光仁天皇は藤原氏に支えられて寺社統制・官制改革などを実行したが、781（天応《てんおう》元）年、病気のため山部《やまべ》親王（第50代・桓武《かんむ》天皇）に譲位し、その年の暮れに亡くなった。

第4章

天皇は歴史の主役

親政・摂関・院政時代の天皇

71頁へ

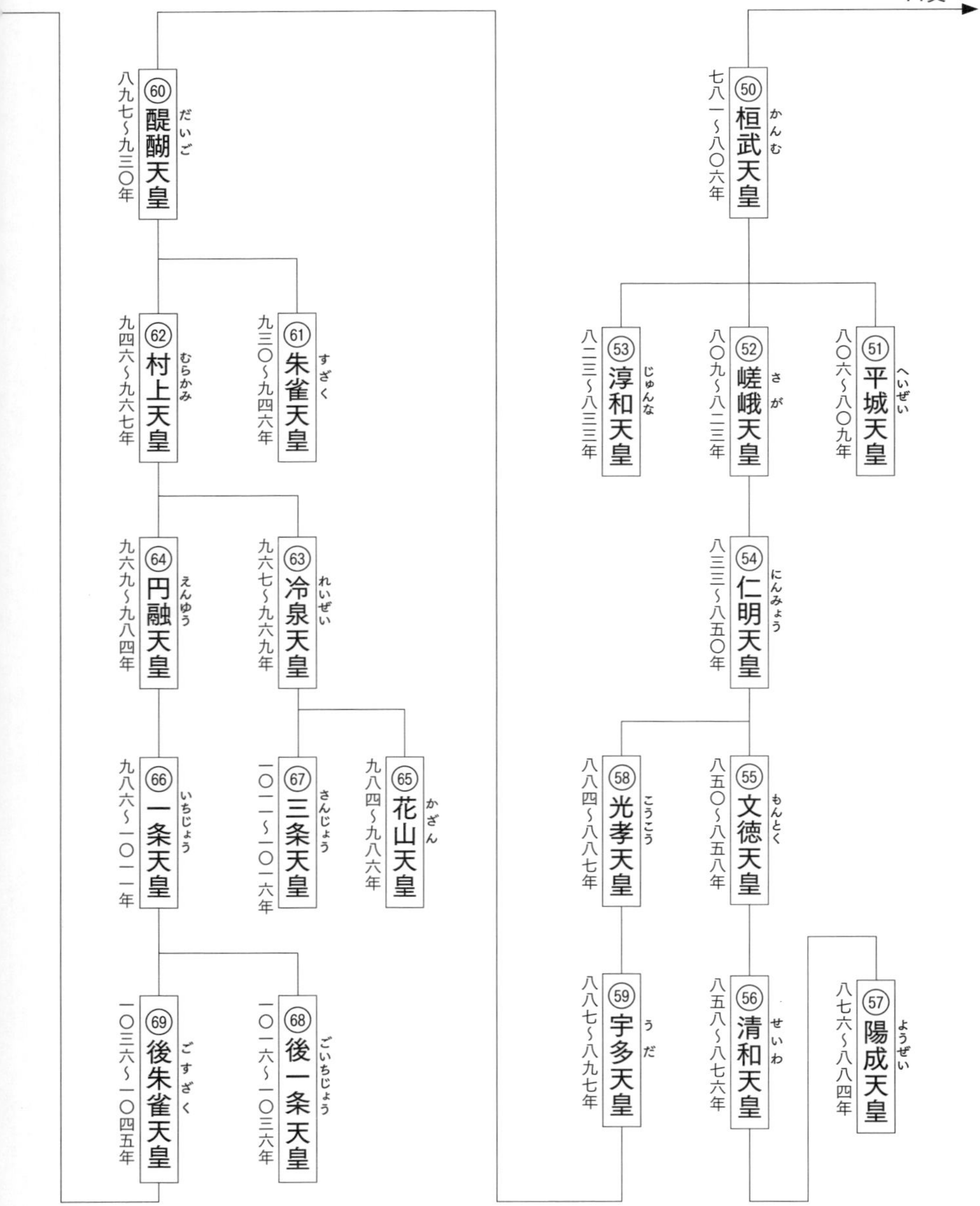

50 桓武《かんむ》天皇 七八一～八〇六年
51 平城《へいぜい》天皇 八〇六～八〇九年
52 嵯峨《さが》天皇 八〇九～八二三年
53 淳和《じゅんな》天皇 八二三～八三三年
54 仁明《にんみょう》天皇 八三三～八五〇年
55 文徳《もんとく》天皇 八五〇～八五八年
58 光孝《こうこう》天皇 八八四～八八七年
56 清和《せいわ》天皇 八五八～八七六年
57 陽成《ようぜい》天皇 八七六～八八四年
59 宇多《うだ》天皇 八八七～八九七年
60 醍醐《だいご》天皇 八九七～九三〇年
61 朱雀《すざく》天皇 九三〇～九四六年
62 村上《むらかみ》天皇 九四六～九六七年
63 冷泉《れいぜい》天皇 九六七～九六九年
64 円融《えんゆう》天皇 九六九～九八四年
65 花山《かざん》天皇 九八四～九八六年
67 三条《さんじょう》天皇 一〇一一～一〇一六年
66 一条《いちじょう》天皇 九八六～一〇一一年
68 後一条《ごいちじょう》天皇 一〇一六～一〇三六年
69 後朱雀《ごすざく》天皇 一〇三六～一〇四五年

※系図は皇統譜に基づく宮内庁公式サイトに準拠。
※西暦は在位年で、丸数字は代数。

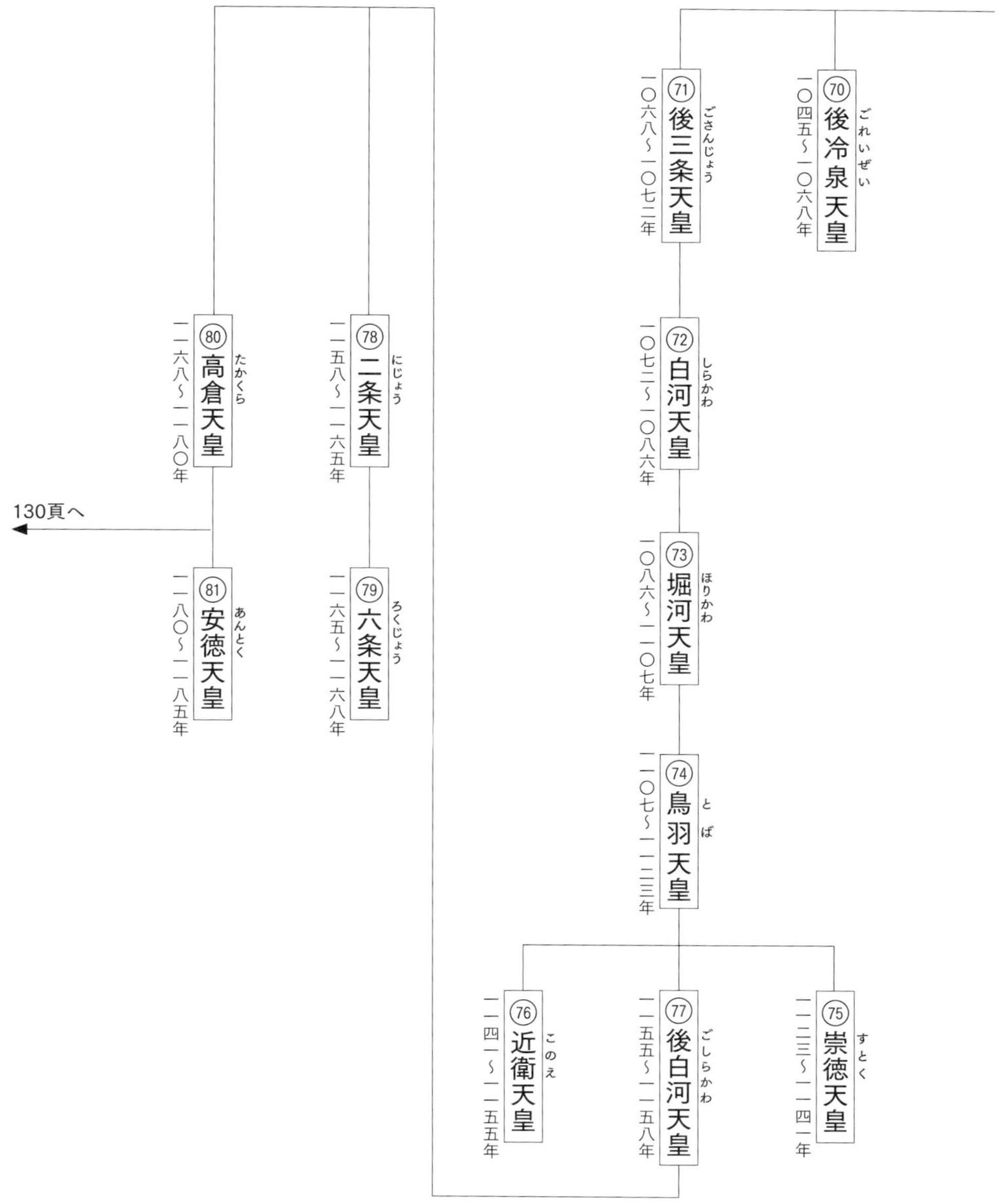

平安京遷都と蝦夷討伐

第50代 桓武天皇

かんむてんのう●生没年：737～806年　在位：781～806年

不安定な政情を打破するために遷都を行った平安時代最初の天皇

「長岡京鳥瞰（ちょうかん）図」に描かれた桓武天皇の長岡京。京都盆地の南西部に位置し、造営地は東西約4.3㎞、南北約5.3㎞。平城京よりも大きな都であった（向日〈むこう〉市埋蔵文化財センター蔵）。

もとの名を山部《やまべ》親王という。第49代・光仁《こうにん》天皇の長子で、百済《くだら》系渡来人《とらいじん》の高《たか》野新笠《のにいがさ》を母とする。

当初、光仁天皇は、第45代・聖武《しょうむ》天皇皇女の井上《いのうえ》皇后との間に生まれた他《おさ》戸《べ》親王を皇太子としていた。ところが、772（宝亀《ほうき》3）年、井上皇后が他戸《おさべ》皇太子の早期即位を願い、天皇を呪詛《じゅそ》しているという疑惑が生じ、皇后・皇太子ともに廃されてしまった。これを受けて翌年、新たに皇太子に立てられたのが山部親王だった。

そして781（天応《てんおう》元）年、45歳のとき、高齢の光仁天皇（当時73歳）から譲位されて即位し、桓武《かんむ》天皇となり、弟の早良《さわら》親王を皇太子に立てた。

だがその後、凶作や疫病の流行に見舞われるなどして世情が不穏になったため、782年に元号を延暦《えんりゃく》と改元し、784（延暦《えんりゃく》3）年には平城京《へいじょうきょう》から長《なが》

ここがスゴイ！ 桓武天皇

❶母親は百済《くだら》系渡来人《とらいじん》の出で、当初は皇位に就く予定がなかったが、有力候補が失脚したため、皇太子になった。
❷都を平城京《へいじょうきょう》から長岡京《ながおかきょう》に遷《うつ》した。
❸弟で皇太子だった早良《さわら》親王を、天皇側近の暗殺事件の黒幕として逮捕させたが、早良親王が絶食死すると、その怨霊《おんりょう》を恐れるようになり、長岡京を放棄して平安京《へいあんきょう》に遷都《せんと》した。
❹坂上田村麻呂《さかのうえのたむらまろ》を征夷大将軍《せいいたいしょうぐん》に任命し、蝦夷《えみし》（東北）征討を行わせた。

早良（さわら）親王の祟（たた）りを恐れて、長岡京遷都後わずか10年で、再び遷都を決意した桓武天皇肖像（模写／東京大学史料編纂所蔵）。

岡京《おかきょう》（京都府長岡京市付近）への遷都《せんと》を行った。

しかし785（延暦《えんりゃく》4）年、天皇の信任が篤《あつ》かった公卿《くぎょう》の藤原種継《たねつぐ》が長岡京で暗殺されるという事件が発生。捜査が行われたところ、実行犯の黒幕として逮捕されたのは早良《さわら》親王だった。この事件で早良《さわら》親王は皇太子を廃され、淡路への移送の途中、絶食死してしまう。するとその後、天皇の近親者の不幸・急死が相次いだ。天皇はこれを早良《さわら》親王の怨霊《おんりょう》の祟《たた》りによるものと信じて恐れ、人心の一新をはかるべく、再び遷都を決断。794（延暦《えんりゃく》13）年、完成目前だった長岡京を放棄して、都は平安京《へいあんきょう》に遷《うつ》された。

桓武天皇の事績には、遷都のほかに蝦夷《えみし》（東北）征討があり、797（延《えん》暦《りゃく》16）年、坂上田村麻呂《さかのうえのたむらまろ》を征夷大将軍《せいいたいしょうぐん》に任命し、長期遠征を行わせている。

弘仁・貞観文化を花開かせた

第52代 嵯峨天皇

さがてんのう●生没年:786年～842年　在位:809～823年

嵯峨天皇によって真言密教の聖地となった東寺(京都市南区)。シンボルの五重塔は高さ約55mで、木造建築では日本一の高さを誇る。

日本三筆に数えられる書の達人で唐風文化を定着させた〝文人天皇〟

第52代・嵯峨《さが》天皇の最大の功績は、平安京を舞台に唐風《からふう》文化を興隆させたことにある。この文化は第56代・清和《せいわ》天皇(在位:858~876年)の時代まで続いたことから、両天皇が在位した時代の年号を取って弘仁《こうにん》・貞観《じょうがん》文化と呼ばれる。

弘仁《こうにん》・貞観《じょうがん》文化は、遣唐使《けんとうし》によってもたらされた中国大陸の文化を発展させたもので、任官や昇任には漢詩文の素養が重んじられた。これは文芸を振興することで国家の安泰を図る「文章《もんじょう》経国《けいこく》」政策といわれるもので、『凌雲《りょううん》集《しゅう》』『文華秀麗集《ぶんかしゅうれいしゅう》』などの勅撰《ちょくせん》漢詩文集が編まれた。

嵯峨天皇自身も漢詩に秀でた書の達人で、空海《くうかい》、橘逸勢《たちばなのはやなり》とともに日本三筆に数えられ、宸筆《しんぴつ》「光定戒牒《こうじょうかいちょう》」は国宝に指定されている。文章経国《もんじょうけいこく》政策の下では、仏教文化も発展した。最《さい》

ここがスゴイ! 嵯峨天皇

❶天皇・上皇として30年以上も強力なリーダーシップを発揮した。

❷国家運営の“法律”である律令を補完する法令集「格式《きゃくしき》」を再編成し、「弘仁格式《こうにんきゃくしき》」をまとめた（「三大格式《きゃくしき》」の一つ）。

❸蔵人頭《くろうどのとう》を置いて朝廷の機密漏洩《ろうえい》を防ぎ、京都の治安維持を図るため、警察権と裁判権を併せ持つ検非違使《けびいし》を設けた。

❹弘仁《こうにん》・貞観《じょうがん》文化を主導し、勅撰《ちょくせん》漢詩文集『凌雲集《りょううんしゅう》』『文華秀麗集《ぶんかしゅうれいしゅう》』などを編ませた。

❺雄渾《ゆうこん》かつ流麗な筆致の書を残して、日本三筆の一人に数えられる。

❻歴代天皇のなかで最多となる50人（皇子23人、皇女27人）の子をもうけた。

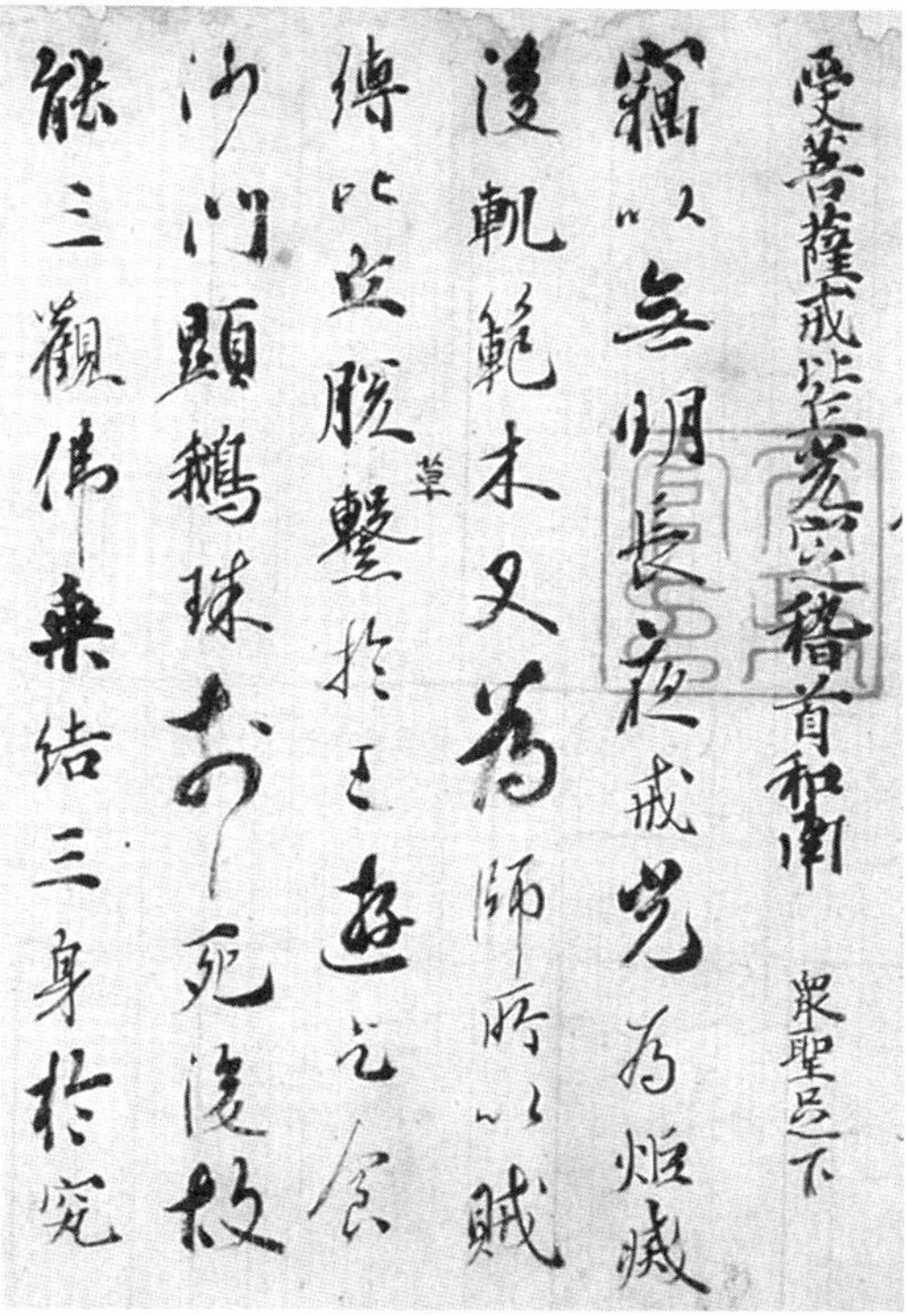

嵯峨（さが）天皇の手紙「光定戒牒（こうじょうかいちょう）」。嵯峨天皇は空海の書風を受け継ぎ、独自の境地を拓（ひら）いた。本状は最澄（さいちょう）の弟子・光定に宛てた書状で国宝（部分／延暦寺蔵）。

澄《ちょう》・空海《くうかい》が唐からもたらした天台宗・真言宗の影響を受けたもので、曼荼羅《まんだら》などの仏画や、一木造《いちぼくづく》りの技法を用いた仏像が製作されるようになった。

最澄《さいちょう》はそれまで東大寺（奈良県奈良市）だけが行っていた僧の授戒《じゅかい》（仏門に入る儀式の一つ）を、自らが建立した天台宗の拠点・比叡山延暦寺《ひえいざんえんりゃくじ》（滋賀県大津市）で行えるよう、嵯峨《さが》天皇に訴え続け、822（弘仁《こうにん》13）年6月、最澄《さいちょう》の死から7日後に許可された。

一方、空海は高野山金剛峰寺《こうやさんこんごうぶじ》（和歌山県高野町）を建立し、密教である真言宗の道場とした。密教は秘密の教義を伝承して悟りを開こうとする教えで、嵯峨《さが》天皇は823（弘仁14）年、平安京に国家鎮護の官寺として建てられていた東寺《とうじ》（京都市南区）を空海に与えた。以降、東寺は真言密教の道場として隆盛を誇った。

摂関政治の始まり

第56代 清和天皇

せいわてんのう●生没年：850～880年　在位：858～876年

『大日本歴史錦絵』の「源氏元祖」として勇壮に描かれた清和天皇（国立国会図書館蔵）。

1歳で皇太子となり9歳で即位
武家の名門、清和源氏の祖となった

もとの名を惟仁《これひと》親王という。第55代・文徳《もんとく》天皇の第4皇子で、藤原良房《よしふさ》の娘・明子《めいし》を母にもつ。文徳天皇は当初、第1皇子の惟喬《これたか》親王（母は紀静子《きのせいし》）を皇太子に望んでいた。だが、惟仁《これひと》親王が誕生すると、その外祖父《がいそふ》で朝廷の実力者だった藤原良房の働きかけで、生後1年もたたないうちに惟仁親王が皇太子に立てられている。

858（天安《てんあん》2）年、文徳天皇が32歳で病没すると、惟仁《これひと》親王が即位し、第56代・清和天皇となった。

だが、清和天皇はこのときわずか9歳で、もとより政務を執ることはできなかった。従来、このような幼少の親王が即位することはなかった。そこで、外祖父であり、かつ太政大臣《だいじょうだいじん》という要職にあった良房が天皇の職務を代行することになった。これが、人臣《じんしん》（非皇族）による摂政《せっしょう》の、事実上の始まりと

ここがスゴイ! 清和天皇

❶1歳で皇太子になり、9歳で天皇に即位した。

❷幼少だったため、外祖父の藤原良房《よしふさ》が摂政《せっしょう》となって政務を代行した。

❸文人派能吏の貴族を政界から追放し、藤原氏が権力をさらに強めた。

❹子孫が臣籍降下《しんせきこうか》して源氏《げんじ》となり、源頼朝《みなもとのよりとも》らを輩出する清和源氏の祖となった。

摂政・関白とは

幼少の天皇を後見して、天皇の職務を代行する人を摂政《せっしょう》という。古くは神功《じんぐう》皇后や聖徳太子が摂政になった例が知られるが、皇族以外が摂政に就いたのは、藤原良房《よしふさ》が初例。一方、元服《げんぷく》後の天皇を代理・補佐する人を関白《かんぱく》といい、良房の養子の藤原基経《もとつね》が最初。

八坂神社(京都市東山区)の祭礼・祇園祭(ぎおんまつり)は869(貞観〈じょうがん〉11)年、清和天皇の時代に朝廷が天変地異を鎮めるために行った御霊会(ごりょうえ)を起源とする。石清水(いわしみず)八幡宮(京都府八幡市)の石清水(いわしみず)祭、法輪寺(京都市西京区)の十三まいりなど清和天皇ゆかりの祭事は多く伝わる。

されている。

清和天皇の治世の初期は大きな事件は起きず、表向きは平穏だったが、866(貞観《じょうがん》8)年、平安京大内裏《へいあんきょうだいだいり》の応《おう》天門《てんもん》が炎上したことに端を発する大疑獄事件、応天門の変が起きた。当初は左大臣《さだいじん》・源信《みなもとのまこと》に放火の嫌疑がかけられたが、のちに大納言《だいなごん》・伴善男《とものよしお》が告発されて犯人と認定され、流罪《るざい》となった。この事件の背景には、嵯峨源氏《さがげんじ》の一派(源信ら)、伴《とも》氏の一派(旧大伴《おおとも》氏)、藤原氏の複雑な政治的対立があったといわれる。事件の収拾に動いた良房は天皇からますます信任され、正式に摂《せっ》政《しょう》に任じられ、のちの藤原氏による摂関政治の基礎がここに築かれた。

876(貞観《じょうがん》18)年、天皇は27歳で陽成《ようぜい》天皇に譲位し、880(元慶《がんぎょう》4)年、31歳で没。源頼朝《みなもとのよりとも》らを出した清和源《せいわげん》氏《じ》の祖としても知られる。

菅原道真の怨霊に苦しんだ

第60代 醍醐天皇

だいごてんのう●生没年：885 ~ 930年　在位：897~ 930年

摂政・関白を置かずに親政を行い『延喜式』『古今和歌集』を編纂させた

醍醐天皇肖像（模写／東京大学史料編纂所蔵）。

第59代・宇多《うだ》天皇の第1皇子で、13歳のときに父の譲位を受けて即位した。第60代・醍醐《だいご》天皇の治政は後年、第62代・村上《むらかみ》天皇と合わせて「延喜《えんぎ》・天暦《てんりゃく》の治《ち》」と呼ばれ、摂政《せっしょう》・関白《かんぱく》を置かずに藤原氏の勢力を排し、天皇親政《しんせい》の形をとって理想的な王朝政治を行ったと讃美された。しかし、実際には醍醐《だいご》天皇はさまざまなトラブルに見舞われ、政情は必ずしも安定していない。

即位当初、醍醐《だいご》天皇は父・宇多上皇の教えにしたがって、藤原時平《ときひら》と菅原《すがわらの》道真《みちざね》を重用《ちょうよう》して親政にあたった。その後、時平は左大臣《さだいじん》、道真《みちざね》は右大臣《うだいじん》にまで登りつめ、政権はこのツートップが取り仕切ることになった。

ところが901（延喜《えんぎ》元年）年、道《みち》真《ざね》は突如、九州の大宰府《だざいふ》に左遷《させん》され、朝廷から追放される。これは政権の独占をねらう藤原氏の策謀で、「道真《みちざね》が

ここがスゴイ! 醍醐天皇

❶摂政《せっしょう》・関白《かんぱく》を置かずに天皇自ら政治を行い、後世、延喜《えんぎ》の治《ち》と呼ばれて讃美された。

❷学者の菅原道真《すがわらのみちざね》を重用《ちょうよう》して右大臣《うだいじん》にまで昇進させた。

❸荘園《しょうえん》整理令を出して、貴族の私有地拡大を抑制した。

❹国家的事業として『日本三代実録《にほんさんだいじつろく》』『延喜式《えんぎしき》』『古今和歌集《こきんわかしゅう》』などを編纂《へんさん》させた。

❺晩年、九州の大宰府《だざいふ》に左遷《させん》されて亡くなった菅原道真《すがわらのみちざね》の怨霊《おんりょう》を恐れるようになり、病に臥《ふ》して譲位した。

御製歌

紫の　色に心は　あらねども
深くぞ人を　思ひそめつる

醍醐天皇が藤原伊衡《ふじわらのこれひら》の娘に向けて詠んだ歌で、『新古今和歌集』巻11に収録される。「私の心は紫の染料の色ではないのだけれども、その深い色のように、深くあなたを思いはじめている」

『てんじんき』に描かれた菅原道真の怨霊。雷神となって内裏清涼殿(だいりせいりょうでん)を襲っている。菅原道真は学問の神様として北野天満宮などに祀(まつ)られているが、その亡霊は平将門、崇徳院(すとくいん)とともに日本三大怨霊に数えられている(部分／国立国会図書館蔵)。

謀反《むほん》を企んでいる」という偽情報を流して、政敵を失脚させたのだった。

その後、醍醐《だいご》天皇は荘園《しょうえん》整理令を出して有力貴族たちの土地私有化拡大の動きに歯止めをかけ、朝廷の権威・権力の維持に努めた。

しかし、９０３（延喜３）年に道真が失意のうちに大宰府《だざいふ》で死去すると、時平や皇太子が亡くなるなど都に異変が続いた。人々はこれを怨霊《おんりょう》となった道真《みちざね》の仕打ちととらえたが、その最たるものは９３０（延長《えんちょう》８）年６月の内《だい》裏清涼殿《りせいりょうでん》への落雷で、複数の死者が出た。醍醐《だいご》天皇は大きなショックを受けて病床《びょうしょう》に臥《ふ》し、９月には朱雀《すざく》天皇に譲位したが、ほどなく亡くなった。

なお、醍醐《だいご》天皇のほかの事績としては、国家的事業として行われた『日本《にほん》三代実録《さんだいじつろく》』『延喜式《えんぎしき》』の編纂《へんさん》や『古今《こきん》和歌集《わかしゅう》』の勅撰《ちょくせん》などもある。

平安文化を開花させた

第62代 村上天皇

むらかみてんのう●生没年：926～967年　在位：946～967年

醍醐天皇に続いて天皇親政を実現 貴族文化の中心で存在感を発揮した

琵琶（びわ）が巧みであった村上天皇の霊が、琵琶の名人・藤原師長（もろなが）に演奏の奥義を伝えたという伝承が残る村上帝社（兵庫県神戸市）。境内には師長（もろなが）が琵琶の名器・獅子丸（ししまる）を埋めたといわれる琵琶塚も残る。

第60代・醍醐《だいご》天皇の第14皇子。母が正妃（中宮／藤原穏子《おんし》）だったことから重んじられ、跡継ぎの皇子が不在だった第61代・朱雀《すざく》天皇に代わり、21歳のときに譲位を受けて即位した。

朱雀《すざく》天皇の時代は、関東で平将門《たいらのまさかど》が、瀬戸内海で藤原純友《すみとも》が反乱を起こすなどの大波乱があった。しかし、村上天皇の時代は表だった動乱も起きずに平穏に推移し、即位の3年後に関白・藤原忠平《ただひら》が死ぬと、自らの意向で関白を置かず、天皇の親政《しんせい》が実現した。

このため醍醐《だいご》天皇の時代の延喜《えんぎ》の治《ち》とならび、後世、天暦《てんりゃく》の治《ち》として理想化された。つまり、摂政・関白家に権力を独占されることなく、天皇を中心としたあるべき公家社会が実現されたというわけである。

村上天皇は醍醐《だいご》天皇にならって勅《ちょく》撰《せん》『後撰和歌集《ごせんわかしゅう》』を編纂《へんさん》し、左右2組

ここがスゴイ! 村上天皇

❶関白を置かず、親政を実現。醍醐《だいご》天皇の延喜《えんぎ》の治《ち》とならび天暦《てんりゃく》の治《ち》として理想化された。

❷『後撰和歌集《ごせんわかしゅう》』を編纂《へんさん》。国家的イベントとして、天徳内裏歌合《てんとくのだいりうたあわせ》を実施。

❸歌壇を庇護し、歌道《かどう》の発展に尽くした大スポンサーであった。

❹『栄花物語《えいがものがたり》』では理想の天皇として、後世に伝えられる。

❺官女（女御《にょうご》、御息所《みやすんどころ》など）に才女がそろい、天皇は分け隔てなく寵愛《ちょうあい》し、かつ円満な関係を築いた。

960（天徳4）年に行われた天徳内裏歌合（てんとくのだいりうたあわせ）は、後世の歌合の規範となった。この歌合で『百人一首』に収録される2句の秀歌が生まれた（菱川師宣〈ひしかわもろのぶ〉画『小倉百人一首』〈1680年〉より／国立国会図書館蔵）。「しのぶれど 色に出にけり 我が恋は ものや思ふと 人の問ふまで」（平兼盛〈たいらのかねもり〉）、「恋すてふ 我が名はまだき 立ちにけり 人知れずこそ 思ひそめしか」（壬生忠見〈みぶのただみ〉）である。判者が優劣をつけられずにいたところ、村上天皇が御簾（みす）の向こうから「しのぶれど……」と口ずさみ、平兼盛に軍配があがったと伝えられる。

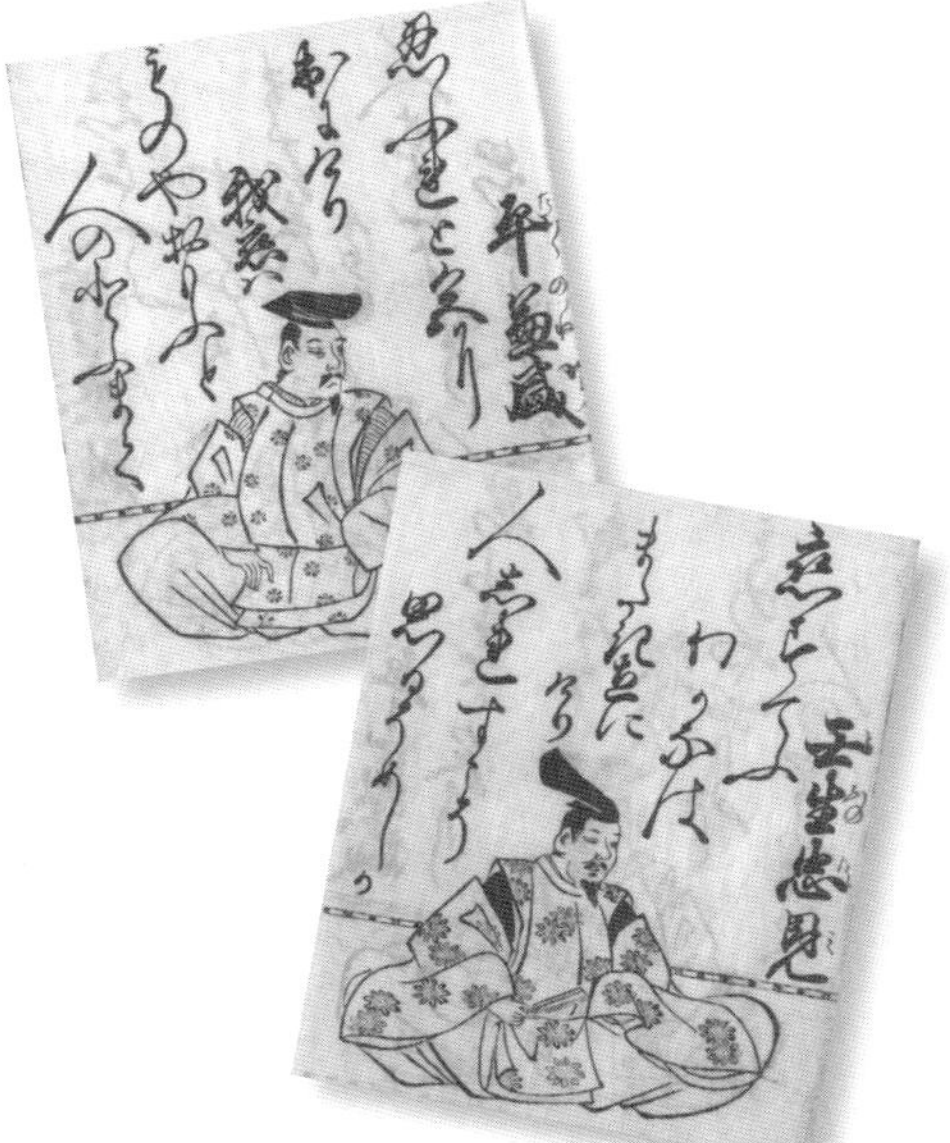

御製歌

教へおく　ことたがはずは
行末の　道とほくとも
跡はまどはじ

『後撰和歌集《ごせんわかしゅう》』に収載。贈答の書物へのお返しに詠んだ歌。「この書物が教え伝えることに違反することがなければ、たとえ聖人君主に至る道のりが遠くとも、彼らの辿（たど）った跡を見失って迷うことはないでしょう」

に分かれた歌人が和歌を詠み比べ、優劣を争うイベント、天徳内裏歌合《てんとくのだいりうたあわせ》を主催。朝儀にも精通し、自ら儀式書『清《せい》涼記《りょうき》』を撰《せん》した。

11〜12世紀にまとめられた歴史書『栄花物語《えいがものがたり》』では「お人柄は立派で、伝説上の聖君主のごとく正しく賢明で、気品高く、才能にも長《た》けておられ、多くの女御御息所《にょうごみやすんどころ》を分け隔てなく寵愛《ちょうあい》された。そのお人柄ゆえ、吹く風も枝を鳴らさず、花も匂いを漂わせ、秋の紅葉も枝から落ちず、たいそう平穏だった」と村上天皇を絶賛している。

実際は、忠平の子・実頼《さねより》と師輔《もろすけ》が左右の大臣として並び、皇后の外戚《がいせき》による政治の土台が固められた時代で、必ずしも「優れた天皇が治めた世」という意味での「聖代《せいだい》」ではなかったが、天皇自身、貴族文化の中心で存在感を発揮したのは間違いない。

奔放に生きた芸術家天皇

第65代 花山天皇

かざんてんのう●生没年：968～1008年　在位：984～986年

藤原兼家・道兼の陰謀で退位し西国三十三所巡礼の始祖となる

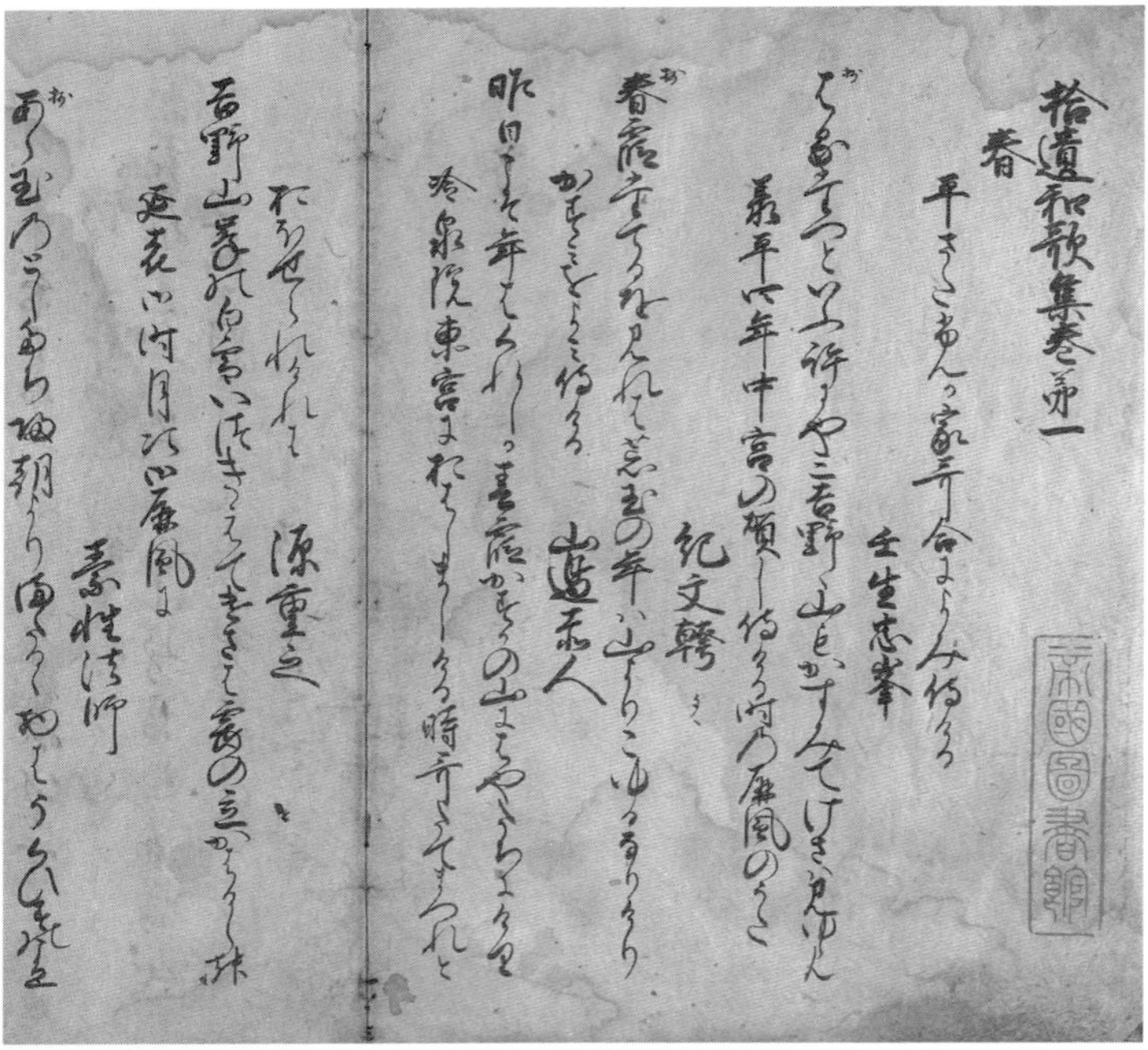
拾遺和歌集巻第一
春

室町時代中期の写本『拾遺（しゅうい）和歌集』。これは『古今（こきん）和歌集』『後撰（ごせん）和歌集』に次ぐ勅撰（ちょくせん）和歌集で、「三代集」の一つに数えられる。花山上皇の私撰的性格をもち、約1350余首が収録されている（国立国会図書館蔵）。

第63代・冷泉《れいぜい》天皇の第1皇子。叔父である第64代・円融《えんゆう》天皇の即位とともに、生後わずか10カ月足らずで皇太子になった。母・懐子《かいし》の父は、のちの摂政《せっしょう》・太政大臣《だいじょうだいじん》の藤原伊尹《これただ》。これ以上ない後見人のはずだったが、17歳で即位したときには伊尹《これただ》は亡くなっていた。

有力な外戚《がいせき》をもたなかった花山《かざん》天皇は、結果として2年足らずの在位に終わる。その背後には、皇太子・懐仁《やすひと》親王（のちの第66代・一条天皇）の外戚《がいせき》として次代の政権を狙う藤原兼家《かねいえ》の存在があったとされ、こんな逸話が伝わっている。

即位の年に入内《じゅだい》した女御《にょうご》・藤原忯子《しし》を寵愛《ちょうあい》した花山天皇だったが、忯子《しし》はその翌年、妊娠中に死亡。天皇は失意のあまり剃髪《ていはつ》して仏門に入る思いを口にしたという。それはすなわち退位を意味したが、天皇にそこまでの意志が

ここがスゴイ！ 花山天皇

❶2年の在位中に2度の内裏歌合《だいりうたあわせ》を主催。『拾遺和歌集《しゅういわかしゅう》』を親撰《しんせん》したとされる。

❷出家後は仏道修行に心を傾け、紀州（和歌山県）那智の二ノ滝での一千日の修行をし、熊野の神（熊野権現）より33の観音霊場を再興するよう託宣されたという。以後、法皇が行った西国三十三所《さいごくさんじゅうさんしょ》の巡礼が人々に広まり、各地で詠んだ歌が御詠歌の始まりとなった。

❸建築や作庭、絵画などにも才能を発揮。出家後も風流に生き抜き、好色ぶりを伝える逸話もたくさん残る。

平安

御製歌

世の中を　はかなき物と
思ふにも
まづ思ひ出づる　君にもあるかな

『玉葉和歌集《ぎょくようわかしゅう》』に収載。出家を思うようになった頃、ある女御《にょうご》に贈った歌。「世の中をむなしいものと思い、いっそ捨ててしまおうと思うにつけ、真っ先に名残惜しく思い出すのはあなたのことです」

月岡芳年（つきおかよしとし）画「月百姿（つきひゃくし） 花山寺の月」に描かれる花山天皇。藤原兼家に騙されて御所を脱出する花山天皇。従う武士は兼家の命を受け、天皇を見張る源満仲（みなもとのみつなか）で、いつでも刀を抜けるように右手を脇差しに添えている（国立国会図書館蔵）。

あったかどうかは定かではない。

ただ、この機を逃さなかったのが兼家だった。息子の道兼《みちかね》を使って「天皇が出家されれば私も同行し、末永くお仕えしましょう」とそそのかしたのである。この勧めに応じた天皇は、側近の目を盗んで御所を脱出し、山科《やましな》の元《がん》慶寺《ぎょうじ》に向かった。実はこの間、御所では密《ひそ》かに神器《じんぎ》の八尺瓊勾玉《やさかにのまがたま》と草薙剣《くさなぎのつるぎ》が皇太子・懐仁《やすひと》の部屋に移されていたという。それを知らず、元慶寺《がんぎょうじ》で剃髪《ていはつ》した天皇は、ともに出家の約束をした道兼が遁走《とんそう》したことで、ようやく欺かれたことを覚《さと》ったという。

奔放な性格で、今でいうスキャンダラスな逸話が多く伝わる一方、和歌などの芸術的才能にすぐれていたという。出家後は、紀州熊野から33の観音霊場を巡礼修行し、各所で詠んだという歌が御詠歌として今に伝わっている。

貴族文化の最盛期を生きた

第66代 一条天皇

いちじょうてんのう●生没年：980～1011年　在位：986～1011年

権力を握っていた藤原氏の思惑に何度も翻弄された心優しき帝

一条天皇の皇后・定子の墓である京都市東山区の鳥戸野陵（とりべののみささぎ）。定子は一族の不祥事に連座して出家したが、一条天皇により再び宮中に呼び戻されるなど、一条天皇に深く愛された皇后として歴史に名をとどめる。

第65代・花山《かざん》天皇の心を欺いて退位させ、藤原兼家《かねいえ》が擁立したのが一条《いちじょう》天皇だった。7歳で即位し、25年続いた御世《みよ》は、女流文学が隆盛した宮廷文化の華やかなりし時代であり、藤原氏の権力が絶頂に向かう時期だった。

摂政《せっしょう》・太政大臣《だいじょうだいじん》に就任した兼家は、その4年後に嫡男の道隆《みちたか》に家督を譲り、道隆は娘・定子《ていし》を入内《じゅだい》させて中宮《ちゅうぐう》（正妃《せいひ》）とし、朝政の主導権を握った。しかし、道隆が病死すると、後継をめぐって激しい争いが発生。当時、発言力を強めていた天皇の生母・詮子《せんし》の推薦で、兼家の5男で道隆の弟の道長《みちなが》が内覧（関白に準ずる官）となった。

こうして権力を掴《つか》んだ藤原道長は、長女・彰子《しょうし》を天皇の女御《にょうご》として入内《じゅだい》させ、中宮とした。中宮はすでに定子がいたが、道長は皇后と中宮の名称を使い分け、定子を皇后宮《こうごうぐう》と号することで

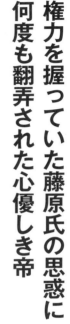

ここがスゴイ！ 一条天皇

❶温和な性格で、才能のある者がそろって政務を助けた結果、平和な時代を現出できた。

❷詩歌の才は人並み以上、琴や笛、笙《しょう》などの器楽から歌謡まで芸術全般にすぐれていた。

❸『枕草子』を書いた清少納言が皇后・定子に、『源氏物語』を書いた紫式部が中宮・彰子に仕え、一条帝の後宮には才女・才媛が集った。

❹常に民の幸福を思っていた。民が寒さに堪えていることを思い、寒夜に衣を脱いだ。

❺愛猫家で、愛猫に「命婦《みょうぶ》のおとど」と名付け五位の位階《いかい》を与えていた。

御製歌

野辺までに　心ひとつは
かよへども　我がみゆきとは
知らずや　あるらむ

『後拾遺和歌集《ごしゅういわかしゅう》』巻10に収載。皇后・藤原定子が崩御し、その葬送の夜を歌ったもの。「みゆき」は天皇の御幸（お出まし）と深雪に掛かる。「葬送の野まで、心だけは往くのだけれども、私の思いが雪となって降りかかるのだと、亡き皇后は気づかずにいるだろうか」

安倍晴明の死後、一条天皇は晴明旧跡に御霊（みたま）を祀（まつ）ろうと、1007（寛弘4）年、晴明神社（京都市上京区）を創建した（上）。同社には、従四位（じゅしい）下の官位を授かり、花山天皇、一条天皇に重用された晴明座像が安置されている（下）。

「一帝二后」を強行したのである。

これは先例のない事態で、定子を寵《ちょう》愛《あい》していた天皇も内心穏やかではなかったはずだが、天皇は道長の要求を受け入れ、摩擦を避けることを選んだ。

人柄を偲ぶ逸話に「民が寒さに堪えていることに思いを寄せ、寒夜に衣を1枚脱いだ」というものがある。その治世は四納言《しなごん》（源俊賢《としかた》・藤原公任《きんとう》・藤原斉信《ただのぶ》・藤原行成《ゆきなり》）と呼ばれる有能な公卿《くぎょう》に恵まれ、表向きは平和に推移していったようだ。また、陰陽師《おんみょうじ》の安倍《あべの》晴明《せいめい》を支援したことも記録に残る。

しかし、崩御後、天皇直筆と思われるメモが見つかり、そこには「王が道理にかなう政治をしようとすると、邪悪な臣下が国を乱れさせる」などと書かれていたという。それが、多くの局面で忍従を強いられた天皇の隠れた本心だったのかもしれない。

藤原時代の失意の天皇

第67代 三条天皇

さんじょうてんのう●生没年：976～1017年　在位：1011～1016年

後ろ盾を失って道長の専横を許し孤立を強いられた病弱の天皇

西国三十三所巡礼の十番である三室戸寺（みむろとじ）（京都府宇治市）。第49代・光仁（こうにん）天皇の勅願（ちょくがん）により770（宝亀元）年に創建された同寺は、歴代天皇の庇護（ひご）を受け、三条天皇も法華三昧堂（ほっけさんまいどう）を寄進している。

摂関《せっかん》政治の全盛期、藤原氏に実権を握られ、力を失った天皇のなかでも、第67代・三条《さんじょう》天皇ほど辛酸をなめさせられた天皇はいないかもしれない。

第63代・冷泉《れいぜい》天皇の第2皇子として生まれ、第66代・一条《いちじょう》天皇の皇太子となり、その譲位を受けて36歳で即位。その間、摂政《せっしょう》・太政大臣《だいじょうだいじん》だった外祖父の藤原兼家《かねいえ》は亡くなり、天下の実権はその子・道長《みちなが》へと移っていた。

権勢をほしいままにしていた道長にすれば、三条天皇の在位は、皇太子である敦成《あつひら》親王（道長の孫。のちの第68代・後一条天皇）の即位待ちの中継ぎにすぎず、天皇を補佐する気はなかったようだ。それでも天皇は、道長に気を遣わざるをえなかった。天皇には皇太子時代に皇子をもうけた妃《きさき》の娍子《せいし》がいたが、道長の次女・妍子《けんし》を内裏《だいり》に迎え、中宮とした。のち娍子《せいし》も皇后に迎

ここがスゴイ! 三条天皇

❶外祖父《がいそふ》・藤原兼家《かねいえ》の愛育を受け、その容姿は兼家に酷似して風格があった。

❷在世当時は兼家の子・藤原道長《みちなが》の絶頂期。三条天皇と道長の次女・妍子《けんし》との間に生まれた皇女・禎子《ていし》は、成長して後朱雀《ごすざく》天皇の后になり、のちの後三条天皇の母となる。この後三条天皇が、皮肉にも摂関政治を終わらせる役目を演じた。

『百人一首』の歌番号68に描かれた三条天皇(御製歌は左参照/京都府立総合資料館蔵)。

御製歌

心にも　あらでうき世に
ながらへば
恋しかるべき　夜半《よは》の月かな

譲位の際に詠んだとされ、『百人一首』の歌番号68。天皇自身が目の光を失っていった事実を思うと、痛切な響きをもつ。藤原氏への忸怩《じくじ》たる思いも吐露されている。「自分の本心に反し、思うようにならない世の中に生き永らえていれば、きっと恋しく思い出すであろう、夜更けの月を」

えたが(先帝に続き一帝二后)、立后の儀式には大納言の藤原実資《さねすけ》ら以外、わずかな出仕者しかいなかったという。

天皇の求心力の低下は、自身の病弱によるところも大だった。42歳で崩御《ほうぎょ》するが、晩年は失明し、耳も聞こえず、足腰も立たなくなっていたという。

実資があらわした『小右記《しょうゆうき》』によれば、道長は病を理由にしきりに天皇に譲位を迫ったといい、天皇も「自分の体の加減がいいと左大臣(道長)の機嫌が悪い」とぼやいていたとされる。

道長が唯一期待したのは妍子《けんし》による皇子の誕生だったが、皇女一人にとどまり、道長を失望させている。

一方、1016(長和《ちょうわ》5)年に譲位した天皇の最後の望みは、後一条天皇の皇太子に長子・敦明《あつあきら》親王を立てることだった。しかし、天皇が崩御したのち、親王は自ら太子を辞している。

摂関政治と決別した

第71代 後三条天皇

ごさんじょうてんのう●生没年:1034～1073年 在位:1068～1072年

藤原摂関家の専横にとどめを刺し親政によって改革を実現した

後三条天皇の円宗寺陵と第69代・後朱雀（ごすざく）天皇の円乗寺陵、後朱雀天皇の第1皇子である第70代・後冷泉（ごれいぜい）天皇の円教寺陵は、龍安寺（京都市右京区）の龍安寺朱山（しゅうやま）に並んでいる。写真は龍安寺の鏡池から見た龍安寺朱山。

先代の第70代・後冷泉《ごれいぜい》天皇の異母弟・尊仁《たかひと》親王は、後冷泉《ごれいぜい》天皇の即位にともない12歳で皇太子（皇太弟）となった。

しかし、当時実権を握っていた関白《かんぱく》・藤原頼通《よりみち》と弟・教通《のりみち》はそれぞれ娘を後《ご》冷泉《れいぜい》天皇の後宮に入内《じゅだい》させており、競うように皇子の誕生を待ちわびていた。そして生誕の暁には皇太子を交代させるべく、尊仁親王にさまざまな圧迫を加えていたという。

結果、尊仁親王は24年もの長きにわたり、皇太子に留《とど》め置かれていた。

仏書『阿娑縛抄《あさばしょう》』にこんな逸話が伝わっている。親王は自分の頭から落ちた白髪を見て、近侍の僧に「お前は私のためにどんな祈祷《きとう》をしてくれているのか」と恨み言を述べた。僧は恥じ入ってその場を辞し、本寺で愛染明王《あいぜんみょうおう》の秘法を修得した。するとほどなく後冷《ごれい》泉《ぜい》天皇は病を得て崩御《ほうぎょ》したという。

ここがスゴイ！ 後三条天皇

❶第59代・宇多《うだ》天皇以来170年ぶりの藤原氏を外戚《がいせき》としない天皇。

❷大江匡房《おおえのまさふさ》らを重用して延久の荘園《えんきゅうのしょうえん》整理令を発布。違法な手続によって立荘された荘園《しょうえん》を整理・停止することで、国家財政を再建。

❸農作物を量る枡《ます》を国の定めたものに統一する延久《えんきゅう》の宣旨枡《せんじます》、物資交換の換算率を定める延《えん》久《きゅう》の估価法《こかほう》を実現した。

❹藤原摂関家の経済基盤の弱体化に成功し、のちに白河《しらかわ》上皇（後三条天皇の第1皇子）が始めた院政《いんせい》への橋渡しをする役目を果たした。

❺第50代・桓武《かんむ》天皇の業績を意識した天皇は、蝦夷《えぞ》征伐の完遂《かんすい》を命じ、下北半島までの本州全土を朝廷の支配下に置いた（異説もある）。

きぬかけの路碑。円宗寺陵へは京都きぬかけの路の龍安寺前を衣笠山の山麓に向かって上っていく。

後三条天皇に仕え、延久の荘園（しょうえん）整理令発布に貢献した大江匡房（おおえのまさふさ）。この法令により、摂関家や社寺の経済力を削（そ）ぐことになり、相対的に朝廷の力が増大した（国立国会図書館蔵）。

御製歌

思ひ出でば　同じ空とは　月を見よ
ほどは雲ゐに　めぐりあふまで

『新古今和歌集《しんこきんわかしゅう》』に収載。「私のことを思い出したら、同じ空なのだと思って月を見てください。たとえたがいに遠く離れていても、いつか宮中で再会するまでは」

ともあれ、天皇の外戚《がいせき》の立場をうかがった藤原氏の宿願は果たされることなく、1068（治暦《じりゃく》4）年、尊仁《たかひと》親王（後三条天皇）は即位の礼に臨んだ。

長かった皇太子時代に摂関《せっかん》政治の悪弊を見抜いていた天皇は、後ろ盾となる外戚（藤原氏）をもたないマイナスを、しがらみのない親政《しんせい》の実現というプラスに転じた。

その政治は、当時の年号から「延久《えんきゅう》の善政」と呼ばれる。具体的には、絹や布の品質を統一する絹布の制、農作物を量る枡《ます》を国の定めで統一する宣旨《せんじ》枡《ます》、物資交換の換算率を定める估価法《こかほう》といった施策のほか、特筆すべきは画期的な荘園《しょうえん》整理令にあった。

これは、摂関家領と称する違法荘園《しょうえん》によって圧迫された国の財政を建て直すべく、大胆な荘園《しょうえん》の整理・停止に踏み切るというものだった。

院政を始めた「治天の君」

第72代 白河天皇

しらかわてんのう●生没年:1053～1129年　在位:1072～1086年

摂関家から政治の実権を奪い天皇家の〝家督者〟として君臨する

第73代・堀河天皇、第74代・鳥羽天皇、第75代・崇徳(すとく)天皇と3代の幼帝を補佐し、政治の実権を握り続けた白河上皇。第1皇女の媞子(ていし)内親王の死をきっかけに、出家して法皇となったのは43歳のときだった(国立国会図書館蔵)。

第71代・後三条《ごさんじょう》天皇の譲位を受け、20歳で天皇位を継承。在位は14年、さらに上皇・法皇として40年以上も君臨した。この時代を代表する天皇である。

その人となりをあらわす逸話がある。自ら発願《ほつがん》・建立した法勝寺《ほっしょうじ》で一切経《いっさいきょう》(仏教経典の一大集成)の供養《くよう》を行おうとしたが、雨で再三延期に遭い、合間をみて行った帰りにまた雨に見舞われた。この雨に腹を立てた天皇は、雨水を器に入れて獄舎に入れたという。わが意のままに強引に権力をふるった天皇らしい話である。

政策面では、父である後三条《ごさんじょう》天皇の施策を受け継ぎ、荘園《しょうえん》整理を進めて摂《せっ》関家《かんけ》の力を削《そ》ぐことに注力したが、皇位の継承では、先帝の意向を無視した。

父の遺命は、天皇の異母弟である実《さね》仁《ひと》親王を皇太弟とし、その弟の輔仁《すけひと》親王をその次に継がせるというものだっ

ここがスゴイ！ 白河天皇

❶上皇・法皇という天皇家の“家督者”の立場で天皇を超越した政治権力を行使。治天《ちてん》の君の先駆けとなり、40年以上も君臨。

❷「賀茂河《かもがわ》の水、双六《すごろく》の賽《さい》、（比叡《ひえい》山《ざん》の）山法師」の3者は思うようにならない」と嘆いたと伝わるが、逆にいえば、3つ以外のものであれば何でも思い通りになると豪語するほどの権力者だった。

❸中宮・賢子《けんし》の死後は、側近に仕える女官・女房ら、下級貴族生まれの女性も含め、多数の女性と関係をもった。このため、崇《す》徳《とく》天皇や平清盛など、白河法皇の御落胤《ごらくいん》説が広く信じられる原因ともなった。

❹天皇は「神威を助くるものは仏法なり。皇図を守るものもまた仏法なり」との考えのもと、自らを仏教を保護して統治する伝説上の金輪聖王《こんりんじょうおう》（転輪聖王）になぞらえた。

天皇には「名前」がなかった？

天皇は南北朝時代を除けば天下に一人だけの唯一無二の存在。このため「御門《みかど》」「禁《きん》裏《り》」「主上《しゅじょう》」などと呼ばれ、とくに名前はなかった。今日伝えられる名前は、次代の天皇や後世の人が死去した天皇に贈った諡号《しごう》や譲位後の上皇などに贈った追号《ついごう》である。たとえば白河天皇は譲位後の御所の名、醍《だい》醐《ご》天皇は陵墓が造営された地名から名づけられた追号。後白河天皇、後醍醐天皇などは、ゆかりの場所が過去の天皇と同じで紛らわしいため、便宜的に「後」がつけられたといわれている。

白河法皇・鳥羽法皇院政之地碑（京都市伏見区）。白河天皇は1086（応徳3）年の譲位後、当地に鳥羽（とば）離宮を造営し、40年以上も院政を敷いた。

平安

た。しかし、実仁《さねひと》親王が病気で薨去《こうきょ》すると、輔仁《すけひと》親王ではなくわが子・善仁《たるひと》親王を皇太子に立て、その日のうちに譲位を行った。

　上皇となった白河上皇は、幼帝である第73代・堀河《ほりかわ》天皇の後見として政務を執った。院政《いんせい》の始まりである。

　当初は、摂関であった藤原師実《もろざね》・師《もろ》通《みち》の親子が一定の権力を保持していたが、師通《もろみち》の死後は摂関家の混乱に乗じて権力を掌握した。そして、孫である第74代・鳥羽《とば》天皇の即位後は、摂関に替わる天皇の補佐機能をも自ら担うようになる。

　その治世は、曽孫《そうそん》の第75代・崇徳《すとく》天皇の御世まで続いたが、いずれも、幼帝を擁し、「天皇家の家督者」として天皇を超越した権限を行使するものだった。このような上皇・法皇は後世、「治天《ちてん》の君《きみ》」と呼ばれるようになる。

流罪に遭った悲運の帝

第75代 崇徳天皇

すとくてんのう●生没年:1119〜1164年　在位:1123〜1141年

父帝に疎まれ、後継も院政も許されず ついには謀反の罪で流罪となる

『大日本歴史錦絵』の「保元之合戦」に描かれた崇徳上皇側の軍勢。太鼓橋の中央に崇徳上皇、左に源為義(ためよし)、右に大きく源為朝(ためとも)が描かれている(国立国会図書館蔵)。

父は第74代・鳥羽《とば》天皇、母は中宮の藤原璋子《しょうし》。だが、第75代・崇徳《すとく》天皇の誕生を誰より喜んだのが璋子《しょうし》の養父にあたる白河法皇だった。法皇は曽孫《そうそん》にあたる皇子(のちの崇徳天皇)を溺愛し、自分の手許《てもと》で育てた。結果、鳥羽天皇とは距離ができてしまうが、そこにはもう一つの要因――皇子は白河法皇と璋子《しょうし》の密通で生まれた――との〝公然の秘密〟があったともいわれている。

弱冠5歳で即位したが、白河法皇が崩御《ほうぎょ》し、鳥羽上皇が院政《いんせい》を開始すると、後ろ盾を失った天皇の立場は暗転する。上皇と寵妃《ちょうひ》・藤原得子《なりこ》との間に皇子が誕生すると、天皇はその座を追われ、皇子が第76代・近衛《このえ》天皇となった。しかも近衛天皇が皇太子ではなく皇太弟《こうたいてい》の扱いとされたため、直系の上皇だけに許される院政の道も閉ざされた。

そして、病弱で皇子に恵まれなかっ

ここがスゴイ！ 崇徳天皇

❶上皇時代に当時の歌壇をリードした。
❷崩御《ほうぎょ》後、後白河《ごしらかわ》上皇や藤原忠通《ただみち》に近い人々が亡くなると、原因を上皇の怨霊《おんりょう》とする風聞が広まり、後世、怨霊の代名詞となった。菅原道真《すがわらのみちざね》、平将門《たいらのまさかど》とともに日本三大怨霊に数えられる。
❸配流先の讃岐《さぬき》で仏教経典を書写したが、京の寺への奉納を拒否されたため、「忿怒《ふんぬ》のあまり、夜叉《やしゃ》のような姿となり、生きながら天狗になった」と伝わる。

『百人一首』の歌番号77に描かれた崇徳（すとく）天皇。歌は「瀬をはやみ　岩にせかるる滝川の　われても末に　逢はむとぞ思ふ」で、歌意は「瀬の流れが速く、急流が岩に当たって割れるようにあなたと別れても、流れが下流で再び出会うように、私はきっと将来逢おうと思っている」（京都府立総合資料館蔵）。

御製歌

夢の世に　なれこし契り
くちずして
さめむ朝《あした》に　あふこともがな

讃岐《さぬき》にて、かつてともに歌壇を担った藤原俊成《としなり》に向けて詠んだ歌。『玉葉和歌集《ぎょくようわかしゅう》』に収載。「さめむ朝」とは、「現世の迷い（夢）から覚めて成仏できたら」の意味とされる。「夢のようなこの世で慣れ親しんできた絆は朽ちることがないように、夢から覚めた朝にはあなたに会いたいものだ」

た近衛《このえ》天皇が崩御すると、本来は後継候補だった崇徳《すとく》上皇の皇子ではなく、弟が第77代・後白河《ごしらかわ》天皇として皇位を継承する裁定がくだされ、崇徳院政の望みはまたも砕かれた。ついには、父・鳥羽《とば》法皇の崩御の際にその臨終を見舞うことすら許されなかった。

ここから、事態は急変する。1156（保元《ほうげん》元）年、崇徳《すとく》上皇と藤原頼長《よりなが》が謀《はか》って源為義《ためよし》らの兵を招集。これに対抗すべく、後白河天皇と藤原忠通《ただみち》は源義朝《よしとも》、平清盛《きよもり》らの兵を招集し、保元《ほうげん》の乱が勃発した。しかし、上皇方はあっさりと陥落。上皇は投降して出家したが許されず、讃岐《さぬき》（香川県）に流された。上皇はこの地で仏教に深く帰依《きえ》し、戦没者の供養のために経典の写経を行い、これを奉納しようとしたが、朝廷に拒否され、悲憤のうちに讃岐《さぬき》で崩御した。

激動の時代を生き抜いた

第77代 後白河天皇

ごしらかわてんのう●生没年:1127~1192年　在位:1155~1158年

台頭する平氏・源氏と渡り合い何度も復権を果たした不屈の天皇

第80代・高倉天皇時代の1169(嘉応〈かおう〉元)年に出家して法王となった後白河法皇の肖像。知謀、策謀を巡らせて主権を握り続けたが、日宋貿易に理解を示した結果、宋銭が大量に輸入され、商業の活性化につながった(模写／東京大学史料編纂所蔵)。

第74代・鳥羽《とば》天皇の第4皇子で、第75代・崇徳《すとく》天皇の同母弟。崇徳帝の皇太子は鳥羽《とば》上皇の寵妃《ちょうひ》・美福門院得子《びふくもんいんなりこ》の実子・体仁《なりひと》親王（第76代・近衛《このえ》天皇）と決まっており、本来は皇位に関わらない立場だった。

しかし、近衛《このえ》天皇が若年で崩御《ほうぎょ》すると事態は一変。近衛《このえ》天皇の生母として力をもっていた美福門院は、養子とした守仁《もりひと》親王（第78代・二条《にじょう》天皇）を即位させようとしたため、まずその実父・雅仁《まさひと》親王を、第77代・後白河天皇として中継ぎ擁立させたのである。

ほどなく勃発した保元《ほうげん》の乱（121頁参照）に勝利し、約束通り第78代・二条天皇に譲位して院政を開始したが、今度は上皇（崇徳上皇と後白河上皇）の近臣どうしの反目をきっかけに、平治《へいじ》の乱が発生。このとき、内紛の勝者だった藤原信頼《のぶより》や源義朝《よしとも》を滅ぼし、

988(永延2)年、藤原為光が造営した法住寺(左上・京都市東山区)には、後白河上皇が院政を敷いた宮殿・法住寺殿があった。その死後、ここに御陵が設けられ、現在も法住寺陵(右上)として守られている。

ここがスゴイ! 後白河天皇

❶はじめ平氏《へいし》の力を頼り、次に平氏打倒のために源氏《げんじ》の力を利用し、源義仲《よしなか》(木曽義仲)が台頭すると頼朝《よりとも》の協力を仰ぎ、その弟・義経《よしつね》をして頼朝《よりとも》を討たせようとするなど、策士ぶりを発揮した。
❷鎌倉幕府とは軋轢《あつれき》を抱えながらも協調し、公武関係の枠組を構築。
❸仏道を志し、蓮華王院《れんげおういん》(三十三間堂)の造営や東大寺大仏殿の再建に取り組んだ。
❹一条天皇の時代から約150年間におよぶ今様《いまよう》の歌詞とその伝承についての口伝を集成した歌謡集『梁塵秘抄《りょうじんひしょう》』を撰《せん》した。

御製歌

思ひきや　年のつもるは
忘られて　恋に命の
絶えんものとは

『千載和歌集《せんざいわかしゅう》』巻14に収載。殿《てん》上人《じょうびと》(内裏《だいり》の昇段を許された官人)のことを歌ったものというが、自身も男女を問わない交際が伝えられる。「年のつもる」は「老年になる」の意味。「思ってもみなかったことである。老境に達したことも忘れてしまって、(不相応な)恋に死にそうになろうとは」

台頭してきたのが平清盛《たいらのきよもり》だった。

乱ののち、美福門院が逝去、5年後には二条天皇が崩御。朝廷内に敵がいなくなったことで、一時力を失っていた後白河上皇(のち法皇)は院政《いんせい》を再開。清盛の協力を得て徐々に権力を掌握していった。ところが、清盛の影響力が大きくなると、今度は比叡山延暦《ひえいざんえんりゃく》寺《じ》など、僧兵を擁する大寺院を動かして清盛と対抗する動きに出る。その結果、治承《じしょう》3年の政変で清盛に捕らえられ、院政も止められてしまった。

それでも、法皇はあきらめなかった。子の以仁《もちひと》王を使って平家打倒の気運を高め、清盛主導で行われた福原《ふくはら》(兵庫県神戸市)への遷都を京都に戻した。清盛の死後は、平家討伐の院宣《いんぜん》(上皇の命令文書)を発令。一方で台頭してきた源頼朝《よりとも》の討伐をその弟・義経《よしつね》に命じるなど、権謀術数《けんぼうじゅっすう》の限りをつくした。

壇ノ浦の戦いで入水した

第81代 安徳天皇

あんとくてんのう●生没年:1178〜1185年　在位:1180〜1185年

平清盛の絶頂期に生を受け
平氏の滅亡に殉じた悲劇の幼帝

歌舞伎『義経千本桜』の錦絵に描かれた安徳天皇（都立中央図書館特別文庫室蔵）。

後白河《ごしらかわ》上皇（法皇）の時代、保元《ほうげん》の乱、平治《へいじ》の乱の最終的な勝利者となった平清盛《たいらのきよもり》は、後白河院との政治的協調の証として娘・徳子《とくし》を第80代・高倉《たかくら》天皇に嫁がせ、「帝の外祖《がいそ》にて世を皆思う様に取ってしまおう」（『愚管抄《ぐかんしょう》』）という野心を抱いた。

徳子入内《じゅだい》から7年目、ようやく待望の皇子が誕生。これがのちの第81代・安徳《あんとく》天皇である。清盛にとって皇子は、平氏《へいし》の世の確立に欠かせない〝王手〟であった。生後1カ月後に立太子、1180（治承《じしょう》4）年に1歳4カ月にして早くも即位。その前年には平清盛によって後白河院が幽閉される治承《じしょう》3年の政変が起こっており、幼帝に代わり政治の実権を握った清盛の権勢は、まさにピークを迎えていた。

しかし、ここから平氏の没落が始まる。後白河院の第3皇子・以仁王《もちひとおう》が平

『大日本歴史錦絵』の「矢嶋大合戦」に描かれた安徳天皇(中央／船の上)。隣にはこの戦いのあと、壇ノ浦の戦いで安徳天皇と一緒に入水(じゅすい)した平清盛の妻・時子(二位尼)が描かれている(部分／国立国会図書館蔵)。

氏に反発する武士らに挙兵を呼びかけ、僧兵を抱える大寺院もこれに同調。清盛が主導した福原《ふくはら》（兵庫県神戸市）への遷都もわずか半年で頓挫《とんざ》。そして清盛は熱病で倒れ、そのまま死去した。これにより主を失った平氏は動揺し、源義仲《よしなか》の入京をきっかけに安徳天皇と三種の神器を奉じて都落ちした。

平氏方はいったん福原まで復帰したが、一ノ谷《いちのたに》の戦いと屋島《やしま》の戦いに敗退し、最後の決戦の地、壇ノ浦《だんのうら》（山口県下関市）で源氏に敗れて滅亡する。『平家物語』によれば、安徳天皇は二位尼《にいのあま》（母方の祖母・平時子《ときこ》）に抱きかかえられ、三種の神器を身につけた尼とともに、海に身を投じたという（八尺瓊《やさかにの》勾玉《まがたま》と八咫鏡《やたのかがみ》は源氏軍が確保、草薙剣《くさなぎのつるぎ》は海に沈んだ。諸説あり）。1185（文治《ぶんじ》元）年、歴代最年少となる満6歳と4カ月での崩御《ほうぎょ》だった。

●第51代・平城天皇《へいぜい》　生没年：７７４〜８２４年、在位：８０６〜８０９年／先帝の施政を見直したが、病を得て在位3年で皇太弟の神野《かみの》親王（第52代・嵯峨《さが》天皇）に譲位。上皇として旧都・平城京に遷《うつ》り、二所《にしょ》朝廷《ちょうてい》と呼ばれる政治的混乱が生じた。

●第53代・淳和天皇《じゅんな》　生没年：７８６〜８４０年、在位：８２３〜８３３年／第50代・桓武《かんむ》天皇の第7皇子。在世中、地方支配の強化に取り組んだほか、律令の解説書『令義解《りょうのぎげ》』や詩文集『経国集《けいこくしゅう》』を撰《せん》した。

●第54代・仁明天皇《にんみょう》　生没年：８１０〜８５０年、在位：８３３〜８５０年／学芸に精通した天皇といわれ、嵯峨《さが》・淳和の御世と同様、治世は安定したが、皇太子・恒貞《つねさだ》親王を奉じた謀反《むほん》の企て（承和《じょうわ》の変）も発生。

●第55代・文徳天皇《もんとく》　生没年：８２７〜８５８年、在位：８５０〜８５８年／承和の変で廃された恒貞親王に代わり皇太子に立ち、父・仁明天皇の崩御《ほうぎょ》ののち即位。藤原北家《ほっけ》の良房《よしふさ》が台頭し、政権への影響を深めた。

●第57代・陽成天皇《ようぜい》　生没年：８６８〜９４９年、在位：８７６〜８８４年／父・清和《せいわ》天皇の譲位により9歳で即位する。藤原基経《もとつね》が摂政《せっしょう》となって実権を握り、乱行が目立つ天皇を退位させた。

●第58代・光孝天皇《こうこう》　生没年：８３０〜８８７年、在位：８８４〜８８７年／第54代・仁明天皇の第3皇子。55歳で即位。実権は引き続き藤原基経が握った。

●第59代・宇多天皇《うだ》　生没年：８６７〜９３１年、在位：８８７〜８９７年／光孝天皇の第7皇子で、皇族の身分を離れ源定省《さだみ》と名乗ったが、先帝の後継に推されて、皇族に復帰。藤原基経との軋轢《あつれき》を反省し、基経の死後は広く人材を登用した。

●第61代・朱雀天皇《すざく》　生没年：９２３〜９５２年、在位：９３０〜９４６年／8歳で即位。叔父・藤原忠平《ただひら》が摂政として政《まつりごと》を行い、忠平の子・師輔《もろすけ》がその介添えをした。

生来病弱の質で、24歳で譲位した。

●**第63代・冷泉天皇《れいぜい》**　生没年：950〜1011年、在位：967〜969年／生後2カ月で皇太子となり、18歳で即位。容姿は端麗ながら、精神に病があったといわれ、奇行が伝わっている。在位2年で第5皇子の守平親王《もりひら》（円融天皇）に譲位した。

●**第64代・円融天皇《えんゆう》**　生没年：959〜991年、在位：969〜984年／11歳で即位。摂関政治が全盛を迎え、藤原兼通《かねみち》と兼家《かねいえ》の兄弟間で関白職をめぐる争いが発生。藤原氏の勢力争いに翻弄された天皇は、皇子・懐仁親王《やすひと》（のちの第66代・一条天皇）の立太子を条件に、26歳で譲位した。

●**第68代・後一条天皇《ごいちじょう》**　生没年：1008〜1036年、在位：1016〜1036年／第66代・一条天皇の第2皇子。その誕生を誰よりも待望していたのは、生母・彰子《しょうし》の父・藤原道長《みちなが》だった。9歳で即位すると、道長は3女・威子《いし》を入内《じゅだい》させている。

しかし、叔母にあたる皇后との間に世継ぎの皇子には恵まれず、29歳で崩御した。

●**第69代・後朱雀天皇《ごすざく》**　生没年：1009〜1045年、在位：1036〜1045年／先帝の皇太子・敦明親王《あつあきら》が藤原道長の圧力の前に即位を辞退。後一条天皇の同母弟・敦良親王《あつなが》（後朱雀天皇）が即位した。その東宮時代に道長の6女・嬉子《きし》が入内《じゅだい》し、親仁親王《ちかひと》（のちの第70代・後冷泉天皇）を生んだ。

●**第70代・後冷泉天皇《ごれいぜい》**　生没年：1025〜1068年、在位：1045〜1068年／先帝の第1皇子で、21歳で即位。関白藤原頼通《よりみち》の娘を皇后とし、頼通の弟で右大臣教通《のりみち》の娘を女御《にょうご》としたが、皇子は生まれず、摂関家の斜陽が決定的となる。

●**第73代・堀河天皇《ほりかわ》**　生没年：1079〜1107年、在位：1086〜1107年／第72代・白河天皇の譲位を受けて即位。成人すると関白・藤原師通《もろみち》とともに自ら政

親政・摂関・院政　歴代天皇の事績

務を執る意欲を示し、「末代の賢王」とも評されたが、白河法皇が政権への関与を強めると、学芸の道に傾斜していった。

●第74代・鳥羽《とば》天皇　生没年：１１０３〜１１５６年、在位：１１０７〜１１２３年／5歳で即位。21歳で崇徳《すとく》天皇に譲位したのちも祖父・白河法皇の院政は続いたが、法皇が崩御すると院政を開始。寵愛《ちょうあい》した美《び》福門院得子《ふくもんいんなりこ》が皇子（第76代・近衛《このえ》天皇）を生むと、皇太子とし、その2年後には崇徳《すとく》天皇を譲位させた。

●第76代・近衛《このえ》天皇　生没年：１１３９〜１１５５年、在位：１１４１〜１１５５年／3歳で即位。元服すると、左大臣・藤原頼長《よりなが》の養女・多子《たし》、関白・藤原忠通《ただみち》の養女・呈子《ていし》が相次いで入内《じゅだい》したが、天皇は病気を患い、17歳で崩御した。

●第78代・二条《にじょう》天皇　生没年：１１４３〜１１６５年、在位：１１５８〜１１６５年／皇位継承の望みは薄く、9歳で仏門に入っていたが、近衛《このえ》天皇の崩御によって後継に浮上。その中継ぎとして父・雅仁《まさひと》親王（第77代・後白河天皇）が即位したのち、その譲位を受ける。父の院政に対抗して親政《しんせい》を行おうとしたが、病に冒されて譲位した。

●第79代・六条《ろくじょう》天皇　生没年：１１６４〜１１７６年、在位：１１６５〜１１６８年／7カ月と11日で立太子し、1カ月後に即位（歴代最年少の即位）。4歳のとき、後白河上皇の意向で、その皇子・憲仁《のりひと》親王（天皇の叔父で3歳上）が皇太子となり、在位2年と8カ月で親王に譲位。史上最年少の上皇となった。

●第80代・高倉《たかくら》天皇　生没年：１１６１〜１１８１年、在位：１１６８〜１１８０年／母は平清盛《きよもり》の妻・時子《ときこ》の異母妹・滋子《しげこ》で、清盛と時子の娘・徳子《とくし》（建礼門院《けんれいもんいん》）を中宮に迎えた。平家方との関係を深めた天皇は、父・後白河院が一時失脚すると、自ら政務を執り、皇子の安徳《あんとく》天皇に譲位した。

第5章

天皇は歴史の主役

武家政権下の天皇

武家政権下　歴代天皇系図❹

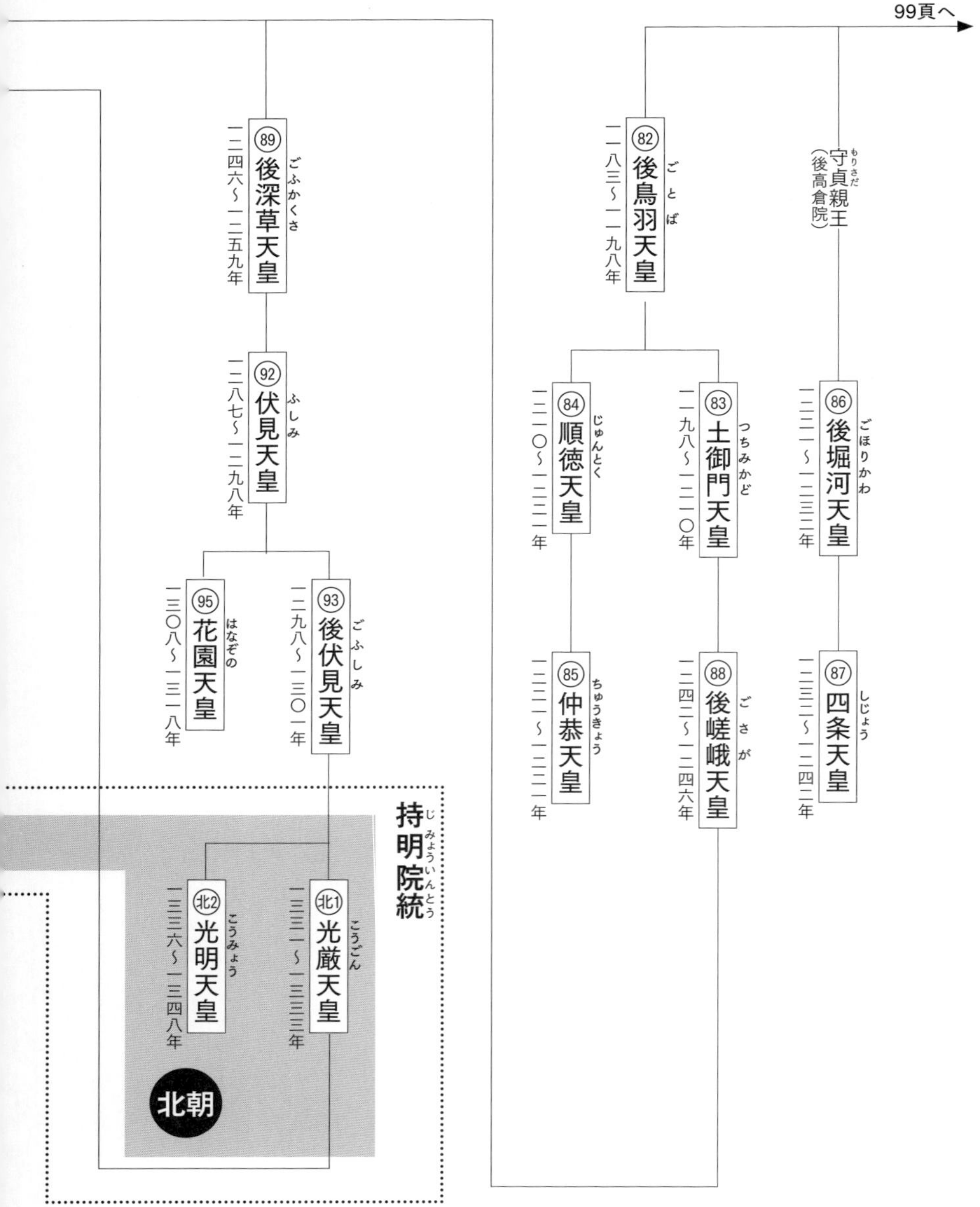

※系図は皇統譜に基づく宮内庁公式サイトに準拠。
※西暦は在位年で、丸数字は代数。

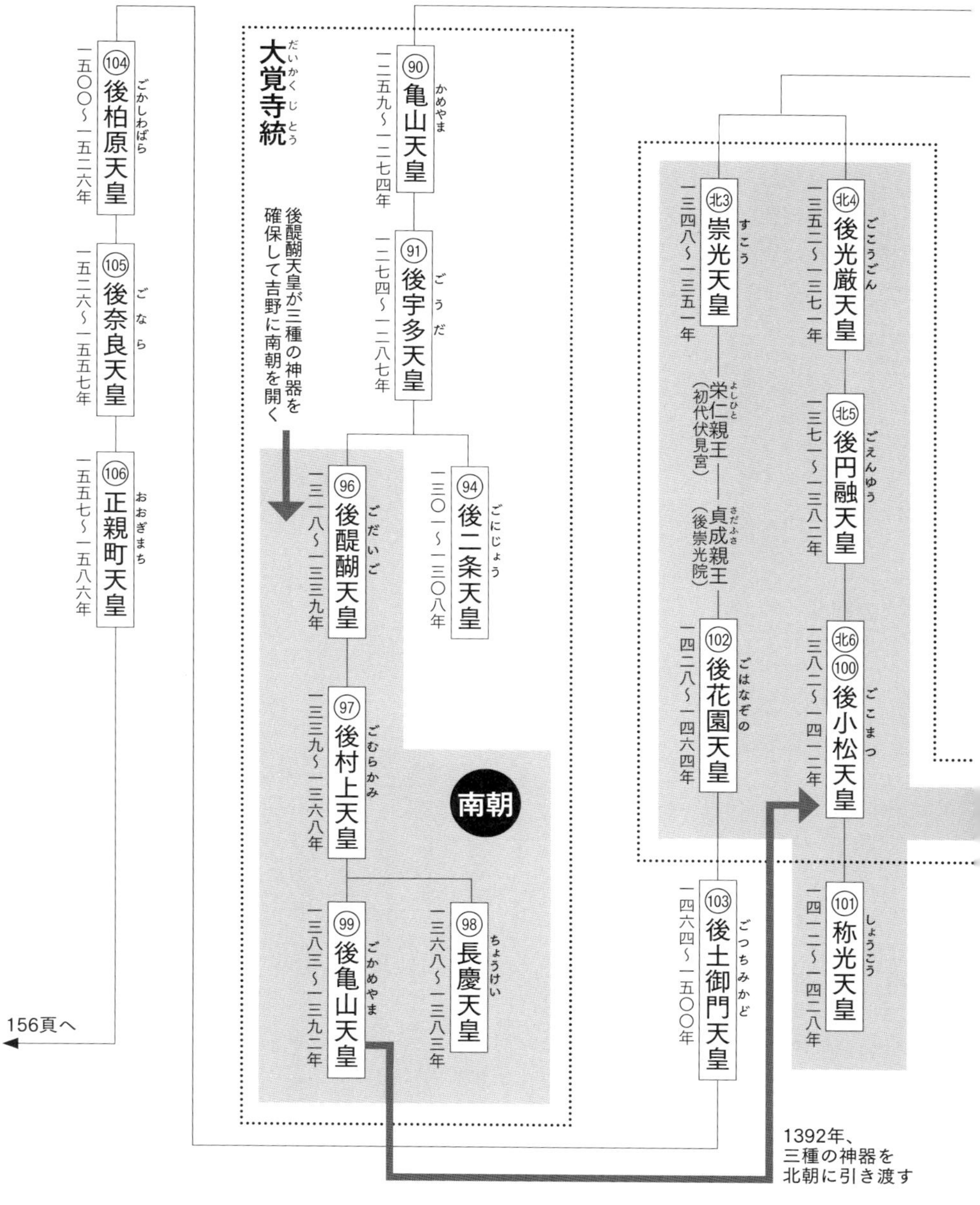

承久の乱を首謀した

第82代 後鳥羽天皇

ごとばてんのう●生没年：1180～1239年　在位：1183～1198年

承久の乱で幕府軍に大敗 幕府に罪人とされた初めての天皇

隠岐島（おきのしま）に配流後、19年を経た1239（延応元）年に後鳥羽（ごとば）法皇は崩御。写真の後鳥羽上皇御火葬塚（島根県海士町〈あまちょう〉）に遺灰の一部が納められた。後鳥羽法皇はその後、明治になって水無瀬（みなせ）神宮（大阪府島本町）に合祀（ごうし）されている。

1183（寿永《じゅえい》2）年、平氏《へいし》一門によって安徳《あんとく》天皇とともに三種の神器が持ち出され、名実ともに京都に天皇が不在となった。そこで後白河《ごしらかわ》法皇は、安徳天皇の異母弟・尊成《たかひら》親王（第82代・後鳥羽《ごとば》天皇）の即位を決断。その院宣《いんぜん》により、神器のないまま、譲位の形をとって即位した。結果、安徳天皇が壇ノ浦で崩御《ほうぎょ》するまでの2年間、2人の天皇が存在したことになる。また、皇位の象徴である三種の神器がそろわないままであったことは、天皇の内に消えない負い目として残った。

1198（建久《けんきゅう》9）年、土御門《つちみかど》天皇に譲位後、順徳《じゅんとく》・仲恭《ちゅうきょう》と3代・23年間にわたり院政《いんせい》を敷くが、譲位してなお宝剣探索を命じる一方、その欠落を埋めるように、より強硬な天皇専制を志向するようになる。後白河法皇の死後、政治を主導した有力公卿《くぎょう》の九条兼実《くじょうかねざね》が

ここがスゴイ！ 後鳥羽天皇

❶院政を開始すると、有力公卿（土御門通親《つちみかどみちちか》など）を排し、官職（殿上人《てんじょうびと》）を整理して、天皇直轄の施政を行おうと機構改革を行った。

❷千五百番歌合《うたあわせ》という史上最大の和歌イベントを開催。『新古今和歌集《しんこきんわかしゅう》』の編纂《へんさん》では自身が撰歌《せんか》、配列などに関与した。

❸刀を打つことを好み、それに十六弁の菊紋を彫った。皇室の菊紋はこれが始まり。

❹東日本を勢力下に置いた鎌倉幕府に対し、朝廷中心の治世を取り戻そうと倒幕の意志を抱き続け、承久の乱を起こして敗れる。

❺配流ののち、「万一にもこの世の妄念にひかれて魔縁《まえん》（魔物）となることがあれば、この世に災いをなすだろう」と、自ら怨霊となることを示唆するような置文を残した。

御製歌

人もをし　人も恨めし
あぢきなく
世を思ふゆゑに　もの思ふ身は

『百人一首』歌番号99。33歳の上皇時代に詠んだ歌。「あるときは人々を愛しく思い、またあるときは恨めしいとも思う。この世はどうにかならないものだろうが、それゆえに物を思う私であるよ」

在位15年で上皇になる前、20代前半の若き後鳥羽（ごとば）天皇の肖像（模写／東京大学史料編纂所蔵）。

平安・鎌倉

失脚し、代わりに台頭《たいとう》した土御門通親《つちみかどみちちか》が急死したのちは、自ら政務を執り、人事を思うままに取り仕切った。

一時、朝廷と幕府の関係は安定していたが、3代将軍・源実朝《さねとも》が暗殺され、天皇家と血のつながりのない北条氏《ほうじょう》が幕府の実権を握ると、状況は一変。ついに倒幕を決意する。上皇は幕府の執権・北条義時《よしとき》追討の院宣《いんぜん》を出したが、幕府側の反撃を受けてあえなく完敗した。承久《じょうきゅう》の乱である。

後鳥羽《ごとば》上皇は隠岐島《おきのしま》に配流となった。武士が皇族を罪人とした初めての例だった。「我こそは　新島守《にいじまもり》よ　隠《お》岐《き》の海の　荒き波風　心して吹け」（私が隠岐島の新しい島守だ。荒き波風よ、これからは気をつけて穏やかになれよ）。流されてもなお、こんな強気な歌を残す後鳥羽帝だったが、ついに帰京は許されずこの地で崩御した。

病弱ゆえの悲運の境涯

第89代 後深草天皇

ごふかくさてんのう●生没年:1243～1304年 在位:1246～1259年

不本意な譲位への恨みから天皇家が二つの血統に分かれて対立

国宝4点、重要文化財43点の指定を受ける建長寺（神奈川県鎌倉市）は、後深草天皇の勅願寺となって発展し、鎌倉五山のなかでも首位に置かれた。写真は重要文化財の建長寺山門。

第88代・後嵯峨《ごさが》天皇の第2皇子。父帝の譲位によって4歳で即位した。幼少の頃から病気になりやすい虚弱な体質だったという。6歳下の同母弟・恒《つね》仁《ひと》親王（のちの第90代・亀山天皇）が誕生すると、健康で活発だった同親王に両親の寵愛《ちょうあい》が傾くようになり、17歳のときに天皇が瘧病《わらわやみ》（マラリア性の熱病）にかかると、父・後嵯峨《ごさが》上皇の思惑で恒仁親王に譲位させられてしまった。

そして後嵯峨《ごさが》上皇の指示により、後《ご》深草《ふかくさ》上皇に皇子（煕仁《ひろひと》親王）がいたにもかかわらず、亀山《かめやま》天皇の皇子（世仁《よひと》親王）が立太子した。それだけではなく、坂上田村麻呂《さかのうえのたむらまろ》伝来という朝廷守護の宝剣も亀山天皇に伝えられたという。この処置は、後深草上皇の恨みを買っただけでなく、上皇（後深草）方と天皇（亀山）方の対立の原点となったこ

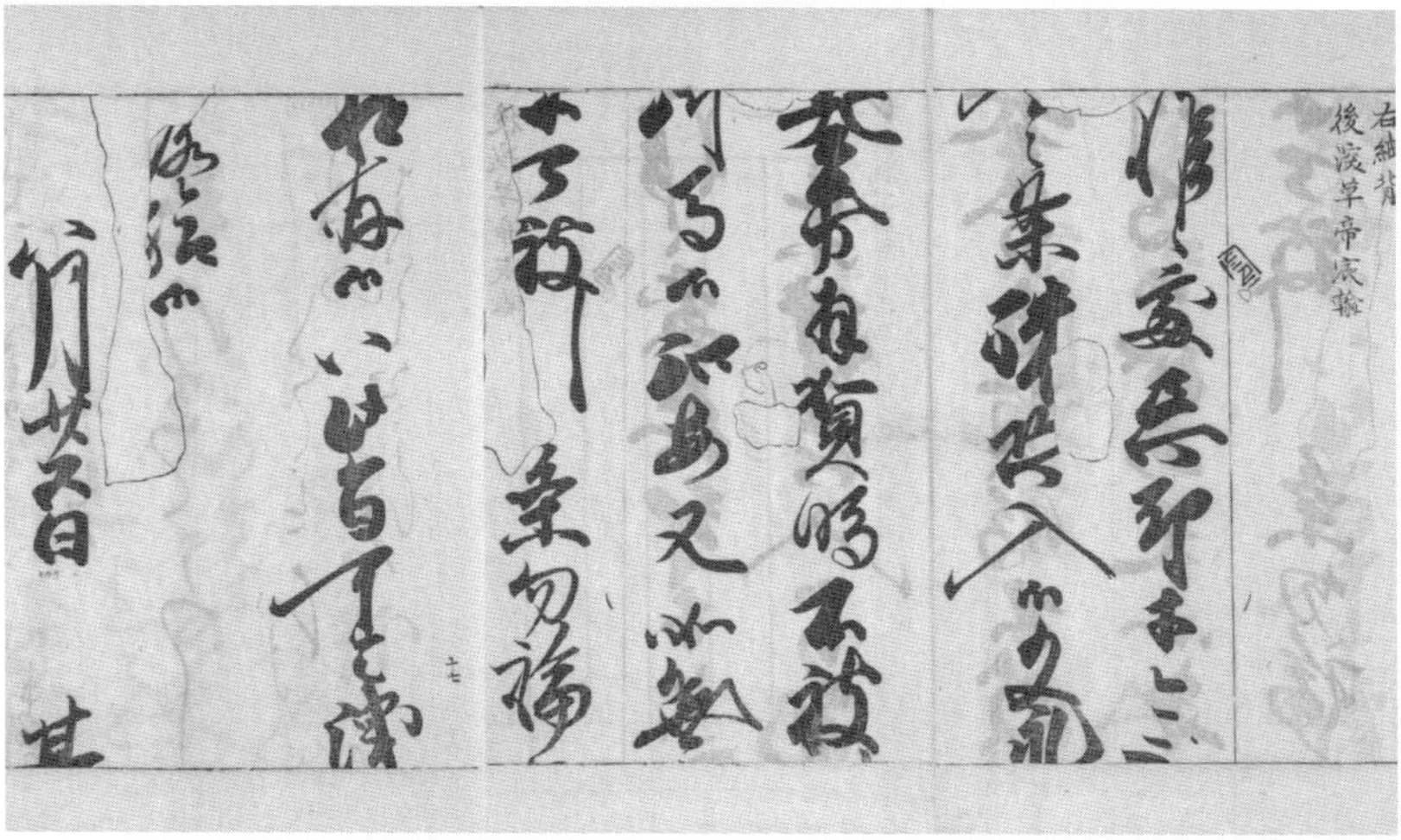

後伏見天皇の宸筆版本『仏説阿弥陀経』に綴じられている後深草天皇の宸翰模刻。後深草天皇は書をよくし、日記『後深草天皇宸記』などを残している（国立国会図書館蔵）。

ここがスゴイ！ 後深草天皇

❶幕府により亀山《かめやま》天皇の親政《しんせい》が決定。後深草《ごふかくさ》上皇は出家の決意を表明して不満を爆発させ、幕府をあわてさせた。この亀山・後深草の対立が南北朝を招く歴史の転換点となった。

❷1287（弘安《こうあん》10）年、煕仁《ひろひと》親王が伏見天皇として即位すると、後深草上皇は院政《いんせい》を開始、治天《ちてん》の君《きみ》の座《ざ》を得た。

天皇の合葬墓とは？

深草北陵《ふかくさきたのみささぎ》以前、天皇の合葬は天武《てんむ》天皇と持統《じとう》天皇を合葬する檜隈大内陵《ひのくまのおおうちのみささぎ》（奈良県明日香村）を除くとなかった。以後には、後鳥羽《ごとば》天皇と順徳天皇を合葬する大原陵《おおはらのみささぎ》（京都市左京区）、12人の天皇を合葬する月輪陵《つきのわのみささぎ》（京都市東山区）、光格天皇と仁孝天皇を合葬する後月輪陵《のちつきのわのみささぎ》（同）が誕生した。

とでも注目される。

そして1272（文永《ぶんえい》9）年、後嵯《ごさ》峨《が》法皇は治天《ちてん》の君《きみ》や皇位の決定も幕府の判断に委ねたまま崩御《ほうぎょ》した。そこで幕府は後深草上皇と亀山天皇の母・大《おお》宮《みや》院に法皇の遺志を確認。その2年後に亀山天皇が譲位し、世仁親王（第91代・後宇多《ごうだ》天皇）が即位した。治天《ちてん》の君《きみ》は亀山上皇のものとなったのである。

このため、後深草上皇は抗議の意味で上皇の尊号を辞退し、出家を決意。この異例の事態にあわてた幕府は、後深草上皇の皇子・煕仁《ひろひと》を亀山上皇の猶《ゆう》子《し》とし、後宇多天皇の皇太子（天皇の2歳年上だった）とすることで決着させた。以降、後深草帝と亀山帝の血統は、それぞれの御所にちなんだ持明院《じみょういん》統《とう》（後深草系）と大覚寺統《だいかくじとう》（亀山系）に分かれ、幕府の思惑も絡んだ長い勢力争いを繰り広げることになる。

国難に立ち向かった

第90代 亀山天皇

かめやまてんのう●生没年:1249～1305年　在位:1259～1274年

蒙古襲来で国の存亡を憂え 身を賭して敵国降伏の祈りを捧げた

『蒙古襲来合戦絵巻』に描かれた元軍との海上の戦い。日本軍は小さな和船で機敏に攻撃し、敵の軍船と元兵を攪乱（かくらん）した。日本軍の前に次々となぎ倒されていく元軍が描かれている（部分／国立国会図書館蔵）。

10歳で立太子し、翌年、兄の第89代・後深草《ごふかくさ》天皇の譲位を受けて即位。その様子を見た父・後嵯峨《ごさが》上皇は、「いろいろに　枝をつらねて　咲きにけり　花もわが世も　今さかりなり」（『増鏡《ますかがみ》』）と詠み、我が世の春と喜んだという。

さらに、亀山《かめやま》天皇に皇子（世仁《よひと》親王）が生まれると、翌年早々これを立太子。父帝と母・大宮院《おおみやいん》に優遇されたことが、兄・後深草上皇の恨みを買うことになった（134頁参照）。

そして、26歳で世仁親王（第91代・後宇多《ごうだ》天皇）に譲位するが、その間、元《げん》（1271年、蒙古系民族が中国全土を統一して建国）のフビライからの国書が届いた。それは元が日本に服従を迫る内容だったため、緊張が高まり、鎌倉幕府は国境の備えを命じ、朝廷は有力神社に降伏の祈願を行わせた。

そして1274（文永《ぶんえい》11）年、元軍

ここがスゴイ! 亀山天皇

❶上皇時代に2度にわたる元軍襲来に直面。全国の有力神社に御幣《ごへい》をたてまつるよう命じ、自らも祈祷《きとう》を行った。とくに石清水八幡宮《いわしみずはちまんぐう》への参詣は二十数回にもおよび、ときには7日間も籠もって祈りをつくした。

❷中国から来日した臨済禅の高僧を保護し、自らも学んだことから公家の間に禅宗が広まった。

❸笛や琵琶《びわ》、歌謡や神楽《かぐら》に通じたほか、蹴鞠《けまり》や朗詠など、さまざまな芸能に秀でた。

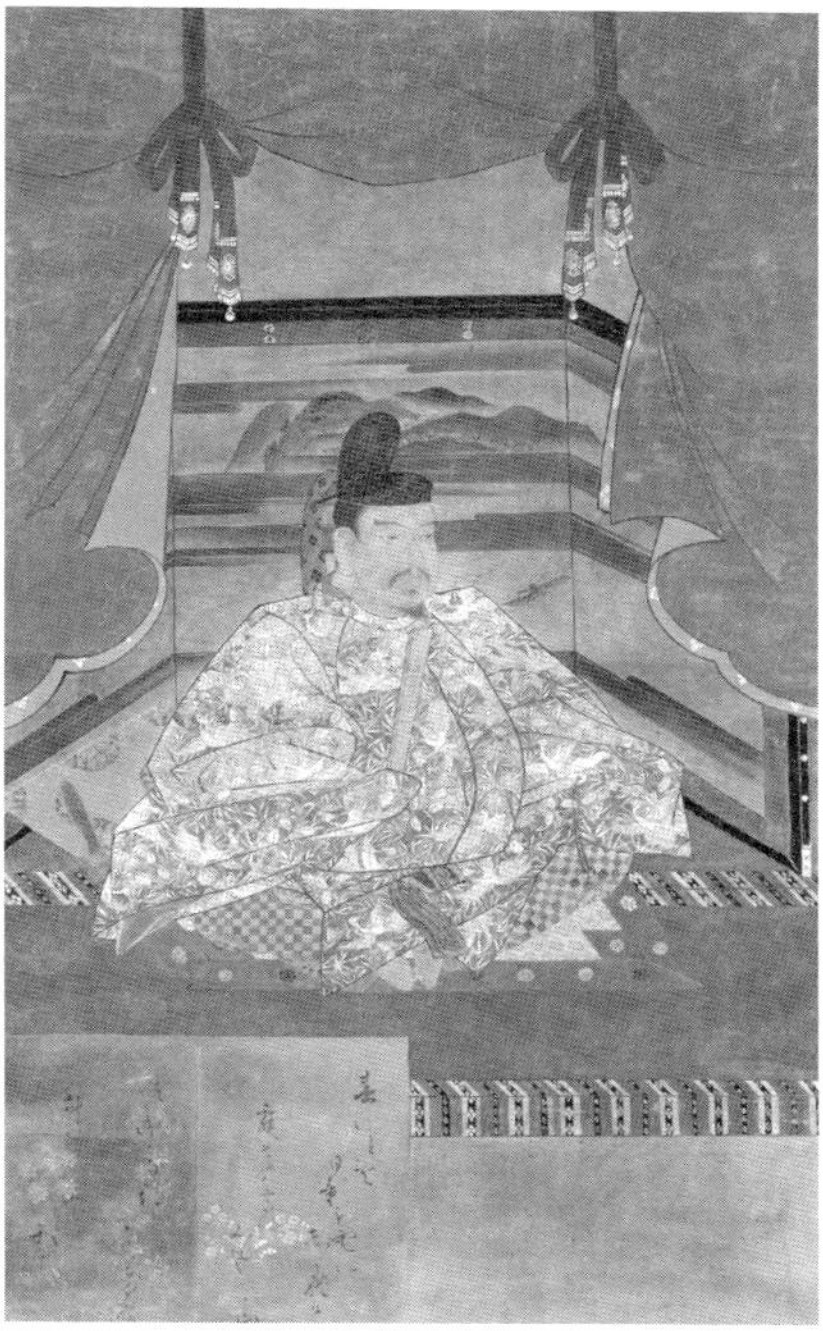

さまざまな芸能に秀でた亀山天皇の肖像。2度にわたる元軍の侵攻(元寇)に心を痛め、兄・後深草上皇との確執を通して歴史の転換者の一人として名を残した。1274(文永11)年に上皇、1289(正応2)年9月に南禅寺で出家して法皇となった(模写/東京大学史料編纂所蔵)。

御製歌

石清水《いはしみづ》　絶えぬ流れは
身にうけて
吾が世の末を　神にまかせむ

『続拾遺和歌集《しょくしゅういわかしゅう》』巻20に収載。石清水《いわしみず》八幡宮に参拝したときの歌。社名の石清水《いわしみず》にかけて、日本の行く末の守護を祭神の八幡大菩薩に祈念する思いを歌っている。

鎌倉

が北九州に襲来した。この文永の役で幕府軍は奮戦。やがて暴風雨による蒙古軍撤退の知らせがもたらされると、亀山上皇は自ら石清水八幡宮《いわしみずはちまんぐう》へ参拝し、夜を徹して国土安穏の感謝の祈りを捧げた。そして7年後の1281(弘安《こうあん》4)年、再び元軍が来襲した弘安の役でも石清水八幡宮に参籠し、自ら敵国降伏の祈祷《きとう》を行っている。

さらに伊勢神宮に勅使《ちょくし》を遣わし、「まことにこの日本のそこなはるべくは、御命を召すべき」(本当に日本が滅亡することがあれば、私の命を召し上げよう)という内容の捨て身の願文をしたためた(『増鏡』)。

一方、上皇であった時代、鎌倉幕府の提案により、大覚寺統《だいかくじとう》と持明院統《じみょういんとう》がそれぞれ交互に君主を即位させることとなった。いわゆる両統迭立《りょうとうてつりつ》時代の始まりである。

時代を変革した不世出の天皇

第96代 後醍醐天皇

ごだいごてんのう●生没年：1288～1339年　在位：1318～1339年

2度の廃位と流罪を経験したが鎌倉幕府を倒して建武の新政を断行

激動の時代をおのれの信念を曲げずにしたたかに生き抜き、南朝の初代天皇となった後醍醐（ごだいご）天皇の肖像（模写／東京大学史料編纂所蔵）。

後醍醐《ごだいご》天皇は、大覚寺統《だいかくじとう》の第91代・後宇多《ごうだ》天皇の第2皇子の尊治《たかはる》親王で、異母兄の邦治《くにはる》親王（のちの第94代・後《ご》二条《にじょう》天皇）が皇太子になった。したがって本来は天皇になれる人物ではなかった。

しかし、後二条天皇は在位7年で病を得て崩御《ほうぎょ》。持明院統《じみょういんとう》の第95代・花園《はなぞの》天皇が即位したが、両統迭立《りょうとうてつりつ》で次の大覚寺統から皇太子になったのが尊治《たかはる》親王だった。本来は第94代・後二条《ごにじょう》天皇の皇子から選ばれるはずだったが、その邦良《くによし》親王が幼少のため、中継ぎとなったのである。加えて大覚寺統の跡継ぎは後二条天皇の子孫に限るという縛りがあった。後醍醐《ごだいご》天皇にとっては不本意な条件だったが、1318（文保《ぶんぽう》2）年、31歳で即位した。

ところが、後醍醐《ごだいご》天皇はただの中継ぎに終わらなかった。院政《いんせい》を敷いた父・

小林清親画『日本外史之内 後醍醐（ごだいご）天皇』に描かれた後醍醐天皇の隠岐島（おきのしま）脱出の図。伯耆（ほうき／鳥取県）の名門、名和氏の軍勢に守られて本土に上陸した（部分／静岡県立中央図書館蔵）。

後宇多法皇に政務を返すように要求してこれをのませ、1321（元亨元《げんこう》）年末、天皇による親政《しんせい》を実現した。これは第71代・後三条《ごさんじょう》天皇以来、249年ぶりのことで、天皇が実質上の治天《ちてん》の君《きみ》となったことを意味する。すなわち院政の終焉《しゅうえん》であった。

そして、ひそかに幕府打倒へと動く。天皇を倒幕へと駆り立てたのは、いずれ幕府から譲位を迫られる運命にあったことに加え、自らの皇子を皇太子にできないことへの不満であったという。このため天皇は、有力寺社や一部の武士らを味方につけ、2度にわたって倒幕計画を練ったのである。

しかし、2度ともその実行が事前に露見し、天皇が幕府軍に捕らえられる事態となる。その結果、天皇は廃位され、持明院統の皇太子が北朝初代・光《こう》厳《ごん》天皇として即位する一方、天皇は隠《お》

不屈の魂で鎌倉幕府を滅亡させ朝廷分裂の時代の主役となったカリスマ

南朝の皇居として機能していた吉水（よしみず）神社（奈良県吉野町）。「紀伊山地の霊場と参詣道」の一つとして世界文化遺産に登録されている。

配流先の御所跡に建つ黒木神社（島根県西ノ島町）入口に建立されている後醍醐（ごだいご）天皇の建武中興（けんむのちゅうこう）発祥之地碑。

岐島《きのしま》に流罪となった。それでも後醍醐《ごだいご》天皇は復権をあきらめなかった。

伯耆《ほうき》（鳥取県）の名門、名和《なわ》氏を頼って隠岐島《おきのしま》を脱出。船上山《せんじょうさん》（鳥取県琴浦町）で挙兵し、方々に倒幕を呼びかけた。すると、幕府側として船上山に出兵した足利尊氏《たかうじ》が後醍醐《ごだいご》方につき、六波羅探題《ろくはらたんだい》（京都にある幕府の出先機関）攻めに転じるという逆転劇が発生。一方、関東でも新田義貞《よしさだ》が鎌倉の北条氏を討ち、1333（元弘3）年、鎌倉幕府が滅亡するのである。

帰京した後醍醐《ごだいご》天皇は、幕府が立てた光厳《こうごん》天皇の皇位を否定。復権を果たして自らの皇子・恒良《つねなが》親王を皇太子に立てた。そして幕府や摂政《せっしょう》・関白《かんぱく》を置かない天皇親政を開始する。いわゆる建武の新政である。

しかし、そのことで内政は大混乱に陥った。天皇親政の内実は、朝廷本位、

ここがスゴイ! 後醍醐天皇

❶天皇家の二つの家系（持明院統《じみょういんとう》と大覚寺《だいかくじ》統《とう》）から交互に皇位を継承する時代に天皇になる。のち南朝（吉野朝廷）の最初の天皇となる。傍流の中継ぎ天皇でありながら、自らの地位を独力で押し上げた。
❷平安時代から続く院政を廃して天皇親政を実現させただけでなく、幕府を廃して天皇中心の朝廷による政治体制を実現させた。
❸圧倒的な武力をもつ武家政権（幕府）に対し、2度にわたり倒幕計画を進めたがいずれも失敗。天皇位を廃されて流罪になった。しかし、それでもあきらめない不屈の天皇だった。
❹従来の天皇にはなかったカリスマ性と英雄的な資質で、鎌倉幕府に批判的な武家や地方の豪族を惹《ひ》きつけ動かした。
❺仏教（とりわけ密教）に精通し、自ら習得した密教の呪法を駆使して、運命を切り開こうとした。
❻大覚寺統の天皇・皇族に伝えられた笛のほか、持明院統に伝わる琵琶《びわ》の秘曲をもマスター。各種の音楽の奥義をきわめた。
❼死に際しても皇位に対する執念は消えず、死後もその遺志を継ぐ形で南朝が続いた。

吉水（よしみず）神社（奈良県吉野町）の後醍醐（ごだいご）天皇の玉座。桃山式書院で国の重要文化財に指定されている。

公家優先、武士軽視の政治で、武士らの不満を募らせていったのである。

一方で、新政と距離を置いた足利尊《たか》氏《うじ》と天皇との間に生じた溝が徐々に深まり、ついには官軍と尊氏《たかうじ》軍との戦闘に発展。いったんは尊氏《たかうじ》軍を西に敗走させたが、兵を整えて東上した尊氏《たかうじ》軍は摂津《せっつ》（兵庫県）の湊川《みなとがわ》の戦いに勝利し、京へと進軍。後醍醐《ごだいご》天皇は比叡山《ひえいざん》に逃れたのち、足利尊氏《たかうじ》の要請に応じて三種の神器を渡したとされている。

これを受け、足利尊氏《たかうじ》は持明院統から新たに北朝2代・光明《こうみょう》天皇を擁立し、室町幕府を開幕。そんななか、花山院《かざんいん》に幽閉されていた後醍醐《ごだいご》天皇は京都を脱出し、吉野山《よしのやま》（奈良県吉野町）に朝廷を開いた。天皇は、尊氏《たかうじ》に渡した神器は贋物《にせもの》とし、自らの正統性を主張。こうして、京都の朝廷と吉野の朝廷が並立する南北朝時代が始まるのである。

南北朝時代を終わらせた

第99代 後亀山天皇

ごかめやまてんのう●生没年:1350?～1424年 在位:1383～1392年

足利義満の調停案をのみ56年ぶりに南北朝合流を決断した

後亀山天皇譲位後の住まいとなった大覚寺。876（貞観〈じょうがん〉18）年、第52代・嵯峨（さが）天皇が営んだ離宮を寺に改めて開基した大覚寺では、後嵯峨（ごさが）法皇、亀山法皇、後宇多法皇が院政を行った。写真は正寝殿で、南北講和会議はここで行われた。

第97代・後村上《ごむらかみ》天皇の第2皇子で、兄の第98代・長慶《ちょうけい》天皇の譲位を受け、1383（弘和《こうわ》3）年に皇位に就いた。南朝と北朝が並立した時代、両朝の合体・和睦の交渉は断続的に行われていたが、実を結ぶことはなかった。その間、南朝（吉野朝廷）は足利将軍家内の権力争いの一方に荷担するなどして一定の影響力を保っていたが、南朝開始から50年も経《た》つと、南朝方を支えてきた親王や武将も亡くなり、勢力範囲も減少の一途を辿った。

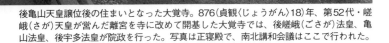

一方、北朝を支えた室町幕府は、第3代・足利義満《よしみつ》の時代となり、もっとも安定し、興隆の時期を迎えていた。もはや南北朝が対立し、並び立つ時代ではなくなっていたのである。

そんななか、1392（明徳《めいとく》3）年、義満は南朝に和睦を申し入れた。その条件は、①三種の神器は譲位の儀礼を

ここがスゴイ！ 後亀山天皇

❶「正統（南朝）の天子が皇位を授ける（譲位する）」という形をとることで、足利義満の和睦案を受け入れた。後亀山天皇の本意は「天子の運命は天道神慮《てんどうしんりょ》に任せ、民間の憂を休めたい」という、天皇としての自覚をもった英断だった。

南朝、北朝どちらが正統？

南朝と北朝のどちらが正統かについては長らく議論されていたが、1911（明治44）年、明治天皇の裁断で「三種の神器を所有していた南朝が正統」と決まり、後村上《ごむらかみ》・長慶《ちょうけい》・後亀山《ごかめやま》の各帝はここで歴代天皇として公認された。

御製歌

たつ田川　うかぶ紅葉の　行末は
ながれとどまる　事もあらじな

荒木田麗女《あらきだれいじょ》『池の藻屑《もくず》』巻7に収載。1392（明徳〈めいとく〉3）年の御製。時代に自らの命運を託す心情が詠まれている。「竜田川の川面に流れるもみじの葉は、どこまでもながれていくのだろうなぁ」

南朝4代、最後の天皇となった後亀山天皇の嵯峨小倉陵（さがのおぐらのみささぎ）（京都市右京区）。

大覚寺の回廊。刀や長刀が振り回せないように天井が低く設計されている。

経て北朝6代・後小松《ごこまつ》天皇に授ける、②今後は南北の両統迭立《てつりつ》によって皇位を継承するなどである。

①の「譲位の儀礼を経て」とは、皇位は北朝の皇太子に譲るものの、南朝の第99代・後亀山《ごかめやま》天皇を正統と認めたことを意味している。つまり、南朝を立てる形で合流が促されたのである。

とはいえ、亡き後醍醐《ごだいご》天皇の遺命は重く、苦渋の決断だったのは間違いない。のち後亀山上皇は、「自らの運命より民の苦しみを休めたい」と述べ、混乱の収拾を優先させるための決断だったとの思いを吐露している。

しかし、和睦の条件はあっさりと反《ほ》故《ご》にされた。右の②はついに果たされず、後亀山上皇は1410（応永《おうえい》17）年、京を離れて吉野に戻り、6年もの間引き籠もった。それは抗議の意思を示すせめてもの抵抗だったのだろう。

天皇の権威を回復させた聖主

第102代 後花園天皇

ごはなぞのてんのう●生没年：1419～1470年 在位：1428～1464年

応仁の乱の大混乱期に本来あるべき帝王像を自ら示した

聖主と称えられた後花園天皇の肖像（模写／東京大学史料編纂所蔵）。

第101代・称光《しょうこう》天皇が病床に臥《ふ》せると、跡継ぎのない天皇家のために急遽《きゅうきょ》、伏見宮《ふしみのみや》家の彦仁《ひこひと》王が迎えられた。そして1428（正長《しょうちょう》元）年、親王の宣下《せんげ》も立太子の儀もないまま皇位を継承した。すなわち第102代・後花園天皇である。もとは持明院統《じみょういんとう》の正統で、天皇家本流に還《かえ》ることを宿願とする伏見宮家にとって慶事であった。

父・貞成《さだふさ》親王は、当時少年だった後花園天皇に帝王学――すなわち学問や有職故実《ゆうそくこじつ》、和漢の文芸から和歌や芸能まで――をたたき込んだ。結果、のちに「（諸芸に精通した）近来の聖主」として称えられる存在となった。

在位は36年の長きにおよび、第100代・後小松《ごこまつ》上皇の崩御《ほうぎょ》ののちは30年あまりにわたり親政《しんせい》を行った。その間、幕府の権威は失墜し、武家の内乱に苦しむ足利将軍家は、しばしば天皇に朝

ここがスゴイ！ 後花園天皇

❶親王や皇太子の地位を経ないで擁立されたが、在位は36年の長きにおよび、後世「聖主」と称えられた。

❷歴史、文学、和歌、芸能、絵画などの学問・諸芸に精通することで、皇室の伝統的権威の維持に努めた。

❸遊興にふけり、民の負担を増やす政治を行った室町幕府第8代将軍・足利義政《よしまさ》を詩文で諌《いさ》めた。

❹応仁の乱での荒廃を自らの徳の至らなさととらえ、上皇の座を辞して出家することで、治天《ちてん》の君《きみ》たる身の処し方の見本を示した。

御製歌

よろづ民　うれへなかれと
朝ごとに
いのる心や　神や知るらむ

聖主と称えられる後花園帝の素直な心境を詠んだもの。「すべての民衆が困苦に憂えることのないようにと毎朝祈っている私の思いを、神さまはご存知であろう」

京都市東山区の泉涌寺（せんにゅうじ）の仏殿。同寺には、後花園天皇が崩御（ほうぎょ）後に埋葬された悲田院（後花園天皇の勅願寺）が1646（正保3）年に移されている。仁和寺（にんなじ）や大覚寺とともに皇室ゆかりの寺で、「御寺（みてら）」と呼ばれている。12人の天皇が合葬された月輪陵（つきのわのみささぎ）や2人が合葬された後月輪陵（のちのつきのわのみささぎ）がここにある。

敵追討の綸旨《りんじ》（天皇の命令書）を求めた。このことは、朝廷の権威が復活したことを物語っている。このほか、室町幕府第8代将軍・足利義政《よしまさ》の悪政を見かねて、政道の理を説いた詩文を下して諌《いさ》めたという逸話も知られている。

天皇は、皇子の成仁《ふさひと》親王に天皇としての心得を説いた書を与え、1464（寛正《かんしょう》5）年に譲位し、上皇になった。こうして院政を敷き、治天《ちてん》の君《きみ》となった上皇だが、やがて勃発した応仁の乱に際しては、綸旨《りんじ》の発給には応じなかった。かつて自らが発した朝敵の〝お墨つき〟が、争いの発端となったことを悔いたからであるという。

そして上皇は自らの不徳をさとり、出家し、円満智《えんまんち》と号した。この身の処し方もまた、帝王のあるべき姿として後世の称賛を浴びている。

忍耐を強いられた乱世の帝

第103代 後土御門天皇

ごつちみかどてんのう●生没年：1442～1500年　在位：1464～1500年

皇室財政が極度に悪化するなか宮廷文化の維持・継続に腐心した

第102代・後花園《ごはなぞの》天皇の第1皇子。1464（寛正《かんしょう》5）年に先帝の譲位を受けて即位した。応仁の乱の勃発はその3年後のことだった。

室町幕府第8代将軍・足利義政《よしまさ》の跡継ぎ問題に端を発したこの内乱は、有力者の山名《やまな》氏（西軍）と細川《ほそかわ》氏（東軍）が各地の守護大名を巻き込み、全国を二分する戦いになった。とくに京都市街が主要な戦場となり、後土御門《ごつちみかど》天皇は後花園《ごはなぞの》上皇とともに、足利義政の室町邸（花の御所とも）に難を逃れた。

戦乱は11年の長きにわたり、天皇はそのほとんどの期間を室町邸の仮宮《かりみや》で過ごした。この間、幕府の権威は著しく失墜し、皇室の経済基盤も弱体化を余儀なくされた。加えて、禁裏御料《きんりごりょう》が地方武士に侵されており、皇室財政は逼迫《ひっぱく》するばかりだった。その結果、天皇を天皇たらしめる宮中の祭儀や年中

ここがスゴイ! 後土御門天皇

❶応仁《おうにん》の乱から戦国時代の初めにいたる乱世下、天皇の権威は朝廷の儀礼が正しく行われることで守られるという考えから、それら朝儀の復興に努力した。
❷応仁の乱が下火になると、避難先の室町邸で元旦恒例の四方拝《しほうはい》(天地の四方の神々に祈る行事)などを行い、和歌や連歌の会を催すなどして、伝統の維持に努めた。
❸59歳で崩御《ほうぎょ》したが、このとき朝廷は葬儀費用を調達できず、遺骸は43日も御所に放置された。

「応仁乱合戦の図」に描かれた応仁の乱。将軍の後継者争いや守護大名の家督争いが、三つ巴(どもえ)、四つ巴となって複雑化。朝廷を巻き込んで11年にもおよぶ戦いに発展し、京都は灰燼(かいじん)に帰した(「歴史科教授用参考掛図」より/大阪教育大学附属図書館蔵)。

御製歌

まつりごと　その古《いにしへ》に　のこりなく
たちこそかへれ　百敷《ももしき》のうち

応仁の乱の戦火を逃れ、将軍邸である室町邸の仮宮《かりみや》にいたときの歌。「祭祀《さいし》はすべて残らず昔の姿に戻したい」という天皇の強い思いが歌われている。「百敷」とは内裏《だいり》、すなわち御所のことで、そこを離れざるをえない現状への無念さも伝わってくる。

行事の維持そのものが困難となった。それでも天皇は、社寺に命じて天下泰平を祈らせ、戦火が下火になると、室町邸で元旦恒例の宮廷祭祀《さいし》である四方《しほう》拝《はい》を執り行っている。

大乱がようやく終息すると、後土御門天皇は宮中儀礼の復興に心を尽くした。自ら有職故実《ゆうそくこじつ》を学び、地方に散っていった廷臣らを呼び戻して祭儀の研《けん》鑽《さん》を重ね、伊勢神宮に朝儀復興を祈念させた。こうしていくつかの行事は天皇のもとで復活したものの、それらをのちの代まで維持・継続させることはかなわなかったという。

この時代、天皇にとっては思うにまかせないことの連続だった。そんな状況に、天皇はしばしば譲位の意思を表明したが、そのつど側近や将軍らに押し止《とど》められた。まさに耐え難きを耐え、忍び難きを忍ぶ日々だった。

清貧を貫き通した
第105代 後奈良天皇

ごならてんのう●生没年：1496 ～1557年　在位：1526～1557年

経済的に困窮しながらも天皇の本分をまっとうした賢帝

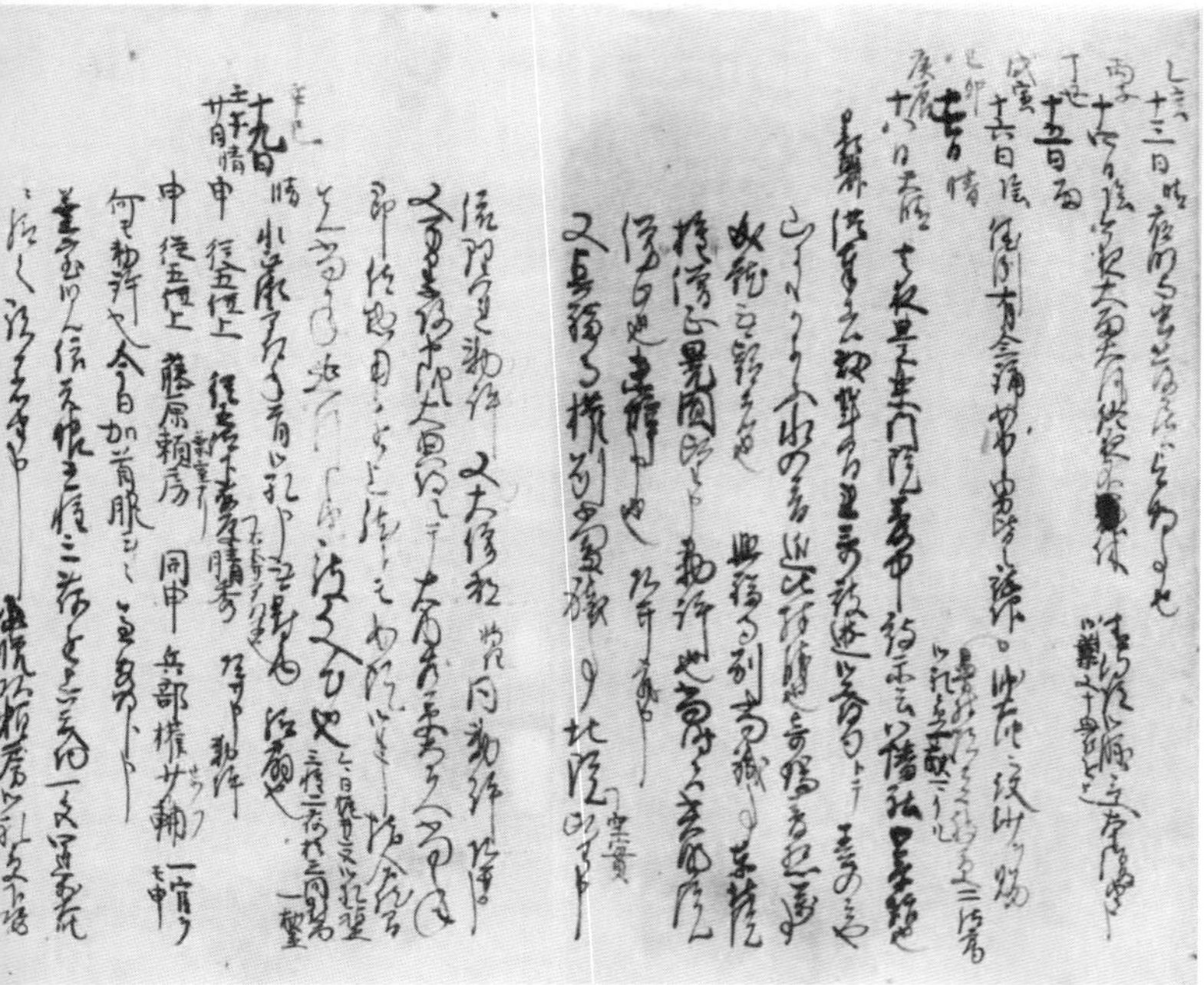

後奈良天皇の日記『後奈良天皇宸記（天聴集〈てんちょうしゅう〉）』。原本は宮内庁書陵部蔵となる1535（天文4）年の日記で、写真は戦前に精緻なコロタイプ印刷で複製した版本。中世の激動の時代を伝える貴重な記録である（国立国会図書館蔵）。

1526（大永《だいえい》6）年、第104代・後柏原《ごかしわばら》天皇の崩御を受け、皇位を継いだ。その治世は信長《のぶなが》・秀吉《ひでよし》・家康《いえやす》といった武将が台頭しつつあった戦国時代にあたり、奈良では一向一揆《いっこういっき》、京都では天文法華《てんぶんほっけ》の乱といった、仏教宗徒らによる紛争も発生していた。

一方、1539（天文《てんぶん》8）年には全国各地が洪水と凶作に見舞われ、翌年には飢餓による餓死者と疫病による病死者が道に折り重なる惨状となった。

この世情を憂えた天皇は、自ら般若《はんにゃ》心経《しんぎょう》を金字《きんじ》で書写し、諸国の一ノ宮に奉納させて悪疫の終息を祈った。その数は25カ国におよんだという。

その奥書にはこう記されている。

「ことしの天下大疫で、よろずの民の多くが死亡した。朕《われ》は民の父母としての徳が至らず、自ら痛み入ってやまない……（この般若心経《はんにゃしんぎょう》が）疾病の妙

ここがスゴイ！ 後奈良天皇

❶国中で広まった疫病に心を痛め、自ら般若心経《はんにゃしんぎょう》を書写して全国の社寺に奉納。人々を慰労する言葉を残した。

❷賄賂を嫌い、情実を期待する献金を突き返すなど、常に公明正大な天皇で、悪弊の前には毅然《きぜん》たる態度を貫いた。

❸文芸諸般に秀で、『後奈良院御百首《ごならいんおんひゃくしゅ》』『後奈良院御集《ごならいんぎょしゅう》』などの和歌集を編《へん》纂《さん》し、日記『後奈良天皇宸記《ごならてんのうしんき》（天聴《てんちょう》集《しゅう》）』ほかの文学資料を残している。

日本最初のなぞなぞ集とは？

和歌集などをまとめ、すぐれた“編集者”であった後奈良天皇は、『後奈良院御撰何《ごならいんぎょせんな》曾《ぞ》』という日本最初のなぞなぞ集を残した。172編の言葉遊びのような謎解きを収録した本で、たとえば「十里の道を今朝かへる」という問題。この答えは「濁り酒」。なぜかというと、10里＝5里＋5里。つまり五里が二つで「にごり」となる。さらに「今朝」を返せば「酒」。この二つの言葉を重ねれば「濁り酒」というわけである。

関八州総鎮護を掲げる伊豆山神社（静岡県熱海市）の本殿。全国の伊豆山神社や伊豆神社の本社となる同社は、推古天皇、孝徳天皇、後奈良天皇などの勅願（ちょくがん）所となり、後奈良天皇は自筆の「紺紙金泥般若心経（こんしこんでいはんにゃしんぎょう）」（国の重要文化財）を奉納している。

室町

薬となることを強く願う」（意訳）

また、先代、先々代に続き、皇室財政の悪化に拍車がかかっていた。このため儀礼の費用がまかなえず、即位礼が行われたのは皇位継承から10年後、大嘗祭《だいじょうさい》は後土御門《ごつちみかど》天皇以降行われなかった。とくに後者は、天照大神《あまてらすおおみかみ》に由来する天皇の霊魂を継承する重要な祭儀であることから、天皇は天照大神《あまてらすおおみかみ》に謝罪し、ひたすら神の加護と神威の発現を祈る文を残している。

そんななか、天皇は皇室祭儀の継続に心を尽くし、その権威の維持に努めた。特筆すべきは、むやみに官位を与えなかった点である。従来、大名や公家らは皇室への献金の見返りに官位を受けようとする風潮があったが、天皇は経済的な苦境にかかわらず、その申し出の多くを断っている。清貧に生き、清貧に没した天皇であった。

鋭い感性で乱世に対処

第106代 正親町天皇

おおぎまちてんのう●生没年:1517~1593年 在位:1557~1586年

織田信長と深く結びつき朝廷の権威を一気に回復させた

信長ともちつもたれつの関係を築いた正親町(おおぎまち)天皇の肖像。実は信長の父・織田信秀も先帝の後奈良天皇に内裏(だいり)の修復費用などを献上している(模写/東京大学史料編纂所蔵)。

1557(弘治《こうじ》3)年、父である第105代・後奈良《ごなら》天皇の崩御《ほうぎょ》にともない皇位を継承。引き続き皇室の財政は困窮をきわめ、自身の即位礼も毛利元就《もうりもとなり》の援助を受け、3年目にしてやっと実現している。

しかし、即位するまで41年間も乱世を目の当たりにしてきた正親町《おおぎまち》天皇には、治世に関して鋭い感性が養われていた。すなわち新興の武士勢力、とりわけ織田信長《おだのぶなが》との関係を深め、皇室の権威回復を図ろうとしたのである。

1567(永禄《えいろく》10)年には、織田信長に勅使を派遣し、皇子の元服儀礼への貢献と、美濃・尾張の禁裏御料《きんりごりょう》の回復を委嘱している。翌年、信長は将軍宣下《せんげ》を受けた室町幕府第15代将軍・足利義昭《よしあき》を庇護する形で京都に入った。このとき天皇は信長に、「京都では反逆が起こらないようにし、禁中(皇居)

ここがスゴイ！ 正親町天皇

❶織田信長《おだのぶなが》は室町幕府第15代将軍・足利義昭《よしあき》に皇室をおろそかに扱ってはならないと釘《くぎ》を刺した。このため正親町《おおぎまち》天皇は、信長の敵対勢力に対して、しばしば講和の勅命を発した。講和実現の代表例が石山合戦の和議である。
❷信長没後、天下人となった豊臣秀吉《とよとみひでよし》に対しても良好な関係を築いた。
❸1586（天正《てんしょう》14）年、正親町天皇《おおぎまち》は皇位を孫の和仁《かずひと》親王に譲り、上皇が復活した。

御製歌

千とせをも
色香にこめて　幾秋か
花にさきいづる　庭の白菊

『宸翰集《しんかんしゅう》』に収載。皇室の紋章で、不老長寿の象徴である菊にかけて長命を予祝している。「菊に多くの秋を契る（菊契多秋）」。「これからの千年、色と香にこめて、幾秋も花と咲き続けるのだろう、庭の白菊よ」

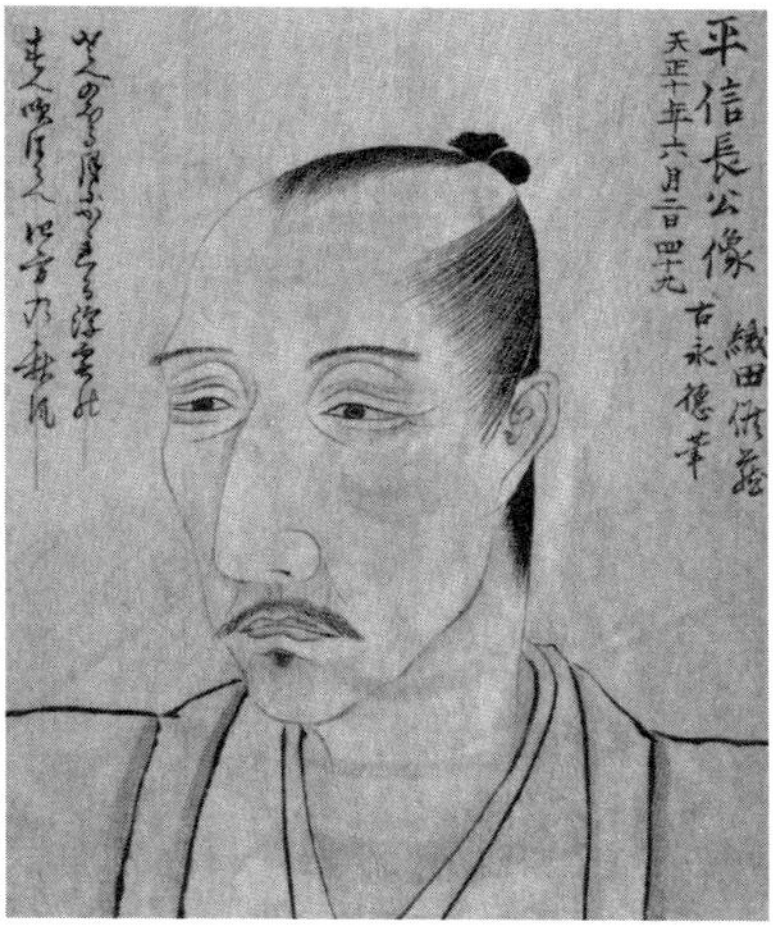

信濃兵部丞（しなのひょうぶのじょう）に宛てた領地を安堵（あんど）する信長の朱印状（下）。朝廷の権威を背景に、信長はこうした朱印状や黒印状を乱発した。右は信長肖像（国立国会図書館蔵）。

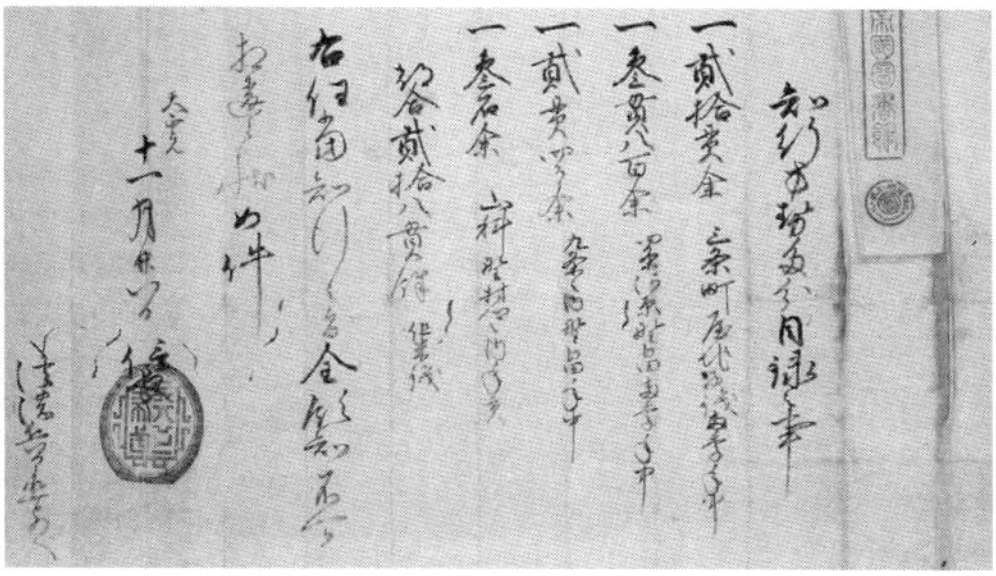

警固の人員を出す」よう命じ、信長もそれに応えて京都の人々を安心させた。

戦争続きだった京都に信長が入ると治安は安定。信長は朝廷を盛りたてるさまざまな施策を行った。宮中への献金や献上品はもとより、朝廷祭儀の復興に費用を献じ、皇室および公家の領地回復を進め、滞っていた伊勢神宮の遷宮も実現させている。一方、信長が手を焼く石山本願寺《いしやまほんがんじ》攻めにあたっては、天皇は信長の依頼を受け、2度も和議のための勅使を石山に派遣し、最終的に本願寺は石山を撤退している。

1581（天正《てんしょう》9）年には、天皇臨席のもと、信長は内裏《だいり》東で大規模な御《お》馬揃《うまぞろ》え（軍事パレード）を行った。これは天皇の要望で行ったもので、当時、天皇と天下人と呼ばれる武将が権威と権力を分け合い、並び立っていたことを象徴する出来事であった。

●第83代・土御門《つちみかど》天皇　生没年：1195～1231年、在位：1198～1210年／後鳥羽《ごとば》上皇の第1皇子。4歳で即位し、16歳で異母弟の守成《もりなり》親王に譲位。承久《じょうきゅう》の乱の首謀者である上皇が隠岐島《おきのしま》に流されると、自身も土佐（高知県）に配流となった。

●第84代・順徳《じゅんとく》天皇　生没年：1197～1242年、在位：1210～1221年／後鳥羽《ごとば》上皇の第3皇子。上皇に才能を買われ、兄を押しのけて14歳で即位。上皇の倒幕計画に参画し、佐渡に流された。

●第85代・仲恭《ちゅうきょう》天皇　生没年：1218～1234年、在位：1221～1221年／4歳で即位したが、承久《じょうきゅう》の乱で祖父・後鳥羽《ごとば》上皇と父・第84代・順徳天皇が配流され、即位後わずか78日で皇位を廃された。

●第86代・後堀河《ごほりかわ》天皇　生没年：1212～1234年、在位：1221～1232年／承久の乱後に後継指名されたのが、後鳥羽《ごとば》上皇の兄・守貞《もりさだ》親王の3男・茂仁《ゆたひと》王だった。幼少のため、皇位に就いていない守貞親王が異例となる上皇の尊号を受け、院政を行った。

●第87代・四条《しじょう》天皇　生没年：1231～1242年／在位：1232～1242年／第86代・後堀河天皇の譲位により、2歳で即位。11歳で元服。12歳で崩御《ほうぎょ》した。

●第88代・御嵯峨《ごさが》天皇　生没年：1220～1272年、在位：1242～1246年／第83代・土御門天皇の皇子で、鶴岡《つるがおか》八幡宮《はちまんぐう》の神託で後継に決定。譲位後は幕府の求めに応じ、皇子・宗尊《むねたか》親王を皇族将軍として鎌倉に下らせ、幕府との関係を深めた。

●第91代・後宇多《ごうだ》天皇　生没年：1267～1324年、在位：1274～1287年／第90代・亀山《かめやま》天皇の第2皇子で、8歳で即位。亀山院の血統が続けて即位したことに不満をもった後深草《ごふかくさ》上皇が幕府に訴え、皇太子にはその皇子・熙仁《ひろひと》親王が就いた。

●第92代・伏見《ふしみ》天皇　生没年：1265～

1317年、在位：1287～1298年／持明院統《じみょういんとう》と大覚寺統《だいかくじとう》との駆け引きのなかで即位。皇子を皇太子(のちの後伏見天皇)としたため大覚寺統との確執が深まった。

●**第93代・後伏見《ごふしみ》天皇**　生没年：1288～1336年、在位：1298～1301年／11歳で第92代・伏見天皇より譲位されたが、持明院統から2代続けての即位に大覚寺統の反発は強かった。幕府もその意見に押され、在位は2年半にとどまった。

●**第94代・後二条《ごにじょう》天皇**　生没年：1285～1308年、在位：1301～1308年／祖父・亀山法皇の鎌倉幕府への猛烈な働きかけによって即位が実現したが、在位7年で病を得て崩御した。

●**第95代・花園《はなぞの》天皇**　生没年：1297～1348年、在位：1308～1318年／第93代・後伏見天皇の弟で、先帝の急死により12歳で即位。すぐれた学識を生かして、天子の道を説いた著書『誡太子書《かいたいししょ》』を著し、『風雅和歌集《ふうがわかしゅう》』の監修も行った。

●**第97代・後村上《ごむらかみ》天皇**　生没年：1328～1368年、在位：1339～1368年／明治期に南朝が正統とされ、歴代天皇に数えられる。第96代・後醍醐《ごだいご》天皇の第7皇子で、南朝第2代。足利軍に対抗して各地で転戦したのち吉野に帰還、即位した。

●**第98代・長慶《ちょうけい》天皇**　生没年：1343～1394年、在位：1368～1383年／南朝第3代。北朝に対して強硬な態度で臨んでいたが、南朝の弱体化は否めず、吉野に還幸《かんこう》したのち、和平派に押される形で弟・熙成《ひろなり》親王（後亀山天皇）に譲位した。

●**北朝初代・光厳《こうごん》天皇**　生没年：1313～1364年、在位：1331～1333年／第96代・後醍醐《ごだいご》天皇の倒幕計画（元弘《げんこう》の変）を受け、北条氏の意向で即位したが、幕府滅亡で廃位。上皇の尊号を賜った。

●**北朝第2代・光明《こうみょう》天皇**　生没年：1321～1380年、在位：1336～134

武家政権下　歴代天皇の事績

8年／第93代・後伏見天皇の第2皇子。足利尊氏《たかうじ》が後醍醐《ごだいご》天皇方に勝利して京都に入り、光厳上皇の院宣《いんぜん》を受ける形で即位。三種の神器が不在のままの皇位継承だった。

●北朝第3代・崇光《すこう》天皇　生没年：1334〜1398年、在位：1348〜1351年／北朝初代・光厳天皇の第1皇子。叔父・光明天皇から譲位。足利尊氏《たかうじ》・直義《ただよし》の兄弟の対立のすえ、尊氏《たかうじ》が南朝に帰順することで、一時的な南北統一（正平一統《しょうへいいっとう》）が成立。天皇の座も廃位とされた。

●北朝第4代・後光厳《ごこうごん》天皇　生没年：1338〜1374年、在位：1352〜1371年／北朝初代・光厳天皇の第2皇子。正平一統が破綻し、北朝方が京都を奪還したが、南朝方は光厳上皇・光明上皇・崇光《すこう》上皇および皇太子を吉野へ連行。このため足利政権は、匿《かくま》われていた弥仁《いやひと》親王（後光厳天皇）を三種の神器なしに即位させた。

●北朝第5代・後円融《ごえんゆう》天皇　生没年：1358〜1393年、在位：1371〜1382年／後光厳天皇の第2皇子。在世中に足利義満《よしみつ》が政治手腕を発揮しはじめ、朝廷内への介入も目立つようになる。

●第100代（北朝第6代）・後小松《ごこまつ》天皇　生没年：1377〜1433年、在位：1382〜1412年／在位期間が北朝天皇時代と南北合一後とにまたがる。自らの皇子（称光天皇）に譲位したことで、旧南朝方（後南朝とも）の反発を招いた。

●第101代・称光《しょうこう》天皇　生没年：1401〜1428年、在位：1412〜1428年／第100代・後小松天皇の第1皇子。病弱で後継男子にも恵まれなかった。

●第104代・後柏原《ごかしわばら》天皇　生没年：1464〜1526年、在位：1500〜1526年／第103代・後土御門《ごつちみかど》天皇の崩御で皇位を継承。応仁の乱後の財政難のなか、朝儀の再興に努め、疱瘡《ほうそう》大流行では般若心《はんにゃしん》経《ぎょう》を書写して延暦寺《えんりゃくじ》と仁和寺《にんなじ》に奉納した。

第6章

天皇は歴史の主役　近世・近現代の天皇

131頁へ

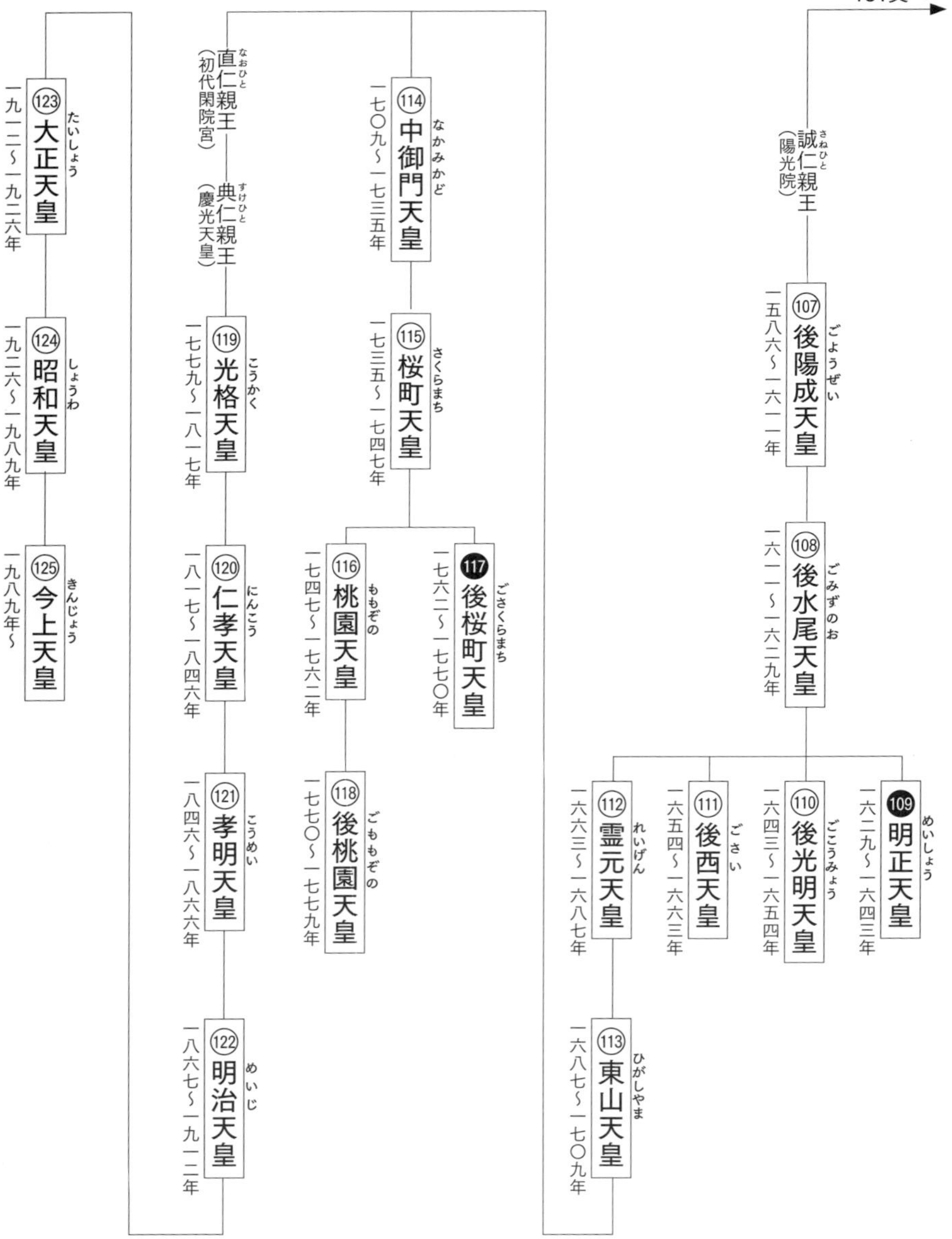
誠仁《さねひと》親王（陽光院）
107 後陽成《ごようぜい》天皇 一五八六～一六一一年
108 後水尾《ごみずのお》天皇 一六一一～一六二九年
109 明正《めいしょう》天皇 一六二九～一六四三年
110 後光明《ごこうみょう》天皇 一六四三～一六五四年
111 後西《ごさい》天皇 一六五四～一六六三年
112 霊元《れいげん》天皇 一六六三～一六八七年
113 東山《ひがしやま》天皇 一六八七～一七〇九年
114 中御門《なかみかど》天皇 一七〇九～一七三五年
115 桜町《さくらまち》天皇 一七三五～一七四七年
116 桃園《ももぞの》天皇 一七四七～一七六二年
117 後桜町《ごさくらまち》天皇 一七六二～一七七〇年
118 後桃園《ごももぞの》天皇 一七七〇～一七七九年
直仁《なおひと》親王（初代閑院宮）
典仁《すけひと》親王（慶光天皇）
119 光格《こうかく》天皇 一七七九～一八一七年
120 仁孝《にんこう》天皇 一八一七～一八四六年
121 孝明《こうめい》天皇 一八四六～一八六六年
122 明治《めいじ》天皇 一八六七～一九一二年
123 大正《たいしょう》天皇 一九一二～一九二六年
124 昭和《しょうわ》天皇 一九二六～一九八九年
125 今上《きんじょう》天皇 一九八九年～

※系図は皇統譜に基づく宮内庁公式サイトに準拠。
※西暦は在位年で、丸数字は代数。
※黒丸数字は女性天皇。

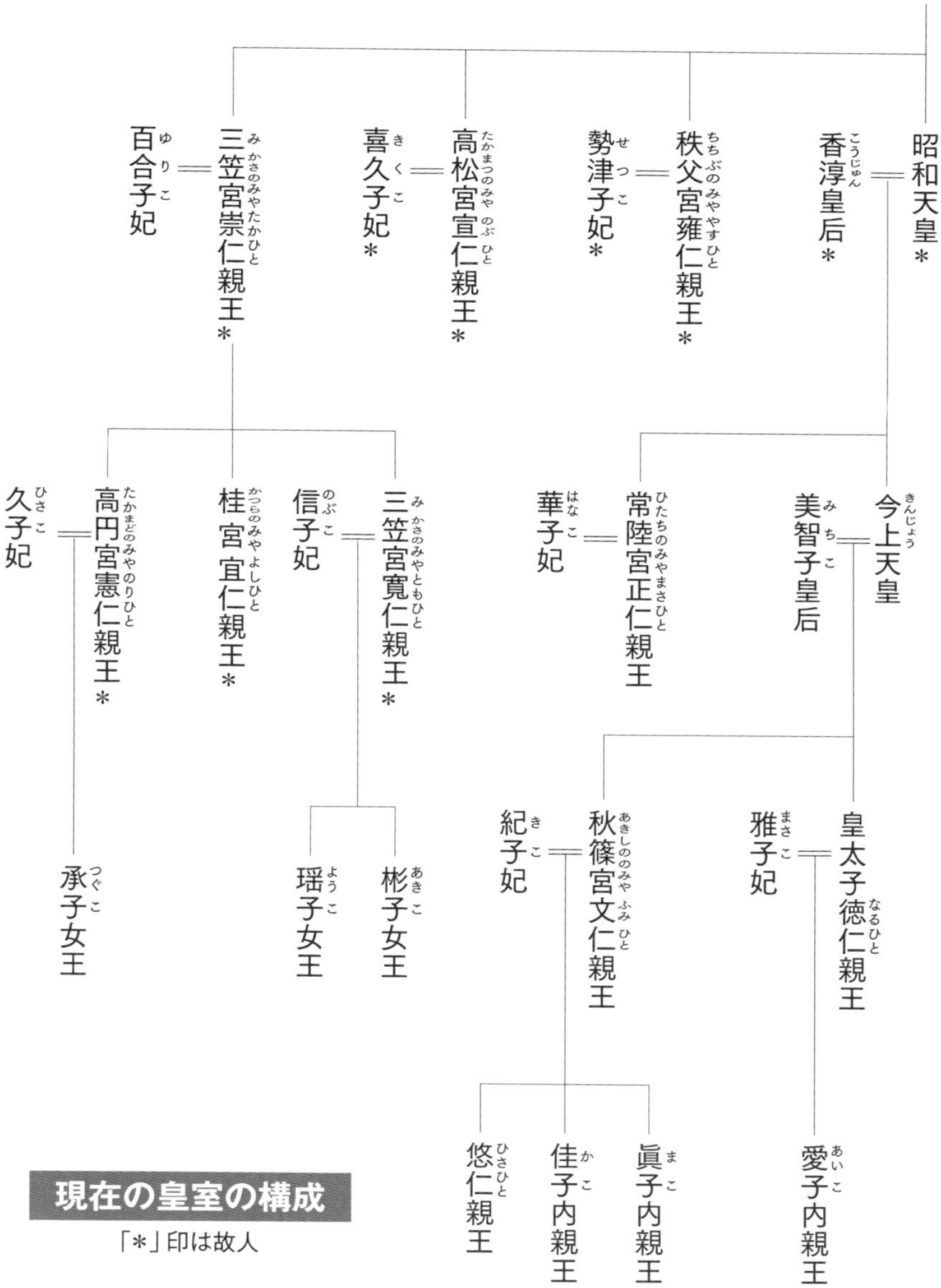

現在の皇室の構成

「＊」印は故人

徳川家康を征夷大将軍に任じた

第107代 後陽成天皇

ごようぜいてんのう●生没年：1571～1617年　在位：1586～1611年

廷臣に『伊勢物語』などを講義し木活字による書物を刊行した

徳川家康を征夷大将軍に任じた後陽成(ごようぜい)天皇の肖像。1611(慶長16)年、家康の反対を押し切って譲位している(模写／東京大学史料編纂所蔵)。

豊臣秀吉《とよとみひでよし》、徳川家康《とくがわいえやす》らが天下を争う乱世にあって、第106代・正親町《おおぎまち》天皇に続き、後陽成《ごようぜい》天皇も武家との関係に神経を使わざるをえなかった。

秀吉が京都に居城として聚楽第《じゅらくだい》を築いたのは1587（天正《てんしょう》15）年。翌年、即位したばかりの後陽成《ごようぜい》天皇は、行幸《ぎょうこう》してここに4泊している。天皇が臣下である武家の私邸に宿泊することは過去に例がない。これは天皇から賜った関白《かんぱく》の位を権威づける秀吉の巧妙な演出だった。行幸の行列は、先頭が聚楽第に到着しても最後尾はまだ御所にいるほどで、思惑《おもわく》通り秀吉の権威を世に広く示すことになった。

このときには、秀吉から朝廷に5530両が献上され、朝廷の経済はひとまず安定した。それから13年後の1600（慶長《けいちょう》5）年、今度は関ヶ原の戦いに勝利した家康が1万石の禁裏御料《きんりごりょう》

ここがスゴイ！ 後陽成天皇

❶武家との関係に配慮し、朝廷の経済を安定させた。

❷朝鮮出兵の際、自ら朝鮮に赴こうとする秀吉を諭《さと》して思いとどまらせた。

❸年中行事としての叙位など、朝廷の儀礼の再興に励んだ。

❹学問を愛し、歴史書、儒教経典などの書物を日本で初めて木活字によって刊行させた。

御製歌

日にそへて　ただしき道の
嬉《うれ》しさは　つつむ袖なく
国ゆたかなり

『後陽成院一夜百首』に収載。「つつむ袖なく」は「隠しようがなく、うそ偽りなく」の意味。「時がたつにつれて、古来からの正しい道徳の道のありがたさが、隠しようもなく明らかになる。この通り、国は豊かであることだ」

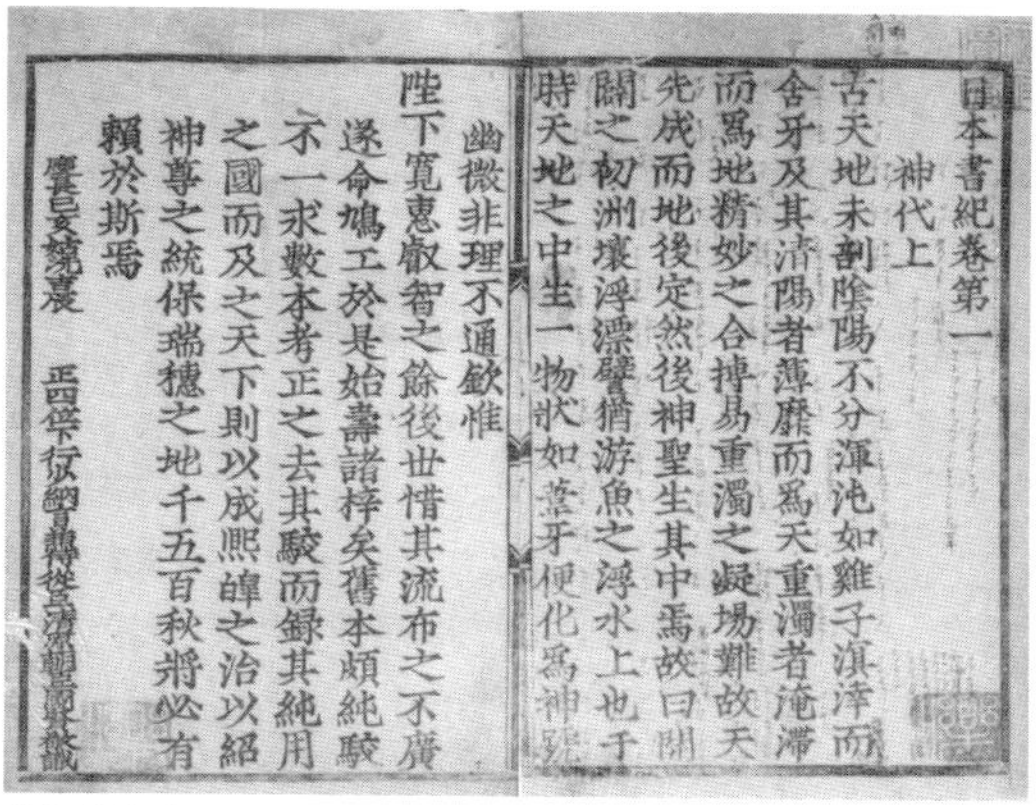
日本書紀巻第一
神代上
古天地未剖陰陽不分渾沌如雞子溟涬而含牙及其清陽者薄靡而爲天重濁者淹滞而爲地精妙之合搏易重濁之凝場難故天先成而地後定然後神聖生其中焉故曰開闢之初洲壤浮漂譬猶游魚之浮水上也于時天地之中生一物状如葦牙便化爲神號

幽微非理不通欽惟
陛下寛恵叡智之餘後世惜其流布之不廣遂命鳩工於是始壽諸梓矣舊本頗純駁不一求數本考正之去其駮而録其純用之國而及之天下則以成熙皞之治以紹神尊之統保瑞穂之地千五百秋將必有頼於斯焉

日本書紀
慶長己亥
季春新刊

後陽成（ごようぜい）天皇が木活字によって版行した『日本書紀』の冒頭（左）とそのエディション表記（右）。慶長勅版（けいちょうちょくはん）と呼ばれる天皇の木活字本は、このほか『勧学文』など11種が伝えられている（国立国会図書館蔵）。

を献じ、後陽成《ごようぜい》天皇は1603（慶長8）年、家康を征夷大将軍《せいいたいしょうぐん》に任じた。朝廷の権威を背景にした江戸幕府の開府である。

　しかし、幕藩体制が整うにつれて家康の力は増していった。1609（慶長14）年に起こった猪熊《いのくま》事件（官女と公家による醜聞）に対する幕府処分に不満だった後陽成《ごようぜい》天皇だったが、これを覆《くつがえ》すことができず、朝廷への干渉を許すようになっていく。そして1615（元和《げんな》元）年、禁中並公家中諸法度《きんちゅうならびにくげちゅうしょはっと》が出されるにおよんで、朝廷は幕府に屈した（160頁参照）。

　天皇は、故実《こじつ》に詳しく、朝廷の儀式の復興に励んだ。また学問を好み、廷臣に『伊勢物語《いせものがたり》』『源氏物語《げんじものがたり》』などを講義。書道・和歌に通じ、『日本書紀』や儒教の経典などの書物を日本で初めて木活字《もっかつじ》で刊行した。

幕府との確執に苦しんだ

第108代 後水尾天皇

ごみずのおてんのう●生没年:1596~1680年　在位:1611~1629年

後水尾天皇肖像。無位無冠で天皇に拝謁する資格のない春日局(かすがのつぼね/第3代将軍・徳川家光の乳母)が参内したことに激怒。譲位を決意したともいわれる(模写/東京大学史料編纂所蔵)。

天皇の政治力をそごうとする幕府の介入に激怒して突然譲位した

後水尾《ごみずのお》天皇も幕府との確執《かくしつ》に苦しんだ。1603(慶長《けいちょう》8)年に征夷《せいい》大将《たいしょう》軍《ぐん》に任ぜられ、江戸に幕府を開いた徳《とく》川家康《がわいえやす》は、豊臣秀吉《とよとみひでよし》が朝廷に礼を尽くしたのとは対照的に、朝廷を抑え込もうと、天皇の皇位継承や譲位にしばしば干渉するようになっていった。

一方で、宮廷の権威には固執し続けた。後水尾天皇に第2代将軍・徳川秀忠《ひでただ》の娘・和子《まさこ》を半ば強引に入内《じゅだい》させたのである。このとき和子はまだ6歳。絵に描いたような政略結婚であったが、幕府は和子《まさこ》の支度金として莫大な費用を出したため、朝廷も受け入れざるをえなかった。

さらに幕府は1615(元和《げんな》元)年に天皇の義務を規定した初めての法である禁中並公家中諸法度《きんちゅうならびにくげちゅうしょはっと》を出した。第1条には「天子諸藝能之事、第一御学問也」と記され、「天皇が修めるべき

ここがスゴイ！ 後水尾天皇

❶幕府からの強い圧力のなか、強引に譲位を敢行。
❷譲位したのち、院政を敷いて4人の天皇の後見をした。
❸和歌や書をよくし、本阿弥光悦《ほんあみこうえつ》らを庇護《ひご》して寛永《かんえい》文化を花開かせた。
❹1680（延宝《えんぽう》8）年、85歳で崩御《ほうぎょ》。昭和天皇（87歳で崩御《ほうぎょ》）までは最長寿の記録をもっていた。

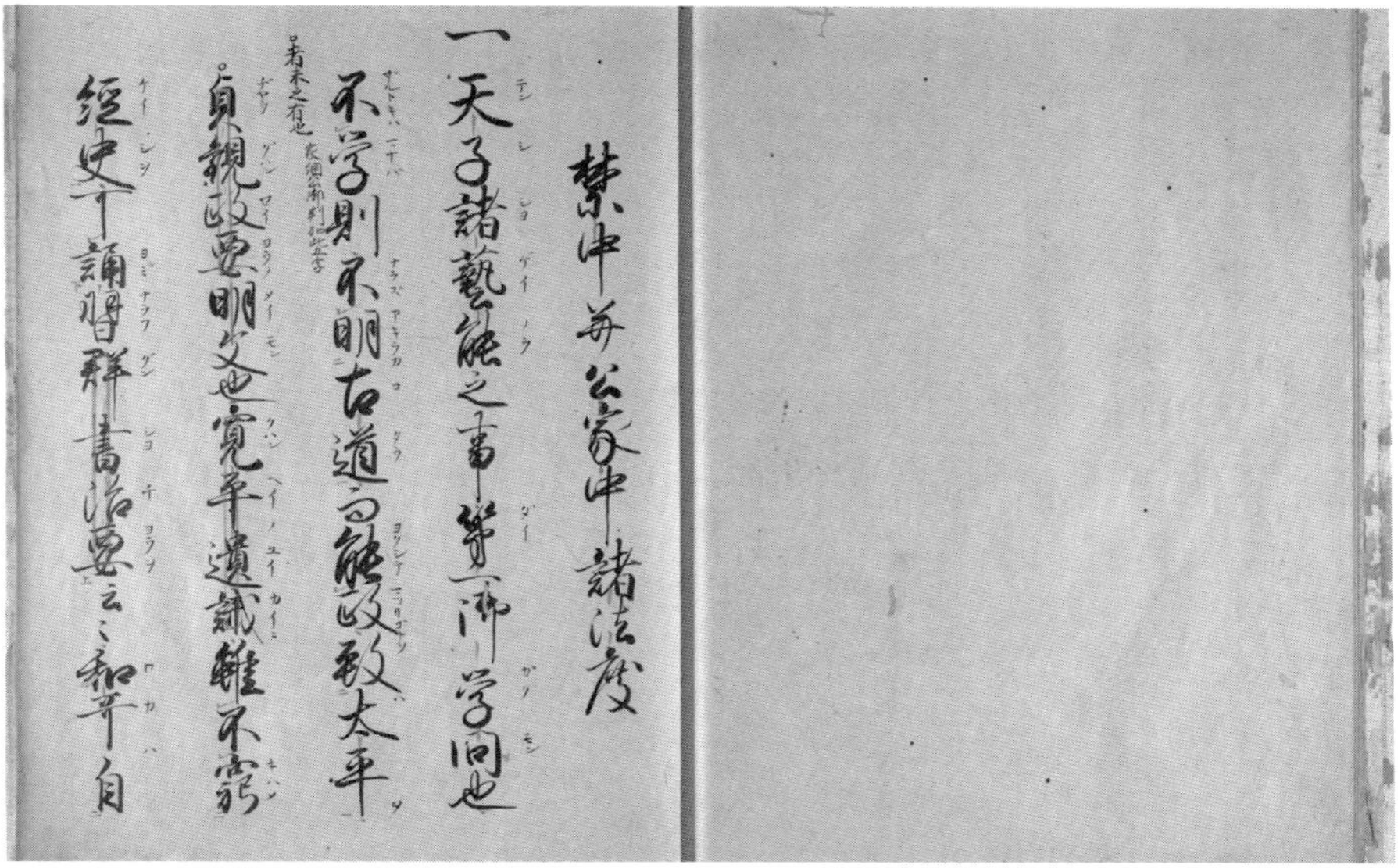
禁中并公家中諸法度
一 天子諸藝能之事第一御学問也
不学則不明古道而能政致太平者末之有也
貞観政要明文也寛平遺誡雖不窮
経史可誦習群書治要云々和哥自

「禁中並公家中諸法度（きんちゅうならびにくげちゅうしょはっと）」（写本）の冒頭部分。第7条には「武家之官位者、可爲公家當官之外事」と記される。「武家の官位は、公家の官位とは別のものとする」という意味。これにより、天皇だけに授与権があった諸大名の官位を幕府が自由に与えられるようになった。朝廷と諸大名との関係を断ち切ったわけである。また、幕府の朝廷人事への介入も定められている（国立国会図書館蔵）。

第一は学問である」と、王者としての修養を求めた。

こうしたなか、1627（寛永《かんえい》4）年に紫衣《しえ》事件が起きた。もともと朝廷は、臨済宗や浄土宗の高僧や尼に紫衣《しえ》（徳を積んだ高僧や尼が朝廷から与えられる紫の法衣《ほうえ》）の着用を許してきたが、幕府は紫衣勅許《しえちょっきょ》を受けた禅僧に対して、紫衣とその綸旨《りんじ》（勅許状）を取り消したのである。自らが与えた綸旨《りんじ》が破棄された後水尾天皇にとっては、屈辱きわまりない事件であった。

こうした幕府の専横《せんおう》に怒った後水尾天皇は、1629（寛永6）年11月8日、突然譲位した。幕府は天皇に復位を促したが、その結果が覆《くつがえ》ることはなかった。譲位ののち、後水尾天皇は、仏道に精進するかたわら学問と芸道に励み、本阿弥光悦《ほんあみこうえつ》らを庇護《ひご》し、これにより寛永文化が花開くこととなった。

行動を厳しく制限された

第109代 明正天皇

めいしょうてんのう●生没年:1623～1696年　在位:1629～1643年

第2代将軍・秀忠の孫で徳川の血を引く初めてで唯一の天皇

明正天皇の陵墓である泉涌寺(せんにゅうじ)(京都市東山区)の月輪陵(つきのわのみささぎ)。合葬墓で後月輪陵(のちのつきのわのみささぎ)と合わせると、ここには四条天皇はじめ25陵、5灰塚、9墓が祀(まつ)られている。

第108代・後水尾《ごみずのお》天皇は幕府の圧力に抵抗した形で突然退位。1629（寛永《かんえい》6）年、まだ7歳であった長女・興子《おきこ》内親王（明正天皇）を即位させた。

女性天皇は皇子が生まれるまで（あるいは成長するまで）の中継ぎ的な役割であることが多かった。加えて古くから「即位すると女性天皇は結婚できない」という不文律《ふぶんりつ》もあったが、明正天皇は奈良時代の称徳《しょうとく》天皇以来、859年ぶりに誕生した女性天皇となった。

しかも明正天皇の母は、政略結婚で入内《じゅだい》した徳川秀忠《ひでただ》の娘・和子《まさこ》（東福門《とうふくもん》院《いん》）で、徳川家の外戚《がいせき》による初めてで唯一の天皇。周囲も気を遣い、実際の政務を誰が担うかが問題となった。幕府は摂家衆《せっけしゅう》に行わせることを主張したが、1634（寛永11）年の第3代将軍・徳川家光《いえみつ》の上洛をきっかけに、後水尾上皇による院政を認めた。後水尾

ここがスゴイ! 明正天皇

❶奈良時代の第48代・称徳《しょうとく》天皇（在位764～770年）以来、859年ぶりに誕生した女性天皇となった。
❷父・後水尾《ごみずのお》上皇が院政を敷き、天皇としての政務はほとんど行わなかった。
❸譲位後の行動は厳しく制限された。

即位後、女性天皇は結婚できない？

これまでの女性天皇は10代8人（25頁参照）。全員が寡婦《かふ》か独身で即位し、即位後は独身を貫いている。いずれも父方に天皇の血を引く父系天皇。しかし、もし結婚して皇子が誕生し即位した場合、その皇統が途絶えてしまう。よって「女性天皇は結婚できない」が不文律《ふぶんりつ》となっていた。このため「皇室典範《こうしつてんぱん》」でも、即位できるのは男系男子に限られている（現在、愛子内親王への譲位の可能性を考え、改正がかまびすしく論議されている）。

明正天皇の祖父である第2代将軍・徳川秀忠（右）、祖母は浅井長政の娘で淀殿の妹である江与（えよ／左）。この血筋がその境涯を決定づけた（模写／東京大学史料編纂所蔵）。

上皇はその後、第110代・後光明《ごこうみょう》天皇、第111代・後西《ごさい》天皇、第112代・霊元《れいげん》天皇の4代にわたって院政《いんせい》を敷いた。

明正天皇は、約15年間在位したが、天皇に必須とされる学問を学んだ記録もなく、朝廷における政務にもほとんど関わっていなかった。1643（寛永20）年に譲位する直前、幕府は官位など朝廷への関与の一切、御所で見物催物を開くことの一切を禁止した。年始の挨拶のみ血族との対面を許し、摂関・皇族であっても対面してはならない、などの細かい規定を定めた。

これによって明正上皇は厳しく外部と隔離されることとなった。幕府が、将軍の血を引く上皇の行動に神経をとがらせていたのである。晩年は、仏道に深く帰依《きえ》したが、御製《ぎょせい》なども伝わらず、もちろん生涯独身であった。

垂加流神道に傾倒した

第116代 桃園天皇

ももぞのてんのう●生没年:1741~1762年　在位:1747~1762年

尊王思想の影響で王政復古に夢を託し関白や摂関家と対立し続けた

宝暦事件に翻弄された桃園天皇の肖像。蹴鞠(けまり)を得意とし才気煥発(さいきかんぱつ)な天皇だったが、脚気(かっけ)に伴う心臓発作で、22歳の若さで崩御(ほうぎょ)している(模写／東京大学史料編纂所蔵)。

桃園《ももぞの》天皇は向学心が旺盛だったが、それがあだとなり宝暦《ほうれき》事件に巻き込まれた。この騒動は幕府の専制と摂関家《せっかんけ》による朝廷支配に不満を募らせていた公家・徳大寺公城《とくだいじきんむら》ら天皇近習《きんじゅう》の間に、神道家・竹内式部《たけのうちしきぶ》の唱える神道が広まったのが発端となった。

式部は垂加流《すいかりゅう》（江戸前期に山崎闇斎《やまざきあんさい》が唱えた神道説）に解釈された『日本《にほん》書紀《しょき》』をはじめ、神書・儒書・兵学を公家らに講義し、やがて徳大寺らは桃園天皇にも進講《しんこう》を始めた。

この学説は強烈な天皇崇拝に通じる尊王思想のため、朝幕関係が悪化することを憂慮した関白・近衛内前《このえうちさき》らは、1757（宝暦《ほうれき》7）年に桃園天皇を強く説得して進講を中止させた。これに対して桃園天皇は不満を示したため、養母・青綺門院《せいきもんいん》が天皇に注意をうながす事態となった。しかし、この神道説

「国史絵画」に描かれた竹内式部。公家を前に神道、尊王論などを進講し、宝暦事件の当事者となった(国立国会図書館蔵)。

生地である新潟市の日和山(ひよりやま)墓地(新潟市中央区)にある竹内式部の墓。客死した三宅島にも墓が残る。

ここがスゴイ！ 桃園天皇

❶学問を好み、向学心が旺盛であった。
❷尊王思想に傾倒し、宝暦《ほうれき》事件を起こすきっかけとなった。
❸若くして崩御したため、再び女性天皇が皇位を継ぐことになった。

に傾倒した桃園天皇の期待に応えるため、翌年には進講を再開している。

事態を重く見た関白や摂関家は再度進講を中止させ、幕府に相談せずに式部門人の公家たちの大量処分を行った。中心人物と目された式部は1758（宝暦8）年に重追放となった。これが宝暦事件である。

式部の説いた思想は、神道からの神《しん》仏習合《ぶつしゅうごう》説の排除、王政復古の主張を特徴としており、その後の尊王思想に多大な影響を与えたとされる。天皇は、まだ17歳で、こうした思想に感化されやすい年頃であった。このため王政復古に希望の光を見出《みいだ》し、22歳で崩御《ほうぎょ》するまで関白や摂関家と対立を続けた。

皇子はまだ幼かったため、皇位は姉の後桜町《ごさくらまち》天皇が継承し、再び女性天皇（第117代・後桜町天皇）の誕生となった。

攘夷と公武合体を夢見た

第121代 孝明天皇

こうめいてんのう●生没年:1831～1866年　在位:1846～1866年

激動の時代に生まれ日本を憂えた江戸時代最後の天皇

孝明天皇の肖像。父である第120代・仁孝（にんこう）天皇の念願であった学習所（公家子弟の教育機関で学習院大学の前身）を京都に開校させている（模写／東京大学史料編纂所蔵）。

1846（弘化《こうか》3）年に即位した孝《こう》明《めい》天皇の治世は、幕府が終焉《しゅうえん》に向かう動乱の時代にあった。朝廷が徐々に発言力を強めていたため、政治と無関係な立場にあった天皇が、歴史の表舞台に引っ張り出されることになった。

1853（嘉永《かえい》6）年、アメリカ艦隊のペリーが浦賀《うらが》に来航。これを皮切りに各国が開国と通商を要求してきた。開国か攘夷《じょうい》か――。1858（安《あん》政《せい》5）年、幕府は国論を統一できずに日米修好通商条約《にちべいしゅうこうつうしょうじょうやく》に調印。勅許《ちょっきょ》のないまま行われたため、孝明天皇は激怒し、開国は神国を汚すとして認めなかった。

調印によりこれまで以上に外国の脅威を意識した孝明天皇は、攘夷《じょうい》をともなう幕政改革を水戸藩の徳川斉昭《なりあき》に命じた。このとき幕府を通さずに勅許《ちょっきょ》が下賜《かし》されたため、憤慨した大老《たいろう》・井伊《いい》直弼《なおすけ》は尊王攘夷派《そんのうじょういは》などを徹底的に弾圧。

ここがスゴイ！ 孝明天皇

❶江戸時代最後の天皇。
❷欧米列強の圧力、幕府の弱体化など、維新前の激動の時代を生きた。
❸幕府に攘夷《じょうい》論を突きつけたが、かなわず、安政の大獄のきっかけをつくった。
❹異母妹《いぼまい》・和宮《かずのみや》を徳川家に降嫁《こうか》させた。
❺天然痘の悪化で崩御するが、毒殺説なども根強い。

御製歌

異国《ことくに》も　なづめる人も
残りなく
払ひ尽くさむ　神風もがな

『孝明天皇御製集』に収載。「異国《ことくに》」とは外国人のこと。「異国もなづめる人も」というのは、「外国人も日本人で執着する人も」という意味。「外国人も、日本人で（外国に）執着する人も、吹き払ってしまうような神風が吹いてきてほしいものだ」

歌川豊国画「源氏御祝言図（げんじごしゅうげんのず）」に描かれた孝明天皇の異母妹・和宮の輿入（こしい）れの様子。源氏絵として描かれたこの版本は、1861（文久元）年9月、和宮降嫁（11月）の2カ月前に出版された。婚礼は翌年2月に行われている（東京都立中央図書館特別文庫室蔵）。

百数十人が処分された（安政の大獄）。

しかし、恨みをもたれた井伊直弼《なおすけ》は1860（万延《まんえん》元）年、尊王攘夷《そんのうじょうい》派《は》の水戸藩浪士らに桜田門外で殺害されてしまう（桜田門外の変）。動揺した幕府はこれを機に朝廷との関係修復を図ろうと公武合体《こうぶがったい》を模索し、孝明天皇の異母妹《いぼまい》・和宮《かずのみや》を第14代将軍・徳川家茂《いえもち》に嫁がせる計画が持ち上がった。

孝明天皇は公武合体《こうぶがったい》（幕府と朝廷が協力して体制を強固にする政策）と攘《じょう》夷《い》がなされるならと承諾し、和宮は江戸城に入ったが、ほどなく家茂は大坂城で病死。和宮の政略結婚は不発に終わった。孝明天皇が急死したのはその12月のことである。疱瘡《ほうそう》（天然痘）にかかっていたことが記録されているが、症状が急変して崩御《ほうぎょ》したことから毒殺されたのではないかと疑われた。今もって真相は不明である。

日本近代化の象徴となった

第122代 明治天皇

めいじてんのう●生没年:1852～1912年　在位年:1867~1912年

明治天皇は1869（明治2）年、江戸城に入り、そのまま皇城と定めた。事実上の遷都であり、1888（明治21）年にはこの絵に描かれた明治宮殿が落成した。明治宮殿は太平洋戦争の空襲で焼失している（東京都中央区立京橋図書館蔵）。

中央集権国家の元首 帝国陸海軍の大元帥となった天皇

明治天皇は第121代・孝明《こうめい》天皇の第2皇子として生まれた。孝明天皇が崩御《ほうぎょ》すると、1867（慶応《けいおう》3）年に16歳で即位。その年、江戸幕府から大《たい》政奉還《せいほうかん》が上奏され、明治天皇はこれを勅許《ちょっきょ》し、王政復古《おうせいふっこ》の大号令が発せられた。ここに江戸幕府の歴史が閉じられたのである。

旧幕府軍は、錦《にしき》の御旗《みはた》を掲げた官軍と戦い、鳥羽《とば》・伏見《ふしみ》の戦いで京都の奪還を目指したものの敗北し、江戸城は無血開城された。その後も旧幕府軍は長岡戦争、会津戦争などを戦ったが箱《はこ》館《だて》戦争を最後に官軍に屈した。

1868（慶応4）年3月、五箇条《ごかじょう》の御誓文《ごせいもん》が出された。これは新政府の決意表明というべきもので、天皇を中心にして、国民一体となって新国家の道を切り開いていこうという宣言である。さらに同年4月には政体書《せいたいしょ》を発表。

明治政府のお雇い外国人の一人であるイタリア人画家・キヨッソーネが描いた明治天皇。雑誌『太陽』の口絵に使用された（東京大学史料編纂所古写真データベースより）。

これは10カ条で新政府の組織体制を示したもので、「天下の権力すべてこれ太政官《だじょうかん》に帰す」（日本を支配する権力は一つである）ことを国民に知らしめた。

明治天皇は同年10月に東京に行幸《ぎょうこう》したあと、1869（明治2）年に再び行幸。そのまま東京にとどまり、江戸城が皇城《こうじょう》と改められた。東京は中央政府が置かれる実質的な首都となったのである。そして同年、版籍奉還《はんせきほうかん》、翌々年に廃藩置県《はいはんちけん》が行われ、天皇親政《しんせい》による中央集権国家が樹立された。

明治維新では、あらゆる分野で旧時代の制度が変えられた。それまでの武士と百姓・町民に分けられていた身分制度は、華族《かぞく》、士族《しぞく》、平民《へいみん》に整理された。こうした改革は、封建的な制度を撤廃し、自由な経済活動と産業を振興。「殖産興業《しょくさんこうぎょう》」を活発にして、「富国《ふこく》強兵《きょうへい》」を目指していた。国民の間では

「教育勅語」などを通して臣民教育を行い立憲君主として帝国議会を召集した

ここがスゴイ！ 明治天皇

❶第96代・後醍醐《ごだいご》天皇以来、約530年ぶりに天皇親政を行った。
❷大日本帝国憲法を公布するなど、近代的な天皇像を体現した。
❸京都から東京に行幸《ぎょうこう》して、徳川幕府の中枢があった江戸城に入り、江戸城を皇城とするなど、実質的な遷都を行った。
❹帝国議会を開設し、近代的な立憲君主制を整えた。
❺天皇は政府によって神格化され、大日本帝国のシンボルとなった。

西洋の知識・文化が大量に入り込み、「文明開化《ぶんめいかいか》」が叫ばれるようになった。

しかし、明治維新の改革には、疑問をもつ人々もいた。とくに冷遇された士族《しぞく》(かつての武士階級)たちの不満は、1877（明治10）年に起こった日本最後の内戦、西南《せいなん》戦争へと発展した。また、近代化を急ぎ、専横《せんおう》を強める明治政府を批判する勢力の間で自由民権運動が広がった。沈静化を余儀なくされた明治政府は明治天皇を中心に立憲体制を整備する方針を固め、1889（同22）年、「大日本帝国憲法」を公布。翌年10月には明治天皇が帝国議会を招集した。

大日本帝国憲法は、貴族院と衆議院からなる二院制を定めた近代的なものであった。天皇の独裁を防ぐために制約はあったものの、天皇が神聖で、主権者として最高の権力をもっていると

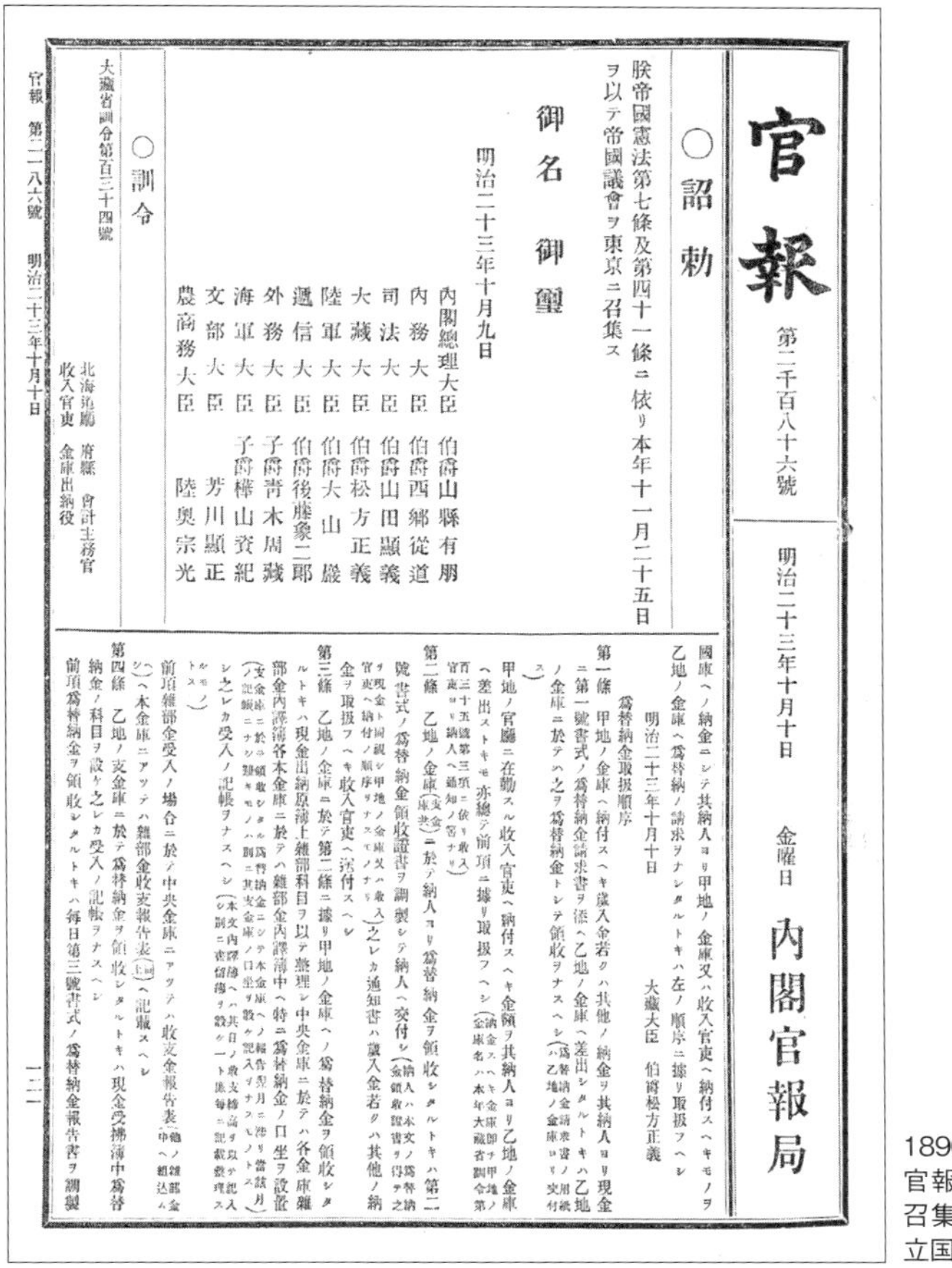

官報

第二千百八十六號

明治二十三年十月十日　金曜日

內閣官報局

○詔勅

朕帝國憲法第七條及第四十一條ニ依リ本年十一月二十五日ヲ以テ帝國議會ヲ東京ニ召集ス

御名　御璽

明治二十三年十月九日

內閣總理大臣　伯爵山縣有朋
內務大臣　伯爵西鄕從道
司法大臣　伯爵山田顯義
大藏大臣　伯爵松方正義
陸軍大臣　伯爵大山巖
遞信大臣　伯爵後藤象二郎
外務大臣　子爵靑木周藏
海軍大臣　子爵樺山資紀
文部大臣　芳川顯正
農商務大臣　陸奥宗光

○訓令

大藏省訓令第百三十四號

北海道廳　府縣　會計主務官
收入官吏　金庫出納役

國庫ヘノ納金ニシテ其納人ヨリ甲地ノ金庫又ハ收入官吏ヘ納付スヘキモノヲ乙地ノ金庫ヘ爲替納ノ請求ヲナシタルトキハ左ノ順序ニ據リ取扱フヘシ

明治二十三年十月十日　大藏大臣　伯爵松方正義

爲替納金取扱順序

第一條　甲地ノ金庫ヘ納付スヘキ歳入金若クハ其他ノ納金ヲ其納人ヨリ現金ニ第一號書式ノ爲替納金請求書ヲ添ヘ乙地ノ金庫ヘ差出シタルトキハ乙地ノ金庫ニ於テハ之ヲ爲替納金トシテ領收ヲナスヘシ（爲替納金請求書ノ用紙ハ乙地ノ金庫ヨリ交付ス）

甲地ノ官廳ニ在勤スル收入官吏ヘ納付スヘキ金額ヲ其納人ヨリ乙地ノ金庫ヘ差出ストキモ亦總テ前項ニ據リ取扱フヘシ（納金スヘキ金庫即チ甲地ノ金庫名ハ本年大藏省訓令第百三十五號第三項ニ依リ收入官吏ヨリ納人ヘ通知ノ筈ナリ）

第二條　乙地ノ金庫（支金庫共）ニ於テ納人ヨリ爲替納金ヲ領收シタルトキハ第二號書式ノ爲替納金領收證書ヲ調製シテ納人ヘ交付シ（納入ハ本文ノ爲替納金領收證書ヲ得テ之ヲ現金ト同視シ甲地ノ金庫又ハ收入官吏ヘ納付ノ順序ヲナスモノトス）之レカ通知書ハ歳入金若クハ其他ノ納金ヲ取扱フヘキ收入官吏ヘ送付スヘシ

第三條　乙地ノ金庫ハ第二條ニ據リ甲地ノ金庫ヘノ爲替納金ヲ領收シタルトキハ現金出納原簿上雜部科目ヲ以テ整理シ中央金庫ニ於テハ各金庫雜部金內譯簿各本金庫ニ於テハ雜部金內譯簿中ヘ特ニ爲替納金ノ口座ヲ設置シ（支金庫ニ於テ領收シタル爲替納金ニシテ本金庫ヘノ報告翌月ニ渉リ當該月ノ記帳ニナシ難キモノハ別ニ其支金庫ノ口座ヲ設ケ記入ヲナスモノトス）之レカ受入ノ記帳ヲナスヘシ（本文內譯簿ヘハ其日ノ收支棒高ヲ以テ記入シ [illegible]）

前項雜部金受入ノ場合ニ於テ中央金庫ニアツテハ收支金報告表（他ノ雜部金中ヘ組込ム）ヘ本金庫ニアツテハ雜部金收支報告表（上同）ヘ記載スヘシ

第四條　乙地ノ支金庫ニ於テ爲替納金ヲ領收シタルトキハ現金受拂簿中爲替納金ノ科目ヲ設ケ之レカ受入ノ記帳ヲナスヘシ

前項爲替納金ヲ領收シタルトキハ毎日第三號書式ノ爲替納金報告書ヲ調製

一二一

官報　第二一八六號　明治二十三年十月十日

1890(明治23)年10月10日付の官報。明治天皇による帝国議会召集の詔勅（しょうちょく）（国立国会図書館蔵）。

1874(明治7)年、天覧調練（てんらんちょうれん）を描いた歌川豊国画「下総国習志野原大調練天覧之図」。明治天皇と明治政府は軍拡を進め、日清・日露の両戦争に勝利するほど国力を高めた（都立中央図書館特別文庫室蔵）。

も規定していた。こうして日本は憲法と議会をもつ近代的な国家として出発し、明治天皇は立憲君主となった。明治政府は新体制を国民に周知させるために、教育勅語《ちょくご》などを通じて天皇を中心とした臣民教育を徹底した。

これと同時に、西洋の列強に追いつこうと、日本は対外進出を始める。朝鮮半島の権益をめぐり清国・ロシアと対立。1894（明治27）年には日清戦争、1904（同37）年には日露戦争が勃発し、日本はいずれの戦いにも勝利した。一方、社会不安も大きくなり、1910（明治43）年には天皇暗殺計画が発覚。大逆事件《たいぎゃくじけん》として社会主義者らへの弾圧が行われた。

明治天皇自身は、衣服や食生活などで西洋の習慣を率先して取り込んだ。また、帝国陸海軍の大元帥《だいげんすい》として執務中は常に軍服を着用していたという。

大正デモクラシーを体現した

第123代

大正天皇

たいしょうてんのう●生没年：1879～1926年　在位：1912～1926年

武蔵陵墓地（東京都八王子市／通称：多摩御陵）にある多摩陵（たまのみささぎ）が大正天皇陵墓で、高さ約10.5mの上円下方墳。武蔵陵墓地には多摩陵（たまのみささぎ）のほか、武蔵野陵（むさしののみささぎ／昭和天皇陵）、大正・昭和両天皇の皇后墓の4墓が造営されている。

進歩的で進取の気性に富み新しい日本を象徴する存在となった

大正天皇は第122代・明治天皇の第3皇子として生まれる。生母は典侍《ないしのすけ》・柳原愛子《やなぎわらなるこ》で、9歳で明治天皇の皇后・美子《はるこ》の実子と定められた。1900（明治33）年、九条道孝《くじょうみちたか》の娘・節子《さだこ》と結婚。裕仁《ひろひと》親王（のちの第124代・昭和天皇）、雍仁《やすひと》親王（秩父宮）、宣仁《のぶひと》親王（高松宮）、崇仁《たかひと》親王（三笠宮）の4人の皇子に恵まれた。

皇太子になってからは、陸軍少佐に昇進し、1907（同40）年、伊藤博《いとうひろ》文《ぶみ》の要請で訪韓し、韓国併合への地ならしをすることとなった。1912（大正元年）に即位したあとは、大元帥《だいげんすい》として陸海軍の演習などにも積極的に参加し、日本で初めて近代的な教育を受けた天皇として、近代国家の元首にふさわしい姿を確立しようとした。

ところが、生後間もなく大病を患ったことから病弱で、議会の開会式に出

ここがスゴイ! 大正天皇

❶近代的な教育を受けた初めての天皇となった。
❷在位は約15年であったが、国民に親しまれた。
❸漢詩や歌を好み多くの御製を残した。作家の丸谷才一《まるやさいいち》・五木寛之《いつきひろゆき》両氏は、歴代天皇のなかで最高の歌人と絶賛。能書家でもあった。

大正天皇の"忘れ形見"とは?

皇太子・明宮《はるのみや》と節子《さだこ》のご成婚は国民的な祝賀行事となった。このとき加治《かじ》川堤桜(新潟県)や最上川堤防千本桜(山形県)、弘前《ひろさき》城趾(青森県)など、全国各地で桜の木が植樹され、たくさんの桜の名所が誕生している。実は「日本=桜」のイメージはこのとき広く定着されたという。世界で称賛される桜並木は、大正天皇の"忘れ形見"だったのである。

御製歌

みるかぎり　波もさわがず　大ふねに
心ものりて　進む今日かな

皇太子時代の1900(明治33)年の御製。「大ふね」は「日本」の比喩とも分析される。「見る限りの波も騒いでいない。大きな軍艦(日本)とともにあると、心が奮い立ち、(未来に向けて)進む今日であることよ」

新しい日本を象徴する存在となった大正天皇の肖像(国立国会図書館蔵)。

席できなかったこともあったという。議会で勅書《ちょくしょ》を丸めて議員席を見下ろしたという遠眼鏡《とおめがね》事件は、信憑《しんぴょう》性は定かではないが、話題になった。

その一方で、大正天皇は、写真機や活動写真、自動車など新しい技術に積極的な関心をもち、その御製歌や書は現在高い評価を受けている。また、近代以降初めて一夫一妻制を貫いたことなど、進歩的な一面ももっていた。気さくな人柄でも知られ、洋風で自由な生活を送る大正天皇は、国民が民主主義を求める大正デモクラシーのなか、新しい日本を象徴する存在となった。

しかし、その健康状態は快復することがなかった。1920(大正9)年、宮内省は天皇の病状が重いことを発表。翌年、皇太子・裕仁親王が摂政《せっしょう》となり、大正天皇は葉山の御用邸で療養生活に入った。

国民の象徴となった

第124代 昭和天皇

しょうわてんのう●生没年:1901～1989年　在位:1926～1989年

開戦は阻止できなかったが「聖断」を下して日本の未来を救った

『写真交名大鑑 御大典奉祝記念』(1929〈昭和4〉年)に掲載された摂政宮時代の昭和天皇と香淳皇后(国立国会図書館蔵)。

歴代天皇のなかで在位期間が63年ともっとも長かった昭和天皇と、その政務を支えた香淳(こうじゅん)皇后(宮内庁提供)。

第124代・昭和天皇の在位は63年間。歴代天皇のなかでもっとも長く、明治・大正・昭和という激動の日本とその生涯はぴったりと重なる。大正天皇が病弱だったため、第1皇子・裕仁《ひろひと》親王の誕生は国民と宮中を喜ばせた。なかでも明治天皇は、皇子の教育に熱心であったという。1916(大正5)年、皇太子となり、大正天皇の病状が思わしくないことから、1921(同10)年に摂政《せっしょう》となった。

即位前、皇太子はヨーロッパを歴訪して知見を広め、とりわけイギリスでは盛んな歓迎を受けた。即位に際して、昭和天皇は親善外交を進めることを表明したが、その希望とは裏腹に、軍部が政治に強く干渉するようになり、日本社会は軍国主義とファシズムの色に染まっていった。

そして1931(昭和6)年の満州

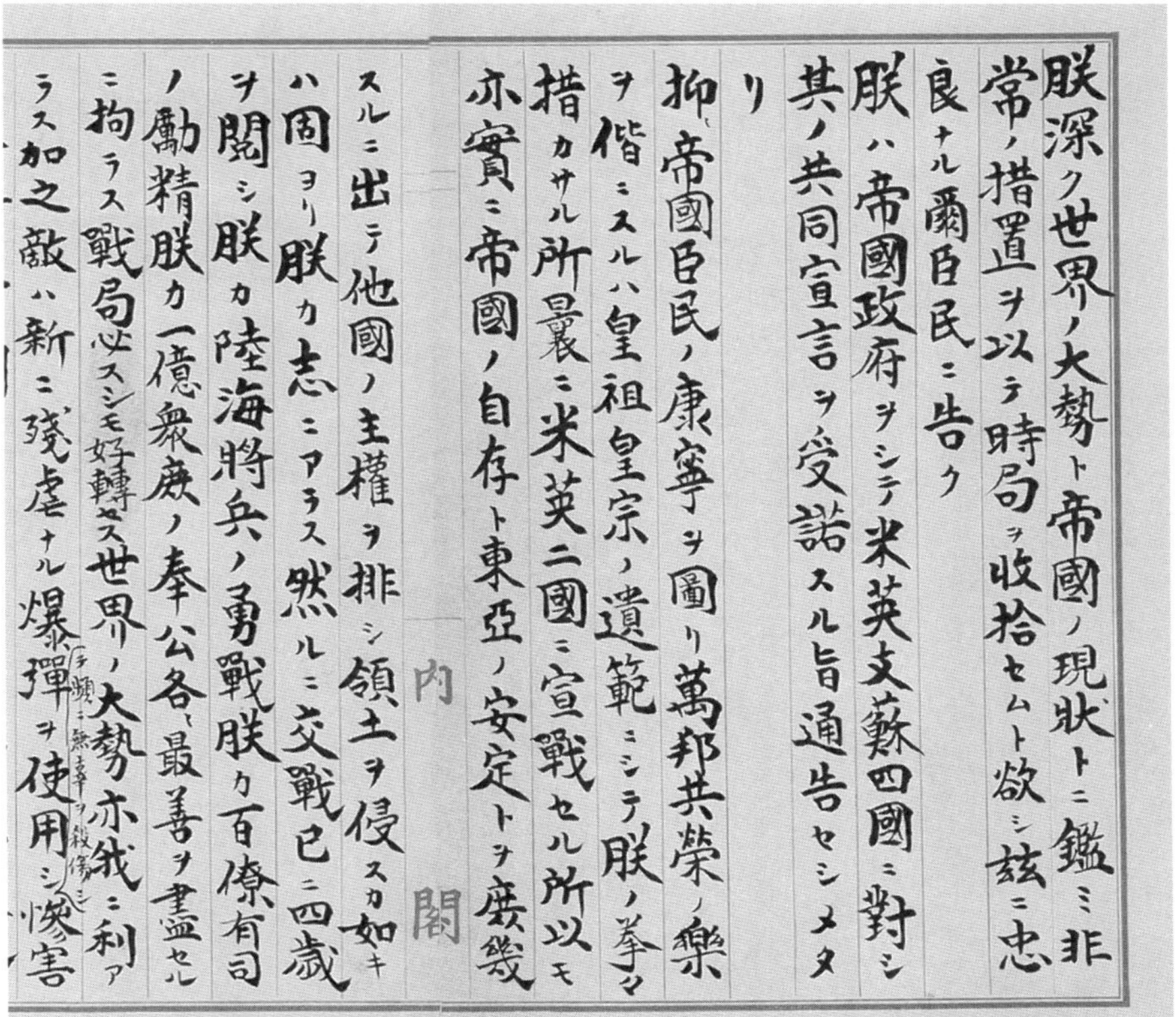
朕深ク世界ノ大勢ト帝國ノ現狀トニ鑑ミ非常ノ措置ヲ以テ時局ヲ收拾セムト欲シ茲ニ忠良ナル爾臣民ニ告ク
朕ハ帝國政府ヲシテ米英支蘇四國ニ對シ其ノ共同宣言ヲ受諾スル旨通告セシメタリ
抑〻帝國臣民ノ康寧ヲ圖リ萬邦共榮ノ樂ヲ偕ニスルハ皇祖皇宗ノ遺範ニシテ朕ノ拳々措カサル所曩ニ米英二國ニ宣戰セル所以モ亦實ニ帝國ノ自存ト東亞ノ安定トヲ庶幾スルニ出テ他國ノ主權ヲ排シ領土ヲ侵スカ如キハ固ヨリ朕カ志ニアラス然ルニ交戰已ニ四歳ヲ閲シ朕カ陸海將兵ノ勇戰朕カ百僚有司ノ勵精朕カ一億衆庶ノ奉公各〻最善ヲ盡セルニ拘ラス戰局必スシモ好轉セス世界ノ大勢亦我ニ利アラス加之敵ハ新ニ殘虐ナル爆彈ヲ使用シテ頻ニ無辜ヲ殺傷シ慘害

「大東亜戦争終結ニ関スル詔書・御署名原本」。いわゆる玉音（ぎょくおん）放送で流された終戦の詔勅（しょうちょく）である。1945（昭和20）年正午、ポツダム宣言受諾を聖断した昭和天皇は、「朕深ク世界ノ大勢ト帝國ノ現狀トニ鑑ミ……」で始まる放送によって、国民に日本の無条件降伏を告げた（国立公文書館蔵）。

事変に続き、1932（同7）年の5・15事件、1936（同11）年の2・26事件とテロやクーデターが続き、1937（同12）年には日中戦争に突入した。昭和天皇は、こうした軍部の覇権主義を憂慮していたとされるが、1941（同16）年の太平洋戦争開戦を止めることはできなかった。

開戦当初、快進撃を続けていた日本の敗色はしだいに濃くなり、沖縄戦に敗れ、広島・長崎に原爆が投下されても、政府はポツダム宣言受諾をためらっていた。しかし、昭和天皇は「聖《せい》断《だん》」を下し、1945（同20）年8月15日、自ら玉音《ぎょくおん》放送によって国民に終戦を語りかけた。そして戦後新たに制定された「日本国憲法」によって、天皇は「国民の象徴」と位置づけられ、役割は大きくその姿を変えたのである。

太平洋戦争終結後、連合国軍による

新憲法のもとで「国民の象徴」となり戦後の巡幸を通して国民を励まし続けた

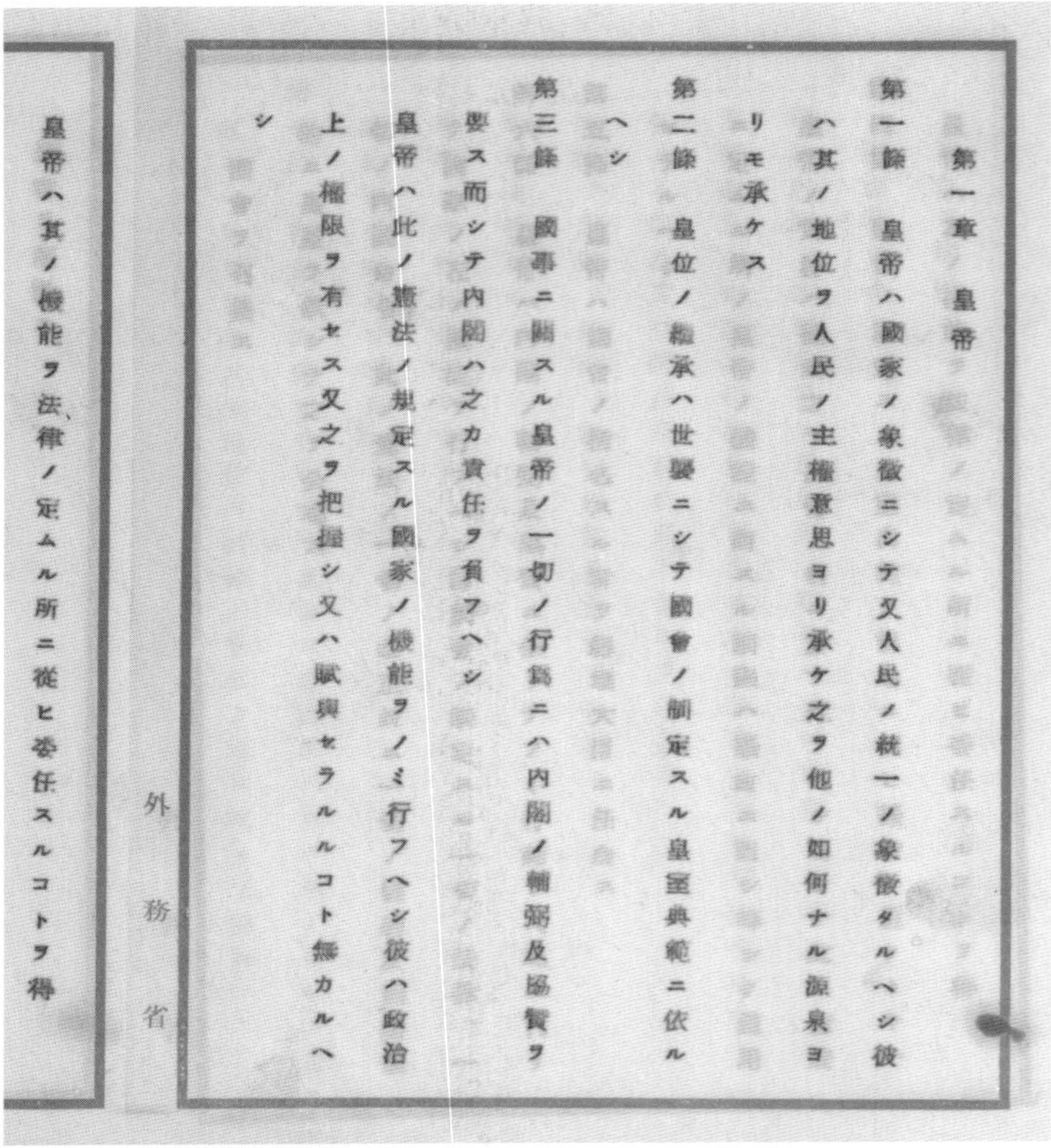
第一章　皇帝

第一條　皇帝ハ國家ノ象徴ニシテ又人民ノ統一ノ象徴タルヘシ彼ハ其ノ地位ヲ人民ノ主權意思ヨリ承ケ之ヲ他ノ如何ナル源泉ヨリモ承ケス

第二條　皇位ノ繼承ハ世襲ニシテ國會ノ制定スル皇室典範ニ依ルヘシ

第三條　國事ニ關スル皇帝ノ一切ノ行爲ニハ内閣ノ輔弼及協賛ヲ要ス而シテ内閣ハ之カ責任ヲ負フヘシ

皇帝ハ此ノ憲法ノ規定スル國家ノ機能ヲノミ行フヘシ彼ハ政治上ノ權限ヲ有セス又之ヲ把握シ又ハ賦與セラルルコト無カルヘシ

外務省

皇帝ハ其ノ機能ヲ法律ノ定ムル所ニ從ヒ委任スルコトヲ得

戦後、連合国軍最高司令官総司令部（GHQ）から新憲法の草案が提出された。写真は憲法作成に携わった法制官僚・佐藤達夫らによる仮訳。1946（昭和21）年11月に交付された日本国憲法と言い回しは異なるが、「象徴天皇」としてのあり方を冒頭に明言している。

日本統治が始まった。軍人は極東国際軍事裁判で裁かれたが、天皇は戦争責任を問われることはなかった。これには天皇制が残ったほうが、日本統治がスムーズに運ぶと考えていたアメリカのマッカーサーの思惑が働いていた。1946（昭和21）年には、いわゆる「人間宣言」が出され、天皇の神格《しんかく》が否定されたが、平和日本を希求し、退位することはなかった。

大戦後、アメリカ・ソ連を中心とする冷戦構造のなかで、日本は国際社会に復帰し、経済的な復興を果たした。こうしたなか、昭和天皇は国事《こくじ》行為に従事し、国内外を積極的に巡幸《じゅんこう》した。また皇室一家の団らんを伝える写真がたびたびメディアに報道されるなど、「開かれた皇室」「国民とともにある皇室」の姿を率先して模索している。

昭和天皇は生涯、二つの重要な命令・

ここがスゴイ! 昭和天皇

❶大正天皇の病気が重くなったため、1921(大正10)年11月25日、20歳の若さで摂政《せっしょう》となった。
❷学者天皇で、変形菌類(粘菌《ねんきん》)とヒドロ虫類(ヒドロゾア)の分類学的研究を行った。
❸太平洋戦争の開戦を止めることはできなかったが、「聖断」を下し戦争を終結させた。
❹太平洋戦争終結後に「人間宣言」を行った。
❺国民の象徴として日本の復興を導いた。
❻数々の国事行為に従事。皇室と国民との壁を低くし、新しい皇室の姿を模索した。

「学者天皇」と呼ばれた昭和天皇は、生物学の分類学を研究し、200種以上の新種を発見している(宮内庁提供)。

御製歌

思はざる　病となりぬ　沖縄を
たづねて果《はた》さむ　つとめありしを

1987(昭和62)年に病気のため沖縄訪問を果たせなかったときの歌。「沖縄を訪問する責任があるのに思いもよらない病気になってしまい、残念なことであるよ」

わざはひを　わすれてわれを
出むかふる　民の心を
うれしとぞ思ふ

敗戦後の全国巡幸の歌。「戦争の惨禍を忘れ、自分を出迎えてくれる国民の心を、うれしく思うことであるよ」

1976(昭和51)年、在位50周年を記念して発行された100円記念硬貨。

武蔵陵墓地(東京都八王子市／通称:多摩御陵)の武蔵野陵(むさしののみささぎ)が昭和天皇の陵墓である。

決断を下している。一つ目は1936(同11)年の2・26事件の際、鎮圧をためらう軍部に「朕《ちん》自ら近衛《このえ》師団《しだん》を率いて事態を収拾する!」(大意)と檄《げき》を飛ばしたこと。もう一つが前述した太平洋戦争終結の「聖断」である。戦争終結の御前会議で、首脳陣の意見がまとまらずにいるなか、鈴木貫太郎《かんたろう》首相が「聖断」を求めると、「これ以上戦争は続けられない。戦争を終結して平和の道を歩もう。朕の一身はどうなってもかまわない。国民を助けたい」(大意)と決断した。

昭和天皇は戦後、この「聖断」のときの気持ちを体現するように日本各地を巡幸して、復興に立ち向かう国民を励まし続けた。それは1946(昭和21)年の神奈川から1954(同29)年の北海道まで、足かけ9年、60カ所にもおよぶものだった。

200年ぶりの生前退位を決めた

第125代 今上天皇

きんじょうてんのう●生没年：1933年～　在位年：1989年～

民間人との結婚で時代の空気を変え 戦災・被災地の国民を励まし続けた

2017（平成29）年の新年に発表された天皇御一家の写真。宮内庁では毎年正月にロイヤルファミリーの写真を公開している（宮内庁提供）。

今上《きんじょう》天皇（明仁《あきひと》陛下）は日本の発展を代弁するような新しい天皇である。戦後の1959（昭和34）年には、明治以降では初めて民間人（正田《しょうだ》美智《みち》子《こ》）と結婚、空前のミッチー・ブームを巻き起こした。今上天皇は、史上初めて関東で即位した天皇でもある。

一貫して日本国憲法の象徴天皇という規定に沿って「開かれた皇室」「国民とともにある皇室」を志向し、「天皇および皇族は、国民と苦楽を共にすることに努め、国民の幸せを願いつつ務めを果たしていくこと」と発言している。また47都道府県をすべて巡幸《じゅんこう》。太平洋戦争で地上戦が行われた沖縄への思いは皇太子時代から強く、数度にわたって戦跡などを訪れている。2011（平成23）年に起こった東日本大震災などの自然災害の被害者にも心を寄せ、たびたび被災地を訪れてきた。

2018（平成30）年、友好160周年を記念したフランス公式訪問へ出発する皇太子殿下（宮内庁提供）。

「国民の象徴」として行っている公務などについて、説明する今上天皇（宮内庁提供）。

毎年、8月15日の終戦記念日に行われる全国戦没者追悼式。両陛下が臨場し、今上天皇が哀悼の言葉を述べる（宮内庁提供）。

ここがスゴイ！ 今上天皇

❶関東で即位した史上初めての天皇。
❷戦災・被災地を巡幸《じゅんこう》し、国民を励まし続けた。
❸生前退位することが決まり、光《こう》格《かく》上皇（第119代・光格天皇、1817〈文化14〉年に退位）以来、6代、200年ぶりに上皇となる。
❹ハゼ類の分類研究で知られ、これまでに32編の論文を発表している。

長く過密な公務を果たしてきたが、2016（平成28）年にはビデオを通じて、自ら個人の「お気持ち」を表明。「即位後、日々、天皇として望ましい在り方を模索して今日に至ったが、高齢になったため、全身全霊で象徴としての務めを果たしていくことが難しくなってきたと案じていること」への国民の理解を求めた。

これを受けて翌年には、天皇の生前退位の日程が2019（平成31）年4月30日に決定したと発表され、皇族の退位等に関する「皇室典範特例法」が成立した。生前の退位は第119代・光格《こうかく》天皇以来200年ぶり。退位後は上皇となる予定で、地位と職務をすべて皇太子・徳仁《なるひと》親王へ譲る。

なお、魚類学者としても知られ、ハゼの研究では各国の学会でも高く評価されている。

●**第110代・後光明《ごこうみょう》天皇**　生没年：1633〜1654年、在位：1643〜1654年／第108代・後水尾《ごみずのお》天皇の第4皇子として誕生。英邁《えいまい》で闊達《かったつ》な性格と記録され、慈悲深い人柄であった。一方で激しい気性ももち合わせ、幕府の役人にも抵抗したという逸話が伝えられる。学問を好み、儒学に傾倒し、民間の学者を招いて進講を受けたという。朝廷の儀式の復興を図っていたが、志半ば若くして崩御《ほうぎょ》した。

●**第111代・後西《ごさい》天皇**　生没年：1637〜1685年、在位：1654〜1663年／第108代・後水尾《ごみずのお》天皇の第8皇子として誕生。第112代・霊元《れいげん》天皇が即位するまでの中継ぎ的に皇位を継承したとされる。後光明天皇の資質を受け継いで学問や文芸の道に打ち込み、古典への造詣も深かった。代表作に御集『水日集《すいじつしゅう》』などがあるほか、御撰《ぎょせん》『集外歌仙《しゅうがいかせん》』も知られる。

●**第112代・霊元《れいげん》天皇**　生没年：1654〜1732年、在位：1663〜1687年／第108代・後水尾《ごみずのお》天皇の第19皇子として誕生。英明な性格で知られ、幕府との交渉でも強く自己主張し、しばらく行われていなかった大嘗祭《だいじょうさい》などの朝廷儀礼の復興に意をつくした。

　天皇または上皇による親政《しんせい》を強く志向し、譲位する前には霊元天皇の皇太子をめぐる小倉事件（霊元天皇が第1皇子である一宮〈のちの済深法親王《さいしんほうしんのう》〉を出家させて、その外戚《がいせき》にあたる小倉家一族を粛清した事件）が起きている。譲位したあとは上皇として院政《いんせい》を敷き、幕府との関係改善を図ろうとする関白・近衛基熙《このえもとひろ》とも対立した。しかし、幕府が朝廷への干渉を強めたため、院政を停止して第113代・東山天皇に政務を委ねている。一方、歌道、書道、有職故実《ゆうそくこじつ》にも通じていた。

●**第113代・東山《ひがしやま》天皇**　生没年：1675〜1709年、在位：1687〜170

9年／第112代・霊元天皇の第4皇子として誕生。霊元上皇が院政を敷くなど、幕府や関白と軋轢《あつれき》が生じていた時期であったが、温厚な性格の天皇の治世に朝幕関係は好転し、幕府による禁裏御料《きんりごりょう》も増加。山陵の修補などが行われた。

幕府と何度も粘り強い交渉を行い、立太《りったい》子の儀《し》や大嘗祭《だいじょうさい》など古来の朝廷儀礼も復活させている。立太子以前に天皇跡継ぎを定める制度は、この東山天皇から始まったものである。

●**第114代・中御門《なかみかど》天皇**　生没年：1701～1737年、在位：1709～1735年／第113代・東山天皇の第5皇子。

幕府の治世は第6代将軍・家宣《いえのぶ》から第8代将軍・吉宗《よしむね》の時代にあたり、中御門天皇の時代、朝幕関係は良好で、世襲の親王家である閑院宮《かんいんのみや》家が創設されるなどした。また八十宮吉子《やそのみやよしこ》内親王を第7代将軍・家継《いえつぐ》へ降《こう》嫁《か》させることになったが、家継死去によって実現しなかった。

●**第115代・桜町《さくらまち》天皇**　生没年：1720～1750年、在位：1735～1747年／第114代・中御門天皇の第1皇子として誕生。神沢杜口《かんざわとこう》が著した江戸時代後期の随筆集『翁草《おきなぐさ》』によると、桜町天皇は聖徳太子との共通点が多く、太子の再来ではないかと噂されたという。若くして崩御したが、朝廷儀式の復興に努め、歌道もよくした。

●**第117代・後桜町《ごさくらまち》天皇**　生没年：1740～1813年、在位：1762～1770年／第115代・桜町天皇の第2皇女として誕生。第118代・後桃園《ごももぞの》天皇が即位するまでの間の中継ぎ的役割を担った女性天皇であった。

現在の皇室典範では女性に皇位継承権が認められていないため、歴史上最後の女性天皇となった。譲位後は上皇として幼少の後桃園天皇、光格《こうかく》天皇を支えたため、のちに「国母《こくも》」と呼ばれた。1756（宝暦《ほうれき》6）年から1780（安永《あんえい》9）年にいたるまでの宸筆《しんぴつ》の日記（全41冊）が、京都御所東山文庫に残っている。

●**第118代・後桃園《ごももぞの》天皇**　生没年：1758〜1779年、在位：1770〜1779年／第116代・桃園天皇の第1皇子として誕生。治世下では安永の御所騒動と呼ばれる、昇殿が許されない地下《じげ》官人による大規模な横領が発覚し、江戸幕府による処分が行われた。役人・商人なども処分され、朝廷の財政改革が行われた。

また、大原騒動、虹の松原一揆《いっき》など各地で騒擾《そうじょう》事件が相次いだ。後桃園天皇は病弱で、22歳で崩御している。在位中の1775（安永4）年から1779（同8）年にわたる宸筆の日記が、京都御所東山文庫に残っている。

●**第119代・光格《こうかく》天皇**　生没年：1771〜1840年、在位：1779〜1817年／閑院宮典仁親王《かんいんのみやすけひと》の第6皇子として誕生。治世下では、天皇が実父である閑院宮典仁親王に太上《だいじょう》天皇の尊号を贈ろうとしたところ、幕府が猛反対して朝幕関係が一時悪化した尊号事件（尊号一件）が起こっている。また、しだいに尊王論が高まりを見せ、幕府に対して朝廷が強い姿勢をとるようになっていった。

●**第120代・仁孝《にんこう》天皇**　生没年：1800〜1846年、在位：1817〜1846年／第119代・光格天皇の第6皇子として誕生。学問を好み、臣下にも学問を奨励し、また公家の子弟の教育機関として御所の近くに学習所（学習院大学の前身）の建設を進めた。

この学習所は第121代・孝明《こうめい》天皇の時代に完成し、尊王攘夷《じょうい》運動の拠点となっていった。一方、治世中には国内では打ちこわしなどが頻発し、また外国船の来航が盛んになっていた。

第7章

天皇と皇室　トリビアな話

菊花紋章の謎

皇室の専用紋とされているが
かつては桐紋が用いられていた!

皇室の御紋といえば、菊の御紋。御料車《ごりょうしゃ》や勲記《くんき》・褒章《ほうしょう》の記などにあしらわれている。日本の国章もこれに準じた菊紋。これは明確に規定されたわけではないが、パスポートの表紙にも事実上の国章として菊紋が使われている。

菊は古代中国で栽培され、薬用・観賞用の植物として8世紀頃に日本に渡来したと考えられている。日本では詩歌の題材として、また儀式(重陽節《ちょうようせつ》など)で珍重され、平安時代から装束《しょうぞく》や刀剣などの装飾模様として盛んに使われるようになっていった。その後、平安時代末から鎌倉時代にかけて、模様が特定の家を代表するシンボルとして紋章化し、貴族は植物紋を、武家は動物紋を定めることが多くなった。

皇室の菊の御紋。実は古くは桐紋が使われていた。これに代わり、皇室の紋として菊紋が定着したのは、鎌倉時代の後鳥羽《ごとば》上皇が刀の銘に菊紋を刻ませたことに始まる。一方で、武家などに下賜《かし》されることも多く、第96代・後醍醐《ごだいご》天皇からは楠木正成《くすのきまさしげ》に菊水紋が与えられている。以後、菊紋は花弁の数や外形が変えられるなどして、皇室と関係の深い寺社などでも使われた。

しかし、明治から大正にかけて、十六葉《じゅうろくよう》八重《やえ》表菊《おもてぎく》などの規定が定められ、民間が菊・桐紋をみだりに使うことが禁止された。しかし戦後は、この法令も廃止されたため、菊の御紋の法的な決まりは存在しない。

桐紋(左)は、皇室、室町幕府や豊臣家などの紋として、ときの政権が用いてきた。菊紋(いわゆる十六葉八重表菊)は皇室の紋章で、桐紋・菊紋ともに国章としても使われている。

お召列車の謎

天皇のための特別仕立ての列車は“汽笛一声”とともに始まった

天皇・皇后の旅行のために特別に運転されるのが、「お召《めし》列車」。天皇・皇后の非公式旅行、皇太子・皇太子妃、それ以外の皇族の旅行のために運転する列車は、「御乗用列車」と呼ばれる。

お召《めし》列車は、もともとヨーロッパの王室で19世紀に始まった慣習である。近代文明の象徴ともいえる蒸気機関車と客車による特別編成を占有することで、王室の権威を誇示したのである。

日本の皇室のお召《めし》列車も1872(明治5)年6月、品川〜横浜間の鉄道仮開業直後(本開業は9月の新橋〜横浜間)から運転されている。8月に明治天皇が近畿・中国・九州へ巡幸《じゅんこう》した際に、横浜から品川まで汽車に乗車したのである(その先は船で巡幸した)。明治時代末期には、明治天皇のお召《めし》列車が脱線事故によって遅延を起こし、職員が責任を感じて自殺するという事件も起こっている。現在でもお召《めし》列車は、運転士の技術や勤務態度など、通常より細かい規定によって運行されることが多い。

大正天皇や昭和天皇は、静養のため那須御用邸《なすごようてい》などにおもむく際に、1925(大正14)年に原宿駅構内に作られた特別ホーム(宮廷ホーム。原宿駅の代々木寄りに現存)から出発するのが慣習であった。現在ではお召《めし》列車は東京駅から出発することが多いため、原宿駅の宮廷ホームが使われることはない。

現在のお召《めし》列車にはE655系「なごみ」(左)が使われている。移動で使われる自動車は御料車と呼ばれ、皇室の重要な儀式には儀装馬車(右/朝日新聞フォトアーカイブ提供)が使われる。

天皇杯の謎

アマチュアスポーツの名誉
競馬には“別格”扱いで「天皇賞」が冠される

天皇杯、皇后杯、または皇族杯を冠《かん》されたスポーツ競技がある。これは「アマチュアスポーツであること」「大会がシンボル的・指導的な立場にあること」「営利団体主催でないこと」などが選定基準となり、宮内庁から各団体に冠称が許可されている。たとえば、国民体育大会、日本相撲協会、東京六大学野球連盟、日本学生陸上競技連合、日本水泳連盟などである。皇后杯は日本バスケットボール協会、日本卓球協会、全日本女子サッカー選手権大会などに許可されている。

また、秩父宮《ちちぶのみや》杯、高松宮《たかまつのみや》杯など宮家の名前が冠された大会もある。秩父宮杯は、全国高等学校陸上競技対校選手権大会、全日本バレーボール大学男子選手権大会などに、高松宮杯は全日本軟式野球大会、全国高等学校ウエイトリフティング競技選手権大会などに冠されている。

一方、公営ギャンブルである中央競馬には「天皇賞」が冠されている。これは、明治末期に畜産奨励のため行われた競馬競技に銀製の鉢が下賜されたことが始まりで、戦後、レース名に「天皇賞」の名前が冠せられるようになった。

しかし、競艇、オート、競輪に天皇杯はない。これは明治期、日本は競馬場を諸外国との外交の場として考えていたためだ。加えて競馬は古来、競馬《くらべうま》と呼ばれる古代日本の神事として、天皇が臨席して行われていた。つまり競馬は別格なのである。

競馬の天皇賞は春には京都競馬場（左）、秋には東京競馬場（右）で年2回開催されている。

御製の謎

天皇は和歌によって政治を行い自らの思いを述べてきた

御製《ぎょせい》とは天皇が詠んだ歌のこと。主には和歌のことを指すが、文章や漢詩、絵画作品なども御製と呼ぶ。日本の古代神話において、和歌は国家の誕生と深い関係があるとみなされ、スサノヲノミコト（須佐之男命《すさのおのみこと》）の次の歌が和歌の起源とされている（『古今和歌集』仮名序）。

「八雲立つ 出雲《いずも》八重垣《やえがき》 妻籠《つまご》みに 八重垣作る その八重垣を」

明治天皇も次の歌を詠んでいる。

「すなほなる やまとごころを のべよとて 神やひらきし 言の葉の道」

「言《こと》の葉の道」とは和歌のことである。こうしたあり方から、天皇の和歌は文学にとどまらず、自分の思いを述べ民心を和らげる、ある意味では政治の手段であった。平安時代の『古今和歌集』に始まる勅撰《ちょくせん》集は、天皇の命によって作られた。鎌倉時代の第82代・後鳥羽《ごとば》天皇（上皇）は深く和歌を愛し、藤原定家《さだいえ》などに命じて『新古今和歌集』を編纂《へんさん》させたが、上皇はその出来に満足せず、承久《じょうきゅう》の乱で隠岐《おき》に流されてからも改訂を続けていた。次の一首は、隠岐《おき》での歌。

「我こそは 新島守《にいじまもり》よ 隠岐《おき》の海の 荒き波風 心して吹け」（『増鏡《ますかがみ》』所収）

時代は下っても、和歌と天皇の関係は深い。今上天皇は沖縄の人々に心を寄せ、皇太子時代には次の歌を詠んでいる。

「みそとせの 歴史流れたり 摩文仁《まぶに》の坂 平らけき世に 思ふ命たふとし」

沖縄戦で命を落とした民衆への鎮魂歌、平和を祈念する歌である。

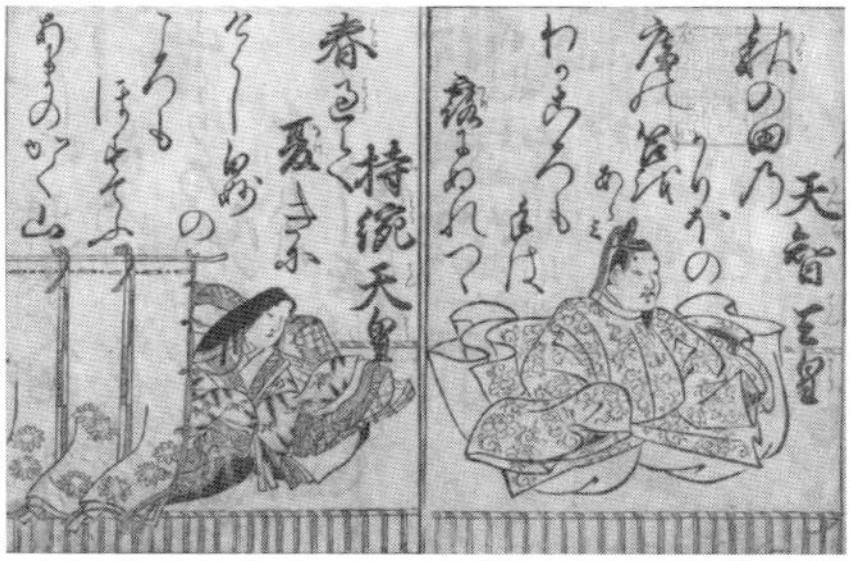

江戸初期に刊行された菱川師宣（ひしかわもろのぶ）画『小倉百人一首』に描かれた、天智天皇「秋の田の　仮庵の庵の　苫を粗み　我が衣手は　露にぬれつつ」（右）、持統天皇「春すぎて　夏来にけらし　白妙の　衣ほすてふ　天の香具山」（左）。いずれも広く知られた御製である（国立国会図書館蔵）。

御用達の謎

ロイヤルブランドとして価値をもつが現在は“伝統”があるだけで宮内庁認可はない

銀座や地方の老舗《しにせ》に入ると、「宮内庁(省)御用達《ごようたし》」と書かれた看板などを見かけることがある。一般に「御《ご》用達《ようたし》」とは、宮中・官庁などに品物を納めることを指すが、「宮内庁(省)御用達《ごようたし》」となると、天皇家や皇族の日用品、儀式の装束《しょうぞく》、食品などを宮内庁に納品する業者をいう。こうした商品を扱う業者は、品質の高さと由緒ある歴史を認められた“特級ブランド”ということになる。

御用達《ごようたし》には民間から無料で差し上げる「献上」と、宮内庁が買い上げる「納入」がある。宮中に特定の商人が品物を納めることは、古くからあったが、制度として定められたのは、1891(明治24)年、当時の宮内省が「宮内省御用達《ごようたし》称標出願人取扱順序」という内規を定めたことに始まる。制度化の理由は「宮内省御用達《ごようたし》」を自称する業者が増えたためで、「御用達《ごようたし》」に適合する業者だけが許されることになったのである。その出願基準は厳しく、商品の品質、それまでの実績、業者の勤勉さなどが審査された。

しかし、この制度は1954(昭和29)年に廃止。現在、審査などは行われていない。つまり業者は過去の“伝統”に則《のっと》って、勝手に名乗っていることになるが、一般消費者にとってロイヤルブランドへの信頼は揺るがないものがある。現在、宮内庁に納品する業者は、約200社以上存在するといわれるが、宮内庁はそのリストを公開していない。

「宮内庁御用達(ごようたし)」の文字がパッケージや題額に記される老舗(しにせ)の商品や店舗。消費者にとっては揺るぎないブランドとなる。

学習院の謎

皇族・華族のための学校だったが昭和・大正・今上天皇は公務多忙で中退していた!?

学習院は1877(明治10)年、第121代・孝明《こうめい》天皇が開校させた。日本最後の内戦となった西南戦争が終結した直後のことである。「学習院」という名称は、明治天皇の祖父・第120代・仁孝《にんこう》天皇の時代に公家たちの教育機関として京都に作られた「学習所」に由来する。

明治維新によって、宮中にいた公家、そして幕府時代の大名たちは、新たに華族という身分を与えられた。学習院はその華族の子弟たちのための学校として開かれたのである。現行の小学校から大学までを一貫教育する機関として、華族であれば、無試験入学で授業料も免除された。華族のための学校ではあったものの、開校当初から士族や平民の子弟もいた。1884(明治17)年には官立となり、1907(明治40)年には乃木希典《のぎまれすけ》が院長に就任している。

太平洋戦争後には、華族の身分が廃止され、学習院は私立学校として再出発した。皇族は学習院に入ることが多かったが、大正天皇、昭和天皇、今上天皇ともに学習院大学を中退している。今上天皇は、皇太子時代にイギリスのエリザベス女王の戴冠式に出席するため半年間外遊し、単位が不足したことによる。

皇族と深い関係にあった学習院だが、近年では秋篠宮《あきしののみや》眞子《まこ》内親王が国際基督教《きりすときょう》大学に学び、佳子《かこ》内親王は学習院を中退し、国際基督教《きりすときょう》大学に転学するなど、皇族と学習院の関係も変化している。

東京都豊島区目白の学習院大学(正門/国の登録有形文化財)。法学、経済学、理学、文学、国際社会科学の各部を擁する総合大学である。

初めての天皇・皇室用語事典

天皇・皇室用語は、時代によって概念や意味が変化している。現在ではない制度や役職も多い。本項では本書に頻出する用語を中心に平易な解説を試みた(50音順)。

【院】いん/上皇・法皇・女院《にょいん》の居所のこと。上皇・法皇・女院の尊称としても使われる。

【院政】いんせい/天皇が譲位して上皇や法皇となり、政治の実権をにぎること。1086(応徳《おうとく》3)年、白河《しらかわ》上皇によって始められ、1840(天保《てんぽう》11)年に光格《こうかく》上皇の崩御《ほうぎょ》まで断続的に行われた。

【院宣】いんぜん/治天《ちてん》の君《きみ》である上皇または法皇の命令によって出される公的な文書。

【関白】かんぱく/成人した天皇を補佐して政務を行う。

【妃】きさき/正式ではない天皇の妻。側室のこと。ただし、明治維新以後は皇族の配偶者のことをいう。

【行幸】ぎょうこう・みゆき/天皇が外出すること。目的地が複数ある場合には巡幸《じゅんこう》という。

【御璽】ぎょじ/天皇が継承する御印。国家の印は国璽《こくじ》と呼ばれ、これも天皇が継承する。

【御製】ぎょせい/天皇が詠んだ歌。

【更衣】こうい/女御《にょうご》に次ぐ地位の女官。

【後宮】こうきゅう/皇后や中宮、妃《きさき》などが住む館をいう。または皇后や中宮、妃《きさき》をはじめとした女性の総称。

【薨去】こうきょ/皇族および三位《さんみ》以上の位の貴人が死去すること。

【皇后】こうごう/天皇の正式な配偶者。

【皇太后】こうたいごう/先代の天皇の正式な配偶者。

【皇太子】こうたいし/皇位継承第1位の者。皇嗣。

【皇太孫】こうたいそん/皇位継承第1位の天皇の孫。

【皇太弟】こうたいてい/天皇の弟で次期の皇位継承者。

【諡号】しごう/在位中に崩御した天皇の業績を称え、死後に贈られた呼び名。

【入内】じゅだい/皇后や中宮となる人が禁裏(宮中)に入り、天皇の配偶者となること。

【詔】しょう・みことのり/天皇の命令。また、命令を伝える文書全般のこと。

【詔書】しょうしょ/天皇の命令を伝える国家の公文書。

【詔勅】しょうちょく/天皇によって出される詔書・勅書・勅語の総称。戦後、この名称は使われていない。

【宸翰】しんかん/天皇の直筆文書、直筆の手紙。

【進講】しんこう/天皇・皇后・皇族に学者等が研究業績などを説明すること。ご進講。

【親政】しんせい/君主(天皇、国王、皇帝)が自ら政治の実権を握り、国を治めること。

【臣籍降下】しんせきこうか/皇族がその身分を離れて臣《しん》

民《みん》（一般の国民）の身分になること。皇女が臣民との婚姻によって皇族を離れることは臣籍降嫁《しんせきこうか》という。

【親王】しんのう／律令制では天皇の皇子女《おうじじょ》および兄弟姉妹（女性の場合はとくに内親王と称す）、中世・近世では天皇および親王のうち親王宣下《せんげ》を受けた者。現在の皇室典範《こうしつてんぱん》では天皇の嫡男および嫡系の男子。

【摂関政治】せっかんせいじ／摂政と関白が政治の実権を握った政治形態。実際には藤原氏が独占した。

【摂政】せっしょう／幼帝などに代わり政務を行う役職。

【宣旨】せんじ／天皇の勅命を伝える文書。

【践祚】せんそ／皇太子が天皇の地位を受け継ぐこと。

【太上天皇】だいじょうてんのう／上皇の正式名称。

【治天の君】ちてんのきみ／「治天」とは天下を治めること。院政下で実権を握った上皇のこと。

【中宮】ちゅうぐう／律令制の時代には、太皇太后・皇太后・皇后の三后の総称。平安時代中期以降は、皇后よりもあとに入内《じゅだい》した天皇の配偶者（身分は皇后と同じ）。明治維新で廃止。皇后や妃《きさき》などの居所も中宮と呼んだ。

【重祚】ちょうそ／退位した天皇が再度皇位につくこと。

【勅願】ちょくがん／天皇の祈願、勅命による祈願。

【勅願寺】ちょくがんじ／天皇や上皇の発願によって、国家鎮護などを勅願して創建された寺。

【勅願所】ちょくがんしょ／天皇や上皇の発願によって、国家鎮護などを勅願して創建された神社。

【勅語】ちょくご／天皇の言葉による意思表示。戦前まで用いられた。現在の「お言葉」。

【勅書】ちょくしょ／天皇の命令を伝える文書。公文書ではない下達書を指す。

【勅許】ちょっきょ／天皇の許可。勅命による許可。

【追号】ついごう／譲位後に崩御した元天皇の業績を称え、死後に贈られた呼び名。

【内親王】ないしんのう／律令制では天皇の姉妹および皇女。現在では嫡出の皇女および嫡出系の皇孫女性。

【女院】にょいん／上皇に準じる待遇を受け、「院《いん》」「門院《もんいん》」の称号を受けた女性。太皇太后・皇太后・皇后の三后《さんこう》、内《ない》親王《しんのう》、准母《じゅんぼ》（天皇の生母に準じる女性）など。

【女御】にょうご／天皇の側室のなかで、中宮に次ぐ地位を与えられた者。明治維新で廃止。

【女官】にょかん／後宮に仕える女性のこと。官女とも。

【法皇】ほうおう／出家した上皇。正式には太上法皇《だいじょうほうおう》。

【崩御】ほうぎょ／天皇、皇后などが死去すること。

【御息所】みやすんどころ／もとの意味は天皇の寝所《しんじょ》。転じて女御・更衣をはじめ、寵愛《ちょうあい》された女性の総称。

【綸旨】りんじ／天皇の意を受けて発行される命令文書。天皇の考えを側近などが文書にし、側近の名で出す奉書の形で発行された。

山本博文（やまもと・ひろふみ）

1957年、岡山県津山市生まれ。歴史学者。東京大学史料編纂所教授。中近世の諸制度や風俗・習慣に深く切り込んで新たな歴史像を提示し続け、日本史の学び方にもさまざまな提言を行っている。1992年、『江戸お留守居役の日記』（読売新聞社）で、日本エッセイスト・クラブ賞受賞。『歴史をつかむ技法』（新潮新書）、『流れをつかむ日本史』（角川新書）など著書多数。『天皇125代と日本の歴史』（光文社新書）、『元号 全247総覧』（悟空出版）など、天皇関連の著作も多い。ベストセラーとなった角川まんが学習シリーズ『日本の歴史』（全15巻）の監修も務める。

装丁　石川直美（カメガイ デザイン オフィス）
本文デザイン　雉田哲馬
編集協力　天夢人（町田てつ・加藤有子）
歴史校閲　蒲生眞紗雄
構成　荒川さとし・五十嵐英人・古賀弘幸・古川順弘・本田不二雄
DTP　スパロウ
編集　鈴木恵美（幻冬舎）

知識ゼロからの天皇の日本史

2019年1月25日　第1刷発行

著　者　山本博文
発行人　見城 徹
編集人　福島広司

発行所　株式会社　幻冬舎
〒151-0051　東京都渋谷区千駄ヶ谷 4-9-7
電話　03-5411-6211（編集）　03-5411-6222（営業）
振替　00120-8-767643
印刷・製本所　近代美術株式会社

検印廃止

ISBN978-4-344-90334-0 C2095
Printed in Japan
幻冬舎ホームページアドレス　http://www.gentosha.co.jp/
この本に関するご意見・ご感想をメールでお寄せいただく場合は、comment@gentosha.co.jp まで。